청년, 난민 되다

청년,
난민
되다

미스핏츠,
동아시아
청년 주거
탐사 르포르타주

미스핏츠 지음

코난북스

사람들은 꿈을 좇아, 기회를 따라 도시로 몰려온다.
그리고 하루를 마치고 나면 '집'을 향한다.

그러나 이 도시에 몸을 편하게 누일 자리, 나의 집을
마련한다는 것은 쉽지가 않다.

얼마나 더 열심히, 얼마나 더 부지런히 살아야 좇아갈 수 있을까

주거의 권리, 그 '사람의 권리'를 요구하며
거리에 나선 청년들이 있었다.

타이베이에서, 홍콩에서, 도쿄에서 그리고 서울에서
우리는 우리 또래 청년들을 만났다.

당신에게 집은 무엇인가

그리고 무엇이어야 하는가

청춘에게 집이란 무엇인가

그 질문들을 건네고 함께 답을 찾고 싶었다.

차례

일러두기

• 이 책에 등장하는 인물 중 일부는 가명을 썼다.

• 외국어 인명·지명은 대체로 국립국어원 외래어표기법을 따랐으나 일부는 발음을 우선해 표기했다.

• 타이완달러, 홍콩달러, 일본 엔, 미국 달러의 원화 환율은 2015년 9월 기준으로 환산했다.

프롤로그

2014년 겨울, 어느 옥탑방에 갔던 일을 기억한다. '청춘의 집' 프로젝트를 알릴 영상이 필요해 촬영 장소로 빌린 친구의 자취방이었다. 구불구불한 서대문구 하숙촌을 지나 다다르니 다세대주택 한 채가 있었다. 친구가 알려준 주소엔 502호라고 되어 있었으나 이상하게도 그 자리엔 4층짜리 건물이 있었다. 4층에서 가파른 계단을 오르자 옥상으로 나가는 문이 보였다. 문을 열자 뜻밖에도 또 다른 '층'이 있었다. 옥상은 없고 신발이 널려 있는 좁고 어두운 복도가 나왔다. 그리고 친구의 방 502호는 501호에 기형적으로 붙어 있었다. 원래 건물에 딸린 옥탑방이 501호였고 주인은 거기에 벽을 덧대 방 하나를 더 만들어 세를 놓은 것이다. 친구의 방 문에는 '502'라는 숫자가 매직으로 쓰여 있었나. 방 안에는 책상과 침대, 싱크대가 오밀조밀 놓여 있었다. 파카를 입고 들어가야 했던 화장실 안에는 해괴하게도 문이 두 개 달려 있었다. 불법으로 증축하면서 501호의 화장실을 502호도 쓸 수 있게 뚫은 모양이었다. 그 방에서 본 사소한 풍경들을 기억한다. 쓰레기통으로 쓰려고 서랍 고리에 걸어둔 검은 비닐봉지. 싱크대 한쪽에 놓인 캠핑용 가스버너. 매직으로 휘갈겨 쓴 숫자.

고층 건물에서 서울을 내려다보면서, 옥상마다 삐죽 솟은 옥탑방들을
보면서, 나는 그해 겨울에 봤던 502호 방의 수많은 복제본을 상상한다. 돈
없고, 믿을 건 미래밖에 없는 청년들에게 대도시가 내주는 자리라곤 그런
자리뿐이다. 그렇게 복제된 수많은 청춘의 집에서 청년은 소진되고 있다.
많은 청년이 고생을 각오하고 도시로 온다. 도시에 교육이 있고, 일자리가
있고, 기회가 있기 때문이다. 서울에서 전 연령대 중에 전출 인구보다 전입
인구가 많은 연령대는 청년층, 20대뿐이다. 기회를 찾아 대도시로 이주해
온 청년들. 2014년 서울시 청년허브의 청년실태 자료와 통계청 인구주택
총조사에 따르면 서울에 사는 244만 청년 중 110만 명, 반에 이르는
청년들이 다른 지방에서 왔다. 그러나 서울 이주 생활은 녹록지 않다.
특히 1인 가구 청년의 주거빈곤율은 36퍼센트다. 셋 중 하나가 다섯 평이
안 되는 집, 부엌이 없는 집에 산다. 혹은 지하, 옥탑, 고시원 같은 비주택
공간에 산다.

"청년의 '집' 문제를 이야기하자."

이렇게 정했을 때 우리가 품은 질문은 '집'의 평수나 월세에 관한
것만은 아니었다. 그 집에 살고 있는 '청년들'에 대한 이야기를 하고
싶었다. 불법으로 개조한 집, 위험한 가스버너보다도 이 집에서 만들어지는
청년의 삶 자체를 이야기하자고 했다. 햇빛 드는 방에서 자고 깰 수 있는
행복. 누군가 창문으로 손을 넣지나 않을까 무서워하지 않고 잠들 수 있는
하루하루. 아플 때 집에서 삼각 김밥으로 때우는 것이 아니라 죽 한 그릇
끓여 먹을 부엌이 있는 삶. 이런 것들이 우리들 청춘의 집에 있는지 묻고
싶었다.

질문을 던지는 것부터가 어려웠다. 집이라는 게 워낙 일상적인
공간이기도 하고, 집이 나의 일, 삶, 행복, 사회와 어떻게 엮여 있는지

살펴보는 것이 여간 복잡한 게 아니었다. '502호'에 사는 친구에게 물어도 '그냥 사는 거지 뭐'라고 대답할 뿐 '힘들다'고 하지 않았다. 문제를 상상하는 것도, 다른 집을 상상하는 것도 우리가 갇힌 현실 안에서 쉽지 않았다. 주거 문제라는 게 그렇다. 다만 조금 더 위험하게 살고, 월세에 생활비가 묶이고, 이웃이 내는 듣기 거북한 소리가 당연해지고, 숨죽이는 데 익숙해지고, 쉬어도 쉰 것 같지 않은 날이 이어질 뿐. 어쩌면 우리에게 절망은 '한 순간'에 일어나는 이벤트가 아니라 일상에 스는 곰팡이 같은 것 아닐까. 그런데 청춘이란 게 원래 다 이런 것인가?

"그때는 고생도 하고, 반지하방에도 살고, 다 그런 거다!" 열악한 주거 환경이란 이렇게 청춘의 통과의례쯤으로 생각해도 되는 것일까? 전체 가구의 주거 환경은 나아지고 있는 반면, 청년의 주거 환경은 더 나빠지고 있다. 서울 전체 가구의 주거빈곤율은 1995년 42퍼센트에서 2010년 22퍼센트로 점점 나아지는 추세다. 서울의 청년 1인 가구 주거빈곤율은 1995년에 58퍼센트에서 2000년 31퍼센트로 낮아졌으나 10년 새 다시 36퍼센트로 반등했다. 그러는 동안 88만 원 세대는 삼포 세대가 되었고, 등록금 빚에 월세는 물론이고 취업 준비 비용까지, 아무것도 생산되지 않는 커다란 구멍에 더욱 많은 것을 쏟아 붓는다. 마주하는 것은 커다란, 깊이를 알 수 없는 검은 구멍과도 같다. 이전 세대가 오르막길을 오르는 고단함을 짊어졌다면, 지금의 청년들은 끝을 알 수 없는 내리막을 마주하고 있다.

우리는 익숙해진 절망을 벗어나고 싶었다.

나는 가끔 한국이 진짜 이상한 사회란 생각이 들 때가 있다. '불행 배틀'이 너무나 빈번한 사회. 주거에 문제가 있다고 이야기하면 얼마나 힘든지 증명하라고 하고, 건물주가 되라고 대꾸하는 사회. '내가 월세 30에 학자금 빚을 지고 생활비 반을 월세로 털어넣고 있다'고 하면 '나는 그보다 더

힘들게 살았다'고 덩달아 아우성치는 사회. 문제를 들여다보는 것에서부터
실패한다. 우리는 '잘 견디자'고 외치는 게 아니라 다른 이야기를 하고
싶었다. 지금 이곳에서, 각자 힘든 시간을 보내고 있다면 왜 이렇게 살고
있는지, 정말 이렇게 살 수밖에 없는지, 다른 삶은 어떻게 가능한지, 그런
이야기를 하고 싶었다.

'반경 3미터 안에서만 사고하는 인간이 되지 말자. 더 멀리
가자.' 반지하방이면서 매달 따박따박 40만 원을 받는 그런 곳은 누가
생각해냈는지, 누가 복제했는지, 어떤 상황이 이런 방을 만들었는지,
근거리에서만 이유를 찾으면 하숙집 주인과의 싸움밖에 되지 않을
것 같았다. 프랑스는 어떻게 청년에게 주택수당을 주는 사회를 만들
수 있었는지, 독일은 어떻게 임차인을 보호하는 좋은 제도를 만들 수
있었는지, 우리는 문제가 만들어진 과정과 변화를 만들고 있는 사람들에
대해 이야기하자고 했다. 그것이 더 우리가 만들 새로운 답에 가까워질
길이라 생각했다. 우리가 가진 청춘의 집에 대한 현실과 생각에서 벗어나,
익숙한 절망이 만들어진 이유를 더 넓은 시각에서 찾아보기로 했다.

한국에서 부동산은 돈 버는 수단이자, 중산층에겐 노후 자금이요
가계부채 더미다. 국가에겐 도저히 놓을 수 없는 표몰이용 정치적 미끼고,
청년에겐 노동소득으론 언감생심 꿈도 꾸기 힘든 '금수저용 아이템'이다.
이렇게 복잡하게 얽힌 세대 문제이자 계급 문제인 부동산을, 우리는 더도
덜도 말고 청년을 중심에 두고 보자고 결심했다.

결론이 났다. 우리는 지도를 펼쳤다. 타이베이, 홍콩, 도쿄. 동아시아의
이 세 곳은 산업화와 부동산 거품의 비례 곡선을 우리와 공통으로 가진
곳이었다. 다른 공통분모도 많았다. 저성장, 세대 갈등, 일자리 문제…….
페이스북 메시지로, 메일로, 트위터로, 우리는 무작정 그들을 찾기

시작했다. 무작정 기사와 책을 뒤져 그곳에 가서 만나고 싶은 이들의 이름을 검색해보고, 또 우리나라에서 주거 운동을 하는 청년들에게 물어물어 그들을 찾았다. 돌이켜보면 참 대책 없이 프로젝트를 시작했다. 중국어가 유창해서, 일본어가 유창해서 이 나라들을 선택한 것이 아니었으니, 사전조사를 할 때는 질문지 하나를 보내려 해도 번역기를 수차례 돌려야 했다.

그리고 경험도 없는 주제에 전체 예산 규모가 천만 원이 넘는, 타이베이, 홍콩, 도쿄, 세 개 도시로 취재를 나가는 거대한 프로젝트를 세웠다. 다음 뉴스펀딩(현 스토리펀딩)으로 사전 취재 펀딩을 받았다. 무려 3백만 원이 넘는 돈을 모았다. 취재원이 페이스북 메시지에 답해주길 기다리며 며칠이고 메시지함을 확인하던 날들, 말도 안 되는 실수와 말하기 벅찬 성취가 번갈아 찾아온 두 달을 보내고 나서 우리는 타이베이, 홍콩, 도쿄로 향했다.

타이베이에서는 주거 문제를 걸고 거리에서 누운 청년들을 만났다. 90년 치 월세를 내야 집을 살 수 있다는 청년들이었다. 화려한 빌딩이 늘어섰지만 세계에서 가장 집값이 비싸다는 홍콩에서 악전고투하는 청년들도 만났다. 10년 후 한국이라고 불리는 일본, 여기선 넷카페에서 하루를 묵기도 했고, 새로운 주거 형태를 실험하는 다양한 이들을 만났다.

이렇게 우리는 우리와 조금은 닮아 있고, 또 조금은 나른 곳들을 찾았다. 지금 여기서 가능한 다른 삶의 실마리를 찾기 위해서.

이 책은 바로 그 실마리를 좇은 기록이다.

chapter 1 타이완

"처음에는 나도 집을 사려고 했지.
그런데 막상 2만 2천 타이완달러 월세를 내면서도
살아보니까 좀 생각이 달라지더라.
내가 살고 있는 이 집을 아예 장만하려면
90년 치 월세가 필요한데,
'내가 그 정도 돈을 평생 모을 수나 있을까?' 하는 의문이랑 같이,
'집을 꼭 사야만 하는 걸까?'라는 생각이 들었어."

이 집값은 미쳤다

망고빙수나 후텁지근한 기후를 먼저 떠올리기 쉬운 타이완의 수도 타이베이는 도시의 서쪽 끝에서 동쪽 끝까지 차로 30분 안에 충분히 닿을 수 있는 크지 않은 도시다. 면적은 서울의 약 4분의 1, 인구 역시 4분의 1이다. 날씨만 찌는 듯이 덥지 않다면 도시의 어디나 터벅터벅 걸어서 갈 수 있다.

배낭 하나 짊어지고 친구들과 3박 4일 여행을 갈 법한 타이베이로 청년 주거 문제를 취재하기 위해 가게 된 이유는 강력하고 단순했다. 2014년 10월에 있었던 '새둥지운동(巢運)' 때문이었다. 부동산 세제 개편부터 사회주택 확충까지 핵심적이면서도 절절한 다섯 가지 요구안을 품은 새둥지운동은 타이베이의 주거 문제가 공실률, 소득 대비 집값 지수, 인구 밀도 등 몇몇 숫자로 보이는 것보다 훨씬 더 심각함을 보여주는 동시에, 주거 이슈에 많은 사람이 관심을 가지고 있음을 확인시킨 계기였다.

상상해보라. 서울 강남 도곡동 타워팰리스 앞에 수천 명이 모여 스티로폼으로, 널빤지로, 마분지로 혹은 집에서 잠시 들고 나온 캠핑용 텐트로 자리를 잡고 '여기 내가 누운 곳도 땅값만 따지면 타워팰리스요'라고 하면서 '평당 몇 억짜리 땅에서 자보기나 하자'며 드러눕는 풍경을.

타이베이에서 2014년에 있었던 일이 이와 비슷하다. 아파트 가격이 수백억을 호가하는 타이완 최고급, 최고가 아파트 디바오(帝寶) 지구. 디바오 지구의 아파트 가격은 2015년 2월 기준으로 평당 5억 6천만 원이다. 이 지구의 아파트는 보통 백 평형 이상이고, 한 달 관리비는 1200만 원 이상이다. 유명 정치인과 연예인 등이 여기 산다. 2014년 10월 5일 타이베이 시민들은 바로 그 디바오 지구 앞 도로에 그들만의 '궁전'을 만들었다. 소셜네트워크를 타고 한 달여 전부터 꾸준히 퍼진 이 야영의 이름이 바로 '새둥지운동'이다. 30년 전 타이베이에서 있었던 '민달팽이 운동(無殼蝸牛運動)'을 계승했다. 집 없이 30년을 버텼어도 여전히 집이 없어서 둥지가 있는 새만도 못한 처지를 함께 이야기하자, 무엇이 문제인지 토론도 하자, 관련된 다큐멘터리와 영화도 함께 보자는 제안이었다.

'물론 우리에게 집은 없으니까 하루라도 집이 되어줄 궁전을 짓는 거다. 하룻밤, 그 도로의 한 평만 점거해도 몇 억짜리 땅이다. 그렇게 하룻밤의 허망한 집이라도 짓고 밤을 지새우며 불안정한 주거에 대해 이야기함으로써 확실히 전해주자. 우리는 주거 문제가 타이베이에서 가장 심각한 문제 중 하나라고 생각하며, 이 문제가 해결되지 않으면 시민들의 미래 역시 밝지 않다는 것을.'

그렇게 2만 명이 모여 밀도 안 되는 주택 가격과 주거 불평등에 항의했다. 그리고 자신들의 삶을 이토록 불안정하게 만드는 주거 문제에 정의가 있어야 한다고 소리 높여 요구했다. 그날, 그 몇 만 명이 모였던 길거리 위에는 당장 어디서 살아야 미래를 꿈꿀 수 있을지 고민하는 청년들이 있었고, 그들을 바라보며 발을 동동 구르다 함께 팔을 걷어붙이고 나선 하우스 푸어 세대가 있었다.

타이베이는 서울과 마찬가지로 주거 문제로 몸살을 앓고 있다. 아니, 마찬가지라고 이야기하면 안 될 것 같다. 드러난 수치로 타이베이가 서울을 압도적으로 추월한다. 2015년 타이베이의 소득 대비 집값 지수, 즉 PIR은 16에 다다랐다. 소득의 중간층(소득 순으로 5구간으로 나누었을 때 3분위 구간의 연평균 소득)이 중간대 주택(집값을 5구간으로 나누었을 때 3분위 구간의 평균 값)을 사려면, 16년 치 소득을 한 푼도 쓰지 않고 모아야 한다는 뜻이다. 타이완 전체를 기준으로 삼으면 PIR은 8.65까지 떨어지긴 하지만, 유엔 인간정주위원회가 권고하는 적정 PIR은 3.0~5.0이다 (2014년 기준 서울의 PIR은 8.4, 대한민국 평균은 5.2였다.) 보통 이르면 스물넷, 조금 늦으면 스물일고여덟에 대학을 졸업하니까, 졸업 후 바로 '취뽀'가 된다고 해도 부모 집에 얹혀살든 어쩌든 생활비를 한 푼도 안 쓰고 월급을 모아야만 마흔 넘어서 겨우 자기 집이 생긴다는 말이다. 그러나 타이베이에서 살기 위해 치러야 할 주거비 부담만 해도 만만치 않다. 이쯤 되면 인정해야 한다. 이 집값은 미쳤다.

그들의 집, 불안과 불평등의 역사

타이베이 집값이 옛날부터 터무니없이 높았던 것은 아니었다. 현재 타이베이에 거주하는 사람의 80퍼센트가 자가 주택에 산다.[1] 즉 일정 시점 이전까지만 해도 타이베이의 주택은 '살 만한' 가격이었다. 타이완에서는 1960년대 중반부터 위법으로 지어진 건축물과 사회적 약자 주거용 공동 주택을 정비하고 싼값에 주택을 공급하는 정책이 입안되었고, 이를 바탕으로 1970년대 중반에서 80년대에 걸쳐서 공공주택이 건설되었다.

그런데 주된 공급 대상이 군인, 공무원, 교원처럼 국민당 정권 지지층의 핵심을 이루는 사회계층이었다. 더군다나 싱가포르나 홍콩이 빠른 시간에 경제성장을 도모하면서 공공임대주택 '물량 공세'를 펼친 것과는 달리, 타이완 정부는 50, 60년대에 중국과 군사적 긴장감이 고조되어 막대한 예산을 국방에 지출하느라 주거를 안정화할 여력 자체가 없었다.

정부가 몇몇 '신경 써야 하는 사람들'만 바라본 결과, 타이완의 부동산 투기는 별 제재 없이 심화되었고 부동산 가격은 80년대부터 폭등했다. 재건축을 명목으로 철거민에게 제공하는 질 낮은 주택이 마치 '평균적인' 주택인 것처럼 퍼져 나가, 특히 타이베이에서는 주택 품질 역시 꾸준한 하락을 겪었다.

상황은 더욱 빠르게 악화되었다. 1987년 계엄령 철폐 이후 전국적으로 다시 부동산 건설 붐이 일었고 정부는 이 분위기를 '국민의 주거 안정화를 도모한다'는 명분 아래 선도했다. 그러나 실상은 재개발, 재건축, 뉴타운 (蔽鎭) 등은 지방 파벌 세력, 부동산 건설 회사와의 배를 불리는 꼴이었다. 이들은 정부와 계약을 맺고 주택을 직접 건설해 비싼 값에 공급하는 것으로 모자라, 관련 규제를 손보는 입법원까지도 공공연하게 진출했다. 이들은 부동산, 부동산업, 토지·주택의 소유와 매각에 관한 세금을 턱없이 낮추어 거의 '면세' 수준으로 만들어놓았다. 지금도 타이완의 주택 보유세나 매매세 등은 전 세계에서 가장 낮은 수준이다.

한참이나 지속된 건설 경기 붐으로 타이완 경제는 급속히 발전하는 것처럼 보였지만, 당장 가정을 꾸리고 살아야 할 집값이 천정부지로 치솟아 오갈 데 없는 신세가 된 사람들이 늘어났다. 우리에게 익숙한 것처럼, 타이완에서도 역시 경제 발전의 몫은 가진 자들의 주머니를 더욱 불렸다. 평균적인 노동자의 임금으로는 타이베이에서 집 한 채를 살 수 없었다.

결국 1989년에 새둥지운동의 전신인 민달팽이운동이 일어났다. 2만 명 넘는 시민이 타이베이 중심부를 가로지르는 종샤오동루(忠孝東路)에 밤새 드러누워 정부가 적극적으로 부동산 시장에 개입하라고 요구했다. 서울로 치면 종로에 비길 법한 도심의 대로에 사람들이 드러누웠다. 집이 없으니 갈 곳이 없다, 그러니 나는 여기 드러누워 있겠다는 명료하지만 절박한 외침이었다.

1990년대 들어 부동산 업계와 정부가 공공연하게 결탁해 국민주택 정책을 축소하고 그렇지 않아도 높은 민간주택의 비율을 더욱 높이기로 결정한다. 그러면서 그나마 있었던 국민주택은 빠른 속도로 민영화되었다. 정부는 직접 국민주택을 건설하는 방식에서 벗어나 민간 기업이 건설한 주택을 국민주택으로 임대 판매하기 시작했고, 동시에 시민에게 금리를 보조하면서 '빚을 내서라도 집을 사라'는 메시지를 던졌다.[2]

그 결과 건설 회사와 다주택 보유자, 투자할 여유 자본이 있는 사람들은 부동산 건설과 투자, 매매로 엄청난 부를 쌓았다. 거주가 아니라 투자가 목적이 되어버린 주택의 값은 더 올라버렸다. 특히 2000년대 이후 미국 서브프라임 모기지 사태가 닥치기 전까지 호황을 타고 집값 상승폭은 더욱 커졌다. 2014년 타이베이의 평균 집값은 2001년에 비해 딱 세 배 올랐다. 당연하게도 청년 세대는 더 이상 타이베이에 정착할 수 없다. 서울에서 변두리로 더 변두리로 가지 않으면 청년 세대가 살 만한 집을 찾을 수 없는 것처럼, 타이베이 시내에서도 청년의 '집'은 쉽게 찾을 수 없다. 타이베이에서는 더 이상 꿈을 채울 수 없게 됐다.

변두리에서 사는 삶엔 미래가 없으니까

건축학 박사 학위까지 마친 후 타이베이에서 구직에 성공한 켄웨이는 타이베이의 변두리에서 집을 간신히 구했다. 타이베이 중심부를 관통하는 지하철 2호선의 종착역, 타이베이 북쪽 외곽 동후(東湖) 역 근처다. 여기서 차를 타고 5분 더 나가면 타이베이를 감싼 위성도시 신베이(新北) 시가 있다. 운 좋게 부모가 타이베이에 집을 가지고 있거나, 켄웨이처럼 알음알음 감당할 만한 가격의 월세를 구하지 못한 청년들은 신베이 시에 나가 산다. 변두리기는 해도 타이베이 안에 집을 마련해 살고 있는 켄웨이는 자신의 처지를 '그래도 좀 나은 편'이라고 설명한다.

"지금 살고 있는 동후의 집도 어머니 친구분 소유여서 그나마 시세의 반값에 빌린 거야. 그런데도 한 달 월세가 만 3천 타이완달러야."

2015년 타이완의 연평균 소득은 2만 3229달러. 우리 돈으로 약 2700만 원이다. 켄웨이는 여동생과 함께 살면서 간신히 집값을 부담하고 있다. 매년 켄웨이가 부담해야 하는 월세는 총 15만 6천 타이완달러, 약 560만 원이니, 타이완 사람의 평균 소득을 기준으로 하면 한 사람 소득의 약 20퍼센트가 주거비로 매해 먼지처럼 사라져버린다. 여기서 켄웨이의 집과 면적이 같은 동후의 30여 평 집의 집세를 가정해보자. 한 달 월세는 2만 6천 타이완달러, 1년 치 월세가 평균소득에서 차지하는 비중이 약 40퍼센트에 달한다. 소득을 한 푼도 안 쓰고 모아도 집을 사기까지 16년이 걸린다는데, 1년 동안 번 소득의 절반 가까이가 주거비로 증발해버리는 사람에게 미래를 계획할 여유가 생길까. 그래서 타이베이 외곽, 신베이에 뿔뿔이 흩어져 사는 켄웨이와 그의 친구들은 새둥지운동에 참여했다.

새둥지운동의 여파는 생각보다 컸다. 비슷한 고민을 하던 청년 세대와

이에 공감하는 기성세대가 모여 하룻밤 야영을 벌이자 그해 말에 치러진 지방선거부터 직접적인 영향을 미치기 시작했다. 새둥지운동의 다섯 가지 요구안 중에서 가장 중요한 의제였던 공공임대주택 건설이 지방선거의 뜨거운 감자로 떠올랐다. 당선된 지방자치단체장 대다수가 공공임대주택 건설을 공약으로 들고 나왔거나, 당선된 후에 공공임대주택을 짓겠다고 약속했다. 2014년 11월 29일 총선 투표에서는 여당으로 군림하던 국민당이 야당인 민진당에 참패를 당했다. 타이완에 총선 제도가 지금 같은 모습으로 정비된 1994년 이후로 처음인 기록적인 패배였다. 타이베이에서는 1994년 이후 처음으로 무소속 커원저(柯文哲) 후보가 시장으로 당선되었고 타이완의 중부 타이중(臺中) 시에서도 민진당 소속 후보가 시장으로 당선되었다. 타이베이에서 커원저 후보의 상대였던 국민당 롄성운 후보는 유서 깊은 정치인 가문 출신인데, 새둥지운동이 일어났던 디바오 지구의 롄나이 아파트에 거주하고 있었다. 몇 백억 원을 호가하는 아파트에 사는 엘리트 정치인이 의사 출신 무소속 후보에게 패한 것이다. 이 선거 결과를 주목한 타이완 언론과 외신들은 잇따라 '젊은 세대의 전폭적인 지지가 놀라운 결과를 만들어냈다'라고 표현했다. 내리 여당이었던 국민당의 뿌리가 흔들리기 시작했다. 그리고 새둥지운동은 국민당의 뿌리를 흔든 지진의 발원지였다.

　새둥지운동의 파장을 접하고 서울에서 1인 가구 살이를 5년째 하는 나는 부러움이 앞섰다. 정작 타이베이에서 만난 주거 NGO의 전문가들은 한국에는 LH공사, SH공사가 존재하고 사회주택 비율이 전체 주택 공급량 중 5퍼센트가 된다는 것 때문에 오히려 한국 주택시장을 따라잡아야 할 모범 사례로 제시했다. 그러나 5퍼센트는 그저 숫자일 뿐, 서울 사는 청년 1인 가구에게 고스란히 적용되는 숫자가 아님을 우리는 안다. 정말로

'잠시' 머무는 것만이 용인되는 하숙, 원룸, 고시원 혹은 매매가와 맞먹는
전세가를 부담하고 들어갈 수 있는 빌라나 아파트 사이에서 보증금
부담하기도 벅찬 청년은 끝없이 '뭐라고 말하기엔 애매한' 주거 공간을 찾아
회색 도시를 전전해야 한다.

　그럼에도 불구하고 우리는 조용하다. '문제를 제기해봤자 뭐 하나,
나 역시 곧 이 말도 안 되는 상황을 탈출할 거다'라는 생각 때문이기도
하고, 때로는 '말해봤자 듣지도 않는다'는, 이미 우리에게 체화된 패배감
때문이기도 할 것이다. 혹은 불만을 머릿속에서 정리할 여유조차 없이
근근이 살아가야 하는 삶의 무게 때문일 수도 있다. 그래서 주거에 집중한
목소리와 정책은 생각보다 맥없이 꺾이고 곧 실체가 없는 이야기의
조각들로 부유하게 된다. 누구나 힘들어하지만 누구도 쉬이 나서지 않는다.

　그래서 부러웠다. 그리고 궁금했다. 어떻게, 왜, 타이완에 사는
친구들은 들고일어나기를 함께 택했는지. 그저 몇 가지 숫자에 혹은 시위
현장을 찍은 몇 장의 사진에 담기지 않았을 그들의 고민과 불안감, 분노와
지향점을 마주 보고 싶었다. 그래서 우리는 타이베이로 떠났다.

그래서 그들은 변두리로 갔다

타이베이의 부동산 공실률은 20퍼센트에 달한다. 전체 부동산 공실률은 20퍼센트, 그중 주택 용도의 공실률은 10.86퍼센트다.[3] 공실률이 낮아질 가망은 별로 없다. 집값이 워낙 비싸기 때문에 빈집조차 들어가지 못하는 이들이 많은 탓이다. 대신 타이베이 외곽 신베이로 나가 산다. 신베이는 서울로 치면 경기도다. 지하철이 연결되어 있고, 통근에 무리가 없을 정도의 외곽이다. 타이베이 시에는 12개 구가 있고, 신베이 시는 그 12개 구를 빙 둘러싸고 점점 오른쪽으로 확장되면서 총 29개 구가 있다. 신베이의 집값 역시 가파르게 오르고 있어, 청년들은 친구와 방을 함께 빌려 살거나, 기숙사에서 버티거나, 어느 것도 되지 않을 땐 집 위에 다른 집과 방을 얹어 몸뚱이 하나 뉘일 공간을 찾는다.

집 위에 집, 방 위에 방. 타이베이 시내에서 흔하게 목격할 수 있었던 풍경이다. 우리나라 대학가에서 흔히 볼 수 있는 옥탑방을 생각해도 좋다. 그러나 타이완에서 마주한 광경은 옥탑 그 이상인 경우가 훨씬 많았다. 애초에 집이 지나치게 좁게 설계되어서 이를 무리하게 넓히는 경우가 흔하기 때문이다. 그렇게 사력을 다해 넓힌 공간들은 층과 층, 방과 방

사이에 울퉁불퉁하게 튀어 나와 있다. 후텁지근해지기를 기다리는 것만
같은 2월, 타이베이의 초봄에 그렇게 집과 집 사이를 비집고 나온 공간이
건물을 삼켜버린 난지창(南機場)을 마주했다.

집 위에 집, 방 위에 방

타이베이에는 도시의 왼쪽 옆구리부터 오른쪽 아래까지 가로질러 흐르는
단수이(淡水) 강이 있다. 단수이 강이 감싸고 돌면서, 마치 혹부리영감의
혹처럼 타이베이의 왼쪽 아래로 툭 튀어 나온 동네 난지창엔 타이완 최초의
정건주택(Resettlement Housing)이 있다. 정건주택이란 최근 시민들이
'이제 제발 그만 지으라'고 요구한 '합의주택(合宜住宅)'의 옛 이름이다.
1960년대, 막 도시화가 시작되어 너나없이 짐을 싸들고 도시로 오고,
도시는 강변에 둑과 제방을 쌓고 도로를 내면서 몸집을 불리던 시절,
돈 없고 터전 없어 갈 곳 없는 이들을 위해 타이완 정부는 주택을 지어
시민에게 싼값에 팔았다. 그 주택의 명칭이 처음엔 정건주택이었고 이젠
합의주택이 되었다.
　　난지창의 정건주택은 처음 지어질 때 좁게는 8평, 넓게는 12평에
이르는 밋밋하고 네모난 전형적인 도시형 주택이었다. 한 가족이 살기엔
조금 평수가 좁았지만, 처음 이 주택에 입주했던 사람들에게 아마 평수
따위는 중요하지 않았을 것이다. 갓 상경한 이들에게, 막 자립해야
할 시기가 닥친 이들에게, 집이 절실히 필요했던 가족에게 난지창의
정건주택은 정말로 소중한 '집'이 되어왔다. 그렇게 632가구가 난지창에
자리를 잡고, 정부로부터 정건주택을 구매했다. 하지만 완공된 지 50년이

지난 지금, 처음의 반듯했을 주택단지의 외양은 온데간데없다. 이제 그 자리는 1년 내내 따뜻한 기온 덕분에 베란다마다 자란 식물들과, 식물들에 성기게 얽혀서 쑥 튀어나온 컨테이너 박스들이 메우고 있다.

주로 베란다나 큰 환기용 창이 있어야 할 듯한 자리에 불쑥 자리 잡고 있는 컨테이너 박스들은 거주민들이 좁은 평수를 견디지 못해 고안한 불법 건축물이다. 컨테이너 박스들은 특히 8평형인 8~11단지에 많다(난지창 정건주택은 평형으로 나누면 1~4단지가 가장 넓은 12평형, 5~7단지가 10평형, 8~11단지가 8평형이다.) 도시재생운동 NGO인 아워스(OURs)에 근무하는 춘치에 씨는 11단지의 뒷모습을 보여주며 "정부가 불법 건축물을 막아보려고 단속을 시작했을 때는 이미 그렇게 늘어난 컨테이너 박스에도 사람이 살고 있었기 때문에 어쩔 수 없었다"고 말한다. 건물 안에 또 다른 건물이 지어진 것처럼 외벽이 울퉁불퉁한 연립주택에는 그곳에 사는 사람들과 그들이 지닌 삶의 무게가 빼곡하게 들어차 있다.

8동, 9동, 10동, 11동 사이 골목은 볕이 들어야 할 곳까지도 어두웠다. 원래도 다닥다닥 붙어 있었을 건물 사이가 컨테이너나 다른 시설들로 그득히 차 있는 탓이다. 그 틈새로 주민들은 계단을 오르내린다. 최근엔 컨테이너 박스와 컨테이너 박스 사이에 움푹 들어간 공간까지 채우는 또 다른 박스, 또 다른 임시 벽이 들어서면서 아파트 복도는 빛 한 조각도 찾기 힘들게 되었다. 임시 벽과 컨테이너 박스 사이에 오살 데를 찾지 못한 사람들이 정착한다. 그들은 때로는 독거노인이고, 때로는 외국인 노동자고, 때로는 어릴 때부터 여기에 살았지만 점점 식구가 늘어난 가정이고, 때로는 젊은 청춘들이다.

사실 집의 앞뒤로 컨테이너 박스를 붙이거나 베란다를 막아 공간을 트고 넓히는 공사는 굳이 난지창 지역이 아니더라도 타이베이에서

흔히 볼 수 있는 일종의 '트렌드'다. 그렇지만 난지창처럼 건물의 원래 외벽이 거의 남아 있지 않았을 정도로 불법 개조된 곳은 찾기 힘들다. 최근 한국 국토교통부에서 정한 한 사람의 적정 주거 전용 면적은 약 14제곱미터. 3~4인 가족이 살기에 역시 8평짜리 집은 좁다. 물론 8평은 주거 전용 면적도 아니다. 그렇게 빽빽하게 늘린 공간이지만 들어올 때는 3~4인이었던 가족이 수십 년이 지난 후 한두 명만 남기도 한다. 이런 경우엔 컨테이너 박스만 따로 세놓는다고 한다.

11동부터 거꾸로 동네를 훑어 내려가면서 8동을 지나니 초등학교가 나왔는데, 못사는 동네의 못사는 초등학교라고 한다. 난지창에서 지역 공동체재생운동을 하고 있는 천한광 씨는 "이 학교 바로 옆에는 그래도 조금 형편이 나은 집에서 보내는 사립 초등학교가 있다"며 "이 학교를 다니는 아이들이 옆 학교로 옮기면 환경이 너무 달라서 스트레스를 받는다는데, 그러지 않을 수 있도록 학교를 더 괜찮은 곳으로 바꾸려고 노력하고 있다"고 한다. 때로 우리는 길 하나 골목 하나로 바뀌는 삶의 질과 환경의 차별을 목격한다. 난지창에서도 '난지창'과 '난지창이 아닌 곳'을 구분하는 건 겨우 길 하나였다. 정건주택 단지의 변두리를 이루는 초등학교를 지나면 야시장이 있는 골목과 창문의 너비만 봐도 조금은 넓은 것 같은 1, 2, 3, 4단지를 볼 수 있다. 좁디좁은 북쪽의 단지보다는 툭 튀어나온 베란다의 수가 적지만, 여진히 집들은 볼록하게 튀어나와 있다.

여섯 시를 넘기자 어디에 있었는지 모를 사람들이 야시장에 저녁거리를 사 먹으러 몰려나와 북적이기 시작한다. 취두부와 매콤시큼한 양념 냄새가 바람을 타고 넘실대며 코를 찌르는 야시장이 세워진 골목에서 한 골목만 아래로 내려와 1, 2단지 사이로 들어가면 난지창 마을의 이장을 만날 수 있다.

50년 전 이 정건주택이 타이베이 시내에서도 꽤 번듯하고 정갈한 보금자리였을 때 여기에 입주한 방허성 씨는 이제 동네의 소소한 변화를 주도하는 이장님이 됐다.

"주택이 만들어진 지 50년이 되어서 정부에서 주택을 재평가하고 있습니다. 하지만 이 정부 사람들이 난지창 지역에는 유독 예의 없게 굴기도 하지요. 가난하니까."

지금도 33제곱미터 집이 4~5백만 타이완달러(1억 4천~1억 8천만 원)에 거래될 정도로 난지창의 집들은 다른 지역에 비해 매우 싸다. 타이베이의 평균 주택 가격은 평당 약 83만 5천 타이완달러, 우리 돈 약 3천만 원이니 난지창의 집들은 타이베이의 다른 집들보다 값이 절반인 셈이다. 하지만 여기에도 새 건물이 올라오면 재건축의 여파로 집값은 다른 지역과 똑같아질 것이다. 오히려 '신축'이라는 이름을 달고 타이베이의 평균 주택 가격을 웃돌게 될지도 모른다. 그렇게 난지창이 재건축된다면 1억 5천만 원짜리 열 평짜리 집에 살던 가족들은 타이베이에서도, 점점 집값이 가파르게 상승하고 있는 신베이에서도 살 터전을 구하지 못할 가능성이 높다. 물론 현재 난지창에 사는 사람들은 대개 다른 지역의 반값인 난지창의 집조차도 구매할 여력이 없는 세입자들이다. 그렇게 몇 십 년 전 정신없이 성장하는 도시를 만들었던 사람들은 도시에서 하루빨리 밀어내고 싶어 하는 치부가 되었다. 타이베이 시 측은 도시에서 가난한 이들을 몰아내고, 조금 더 도시에 '이익'이 되는 방향으로 개발하기 위해 난지창 주택단지의 등급을 꾸준히 재평가하고 있다. 마음속 한편에 잠시 밀쳐두었던 용산 철거민들의 모습이 새삼 난지창과 겹쳐 보인다.

방 이장은 결국 "정부는 정부다"라고 말한다. 정부는 정부 마음대로, 그들의 이익을 좇을 것이라는 자조 섞인 말이었다. 마을을 정말로 살리기

위해서는 정부와 주민이 꾸준히 대화해야 하지만, 방 이장과 정부가
이야기를 잘하고 있는 편은 영 아닌 것 같다. 그는 앞으로의 난지창을 묻는
질문에 곧잘 자신의 의견을 개진하다가도 끊임없이 "정부는 정부"라는 말로
이야기의 결론을 대신하고는 했다.

　　방 이장의 뿌리 깊은 고민은 해결될 수 있을까. 그의 온전한 주거는
아직 멀고 먼 꿈인 것처럼 보인다. 가장 오래된 정건주택이 있는 만큼
해묵은 가난의 무게가 함께 숨 쉬고 있는 난지창에서도 타이베이의
청춘들이 살고 있다. 하지만 그 수는 많지 않다. 청년이 들어오지 않아
동네는 자연스레 늙어간다.

불안의 이름 타오팡

2014년 10월 5일 새둥지운동에 참여해 렌나이 아파트 앞에서 진을 치고
야영했던 또 다른 사람을 만났다.

　　"그때 동생, 사촌 손을 다 붙잡고 거리로 나섰어. 뭔가 이야기해야만
하는 일을 이야기하는 기분이랄까!"

　　그의 말 그대로 동생이고 친척이고 모조리 함께 새둥지운동에 데려간
공이룽 씨는 국립 타이베이 대학교에 디니기 위해 새내기 시절 처음
타이베이로 상경했다. 그리고 대학 내내 대학가 근처에서 하숙을 하다가
최근 졸업하고 직장을 잡은 후 신베이로 이사했다. 어느덧 자취 6년 차.
하지만 그의 방은 여전히 그에게 '잠만 자는 곳'이다.

　　타이베이에서 1인 가구가 구할 수 있는 방은 크게 세 종류다.
우리나라로 치면 하숙에 해당하는 야팡(雅房), 부엌은 없고 개인 화장실이

딸려 있는 타오팡(套房) 그리고 우리나라의 원룸 같은 싱글 스튜디오다. 이 중에서 야팡은 불편하다는 인식이 점점 퍼져 최근엔 잘 구하지 않는 추세이고, 대부분 타오팡을 선호한다고 한다.

"야팡은 아무래도 불편해서 좀 그렇고, 타오팡은 그냥 잠만 자는 곳 같아. 싱글 스튜디오 정도 되면 정말로 '사는 곳'의 느낌이랄까."

그럼 공이롱 씨는 지금 그냥 잠만 자는 곳에서 살고 있는 건가.

"그런 셈이지. 그래도 내가 사는 방은 좀 넓은 편이야."

부엌이 없는 형태를 가장 일반적으로 여긴다니, 한국과 조금 다르다. 서울에 있는 대부분의 자취방은 단칸방이더라도 최소한 가스레인지와 전자레인지, 싱크대 정도는 갖춰진 부엌이 딸려 있다. 비록 그것이 침대 바로 옆을 차지하고 있고, 이 때문에 식탁과 의자를 놓을 자리 따윈 없어 밥을 침대 위에서 먹게 된다고 하더라도 말이다. 하지만 외식 물가가 대체적으로 싼 편인 타이베이에서는 아침부터 점심, 저녁을 모두 밖에서 해결하는 것이 일반적이라고 한다. 그래서 젊은이들이 가장 선호하는 주거 형태가 타오팡이다. 신베이는 이 타오팡이 몰려 있는 '타오팡 타운'이나 다름없게 되었다.

그런데 이들이 사는 실 거주지를 합법적으로 추적하기란 불가능에 가깝다. 가장 보편적인 주거 형태가 타오팡이지만, 타오팡에 관련된 법적 규제가 명료하지 않다. 대부분의 타오팡은 이미 지어진 아파트를 조각조각 나눠놓은 형태이기 때문이다. 애초에 타이베이나 인근 지역 건물들이 1인 가구를 위해 지어지지 않았는데 1인 가구 수요는 급격하게 늘어났다. 집주인들은 급하게 방과 거실 사이에 벽을 세우고 집 안에 복도를 만들었다. 아파트 안에 방과 방이 생기고 방과 방 사이의 공간에도 방이 생겼다.

"보통은 아파트 하나를 서너 개의 방으로 나누지만 대학가같이 수요가 넘쳐나는 곳은 아파트 한 채를 방 일곱 개로 나누기도 해."

그나마 자신은 아파트 한 채를 방 서너 개로 쪼갠 타오팡에서만 살았다는 이룽은 일곱 칸으로 나뉜 아파트의 타오팡 괴담을 전하며 안도의 한숨을 쉬었다. 가족 서너 명이, 그나마 가족이란 이름으로 불편함을 감수하며 살았을 공간에 일곱 개의 제각기 다른 삶이 섞여 사는 광경을 상상하니 이야기를 듣기만 해도 숨이 막혔다.

한 가구가 살았어야 할 집에 여러 가구가 거주하다 보니 개별 주소가 없는 건 물론이고 존재 자체가 불법인 타오팡도 상당수라고 했다. 타오팡 임대업은 정부에 신고할 수 있는 엄연한 사업 업종 중 하나지만 이를 정식으로 신고하는 집주인은 많지 않다. 탈세의 유혹 때문이다. 신고하지 않는 임대주의 비율이 훨씬 더 높다. 신고해야만 하는 규제 사항이 있는 것도 아니고 신고하지 않아도 딱히 단속을 나오는 것도 아니고 벌금을 무는 것도 아니다. 위험은 적고 이득은 크다. 그래서 타오팡 집주인들은 은행에 이체 기록을 남기지 않기 위해 월세를 현금으로 요구하는 경우가 잦다. 그나마 은행 이체를 할 수 있으면 합법인 타오팡이란다.

당장 다음 달 삶이 어떻게 될지 모르는 불안이라는 감정이 사물의 형태를 띤다면, 그 모습은 타오팡일 것이다. 매달 월세를 현금으로 내면서도, 그 존재가 어디에도 최대한 기록되지 않아야만 한다. 그나마 그 방 한 칸을 구하는 것도 여의치 않을 때가 많다. 우리가 서울에서 방을 구할 때 '원룸 사기'를 당하지 않기 위해 조심하는 것처럼 타이베이의 친구들 역시 방을 구할 때 이런저런 팁을 공유한다고 했다. 공이룽 씨는 자취를 6년 하면서 깨달은 이런저런 팁을 빙자한 경험담을 도란도란 우리에게 들려주었다.

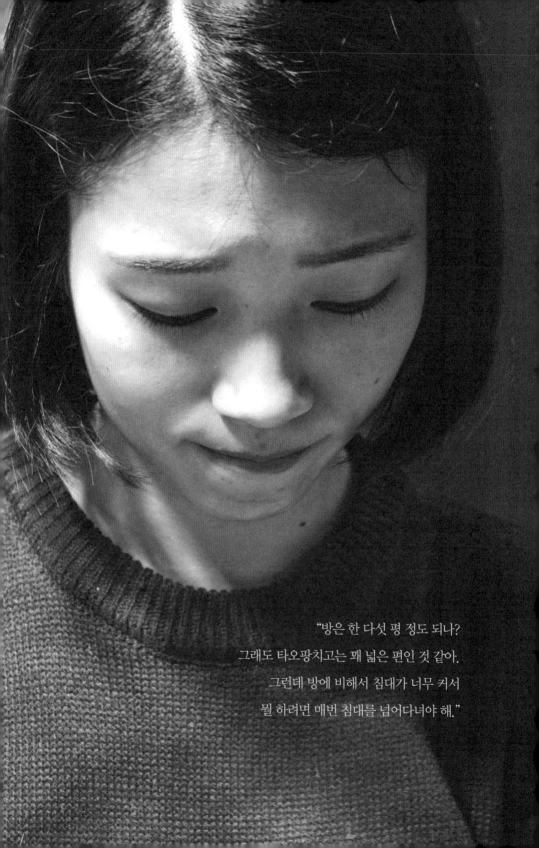

"방은 한 다섯 평 정도 되나?
그래도 타오팡치고는 꽤 넓은 편인 것 같아.
그런데 방에 비해서 침대가 너무 커서
뭘 하려면 매번 침대를 넘어다녀야 해."

"일단 나는 방을 구할 때 벽의 재질부터 꼼꼼하게 따져보는 편이야. 너도 보다시피 이 방들이 사실은 '방'이 아니잖아? 원래 방인 공간들이 아니고 주인이 임시로 나눠놓은 거라서 주인에 따라 벽의 재질이 왔다 갔다 한단 말이지. 그래서 지금 살고 있는 집을 구하러 돌아다닐 때는 벽 재질이 뭔지 보려고 벽을 통통 쳐보기도 하고, 어떤 재료를 사용했는지 집주인에게 직접 물어보기도 했어. 정말로 옆방에 사는 사람의 소리를 늘 듣는 게 유쾌한 일만은 아니라서."

임시로 나뉜 삶들은 가장 사적인 소리를 숨길 권리가 없다.

"하지만 지금 살고 있는 집도 좀 시끄럽긴 해. 옆방에 아이랑 아이 엄마가 살거든. 애가 한 예닐곱 살쯤 된 것 같은데 아이가 아무래도 엄마 말을 잘 안 듣는 나이라서 그런가 봐. 매일 아침마다 애랑 엄마랑 싸우고, 애 우는 소리도 나고…… 여하튼 마냥 편한 집은 아니야. 사실 들어갈 때 옆집에 그런 사람들이 살고 있다고 집주인한테 미리 언질을 받았어. 그거 가지고 집세를 좀 깎아달라고 흥정을 할 수도 있었을 텐데, 내가 흥정에 능한 사람은 아니라서(웃음), 그러지는 못 했어."

공이롱의 옆방에 사는 아이 엄마도 아이 혼내는 소리, 아이 울음소리를 그렇게 이웃에게 드러내고 싶지는 않을 것이다. 마찬가지로 그이 또한 이롱이 즐겨 보는 TV 소리나 즐겨 듣는 음악 소리를 듣고 싶지 않을 것이다. 그러나 각자의 사적인 소리는 디오팡 안에서 어쩔 수 없이 '공유되어야만 하는' 영역에 속해버린다.

나 또한 자취방에 살던 시절, 옆방 사람의 애인과 친구들이 놀러오는 소리를 들어버리는 순간들이 있었다. 옆방에 살던 사람과 나는 인사 한번 나눈 적 없었다. 하지만 나는 그의 애인이 주로 언제 그 방에 놀러 오는지를 알고 있었고, 언제 학교 축구 동아리 친구들이 운동을 마치고 유니폼을 입은 채로 치킨을 사서 그의 방을 침략하러 오는지도 알고 있었다. 심지어 그가 주로 어떤 옷을 입고 다니는지, 어떤 색깔의 속옷을 가지고 있는지도 알았다. 세탁기와 건조대가 공용이었기 때문이다. 그렇게 때로는 (혹은 대부분은) 들키거나 공유되고 싶지 않은 모습과 소리를 숨길 권리는 월세 5만 원, 10만 원 앞에서 손쉽게 바스라지고는 한다. 월세 5, 10만 원이 아니면 보증금을 천만 원, 2천만 원 올려야 한다. 마찬가지로 각종 '옵션'과 방의 크기, 볕, 방이 '가운데방'인지 아닌지에 따라 타오팡 값은 천차만별이다. 타오팡이 보통 아파트 하나를 여러 개로 나눈 것이기 때문에 방과 방 사이에 '낀 방'이 있는데, 이런 방은 채광도 좋지 않고 사방이 임시 벽인 경우가 많아서 피하는 게 좋다고 한다. 임시로 벽을 친 타오팡과 서울의 원룸 살이는 삶을 타인에게 들키지 않을 권리가 월세 몇 만 원 앞에서 훅 날아가버린다는 점에서 크게 다르지 않다.

직장을 갓 구한지라 집 구하는 데 하루 이상을 할애할 여유가 없었던 공이롱은 미리 인터넷과 스마트폰 애플리케이션 등으로 방을 둘러보고, 그중 최종 후보 세 곳을 정해 하루 만에 둘러보고 살 곳을 결정했다.

"있지, 역시 시간을 아끼려면 그렇게 방을 보는 게 좋긴 해. 따로 시간을 내기가 힘드니까. 직장에 하루 휴가를 내고 나와서 집을 봤어. 집을 보는 시간이 너무 짧으니까 나중에 돌아와서 방들을 다시 떠올리면서 고민을 하려고 그날 봤던 모든 방의 구조도를 간단하게 수첩에 그려 왔어. 관련된 메모도 이것저것 해놓고."

짧으면 반 년, 길면 수년을 살 방을 구해야 하지만 그 방을 찾는 데 오롯이 쓸 수 있는 시간은 오직 하루. 시장은 개방돼 있지만, 참여하는 조건은 개방되지 않았다. 잠깐 보고 나올 수밖에 없는 방들을 기억하기 위해 그림을 그렸다는 공이롱의 얘기에, 신촌 이곳저곳을 누비고 돌아다니며 사진을 찍었던 몇 년 전 내 모습이 떠올랐다. 그렇게 구한 공이룽의 타오팡은 지금 어떤 모습일까.

"방은 한 다섯 평 정도 되나? 그래도 타오팡치고는 꽤 넓은 편인 것 같아. 그런데 방에 비해서 침대가 너무 커서 뭘 하려면 매번 침대를 넘어 다녀야 해."

이룽에게 방을 그려달라고 부탁했다. 그가 오밀조밀하게 그린 방에는 벽을 따라서 각종 생활 가구들과 집기들이 죽 둘러져 있었다. 한쪽의 작은 상자 같은 곳은 화장실이라고 했다. 그림으로만 봐도 확실히 방 크기에 비해 침대가 너무 크긴 크다. 마치 서울의 '풀 옵션 원룸' 같은 개념이라 그가 사는 원룸의 가구들은 모두 주인 소유다. 조금 불편해도 주인이 안 바꿔주면 못 바꾸는 거다.

"지금 이 방에서 1년 3개월째 살고 있는데, 계약은 1년 단위거든. 지난번에 방을 재계약하면서 주인에게 '혹시 침대를 조금만 작은 것으로 바꾸어줄 수는 없느냐'고 부탁했어. 근데 남는 침대가 없어서 어렵다고 하더라고."

집주인에게 그 방은 여러 방 중 한 칸이지만, 이룽에게는 유일하게 허락된 자신만의 공간이다. 하지만 그 공간을 통제할 자유는 그에게 없다. 끔찍하게 싫어해도 어쩔 수 없이 매일 보고 살아야 했던 꽃무늬 벽지, 펩토 색 타일이 붙은 조그마한 화장실, 원목 무늬 '스티기'가 붙은 합판 옷장을 '풀 옵션'이라는 이름으로 '배정' 받은 신촌의 내 방 역시 그랬다. 그 방을 구할 당시 나는 그래도 기본으로 제공되는 것들이 수월찮게 많다는 사실에 행복해했다. 가구와 배치의 취향이 일일이 나를 괴롭게 하더라도 혹은 물리적인 불편함을 초래하더라도 말이다. 옷장은 말도 안 되게 작았고, 화장실 타일은 군데군데 깨져 있었다. 하지만 '내가 여기 살 예정인데,

옷장이 너무 작으니 다른 걸로 바꾸어줄 수 없나요' 같은 소리를 했다가는
'나는 괜찮으니 이 방을 달라'는 다른 사람이 나타나 그 방을 채가기
마련이다. 그렇게 나는 신촌에 자리를 잡았다. 이롱도 마찬가지 심정으로
'침대는 크지만 어쩔 수 없지 뭐' 하며 그 방을 서둘러 계약했을 것이다.
이롱에게 앞으로도 지금 살고 있는 방에서 계속 살 건지 물었다. 단호하게
그건 아니란다. 그럼 집을 언젠가 살 계획이 있는지 물었다.

"아니, 아직 집을 살 계획은 없어. 집값에 거품이 낀 건 누구나 알고
있고, 그러니까 당연히 살 만한 가치도 없지. 내가 집을 산다고 해도 결국엔
건설 회사랑 부동산 중개업자들만 배불리는 것 같아서."

나 역시 지금 살고 있는 집이 '학생이 살기에' 좋은 곳이기는 하지만
그곳에 영영 살 수 없다는 것을 안다. 매달 벌어들이는 수입도 일정하지
않고 일정한 수입이 생기도록 취직을 해도 적정 수준의 임금을 기대하기는
힘든데, 매달 수십만 원을 내야 하는 상황에 영영 놓이고 싶지는 않다.
하지만 이롱이나 내가 지금 살고 있는 집에서 앞으로도 살고 싶지 않고
조금 더 안정적인 주거를 원한다고 해서 몇 년 후에 새로운 선택지가
생기리란 법 역시 없다. 모두 '안정적으로 주거를 하려면 집을 사야지!'라고
이야기하지만 정작 집을 사기란 불가능에 가깝다. 그러면 '안정적인 주거'
를 위해서 오래도록 마음 편하게 점유할 수 있는 공간이라도 있어야 하는데
과연 그게 가능해지는 날은 올까. 일단은 지금 머무는 공간, 내가 점유한
공간이 있음에 감사하면서 안정적인 주거 공간이 생길 때까지 1, 2년짜리
계약서에 도장을 또 찍고 또 찍을 수밖에 없는 것일까.

2년 후에는 친구의 아이가 클 집에서

그렇다면 결혼을 하고 가정을 꾸려서 조금 더 나은, 조금 더 넓은, 조금 더 여러 명이 살 공간이 필요해지면 어떻게 되는 걸까? 나 역시 월세방과 셰어하우스, 하숙을 오가면서 그러한 상상을 해본 적이 있다. 대단한 집일 필요는 없고, 20평, 30평 아파트일 필요도 없고, 다세대나 빌라여도 괜찮으니 두어 명이 편하게 자고 먹고 생활을 꾸리면서 미래를 그려볼 수 있는 정도의 집 말이다. 그 정도의 집. 당신이라면 그 집에 가격을 얼마나 매기겠는가? 물론 '지역마다 엄청나게 다르지!'가 정답이다. 같은 서울이라도 지하철역에서 몇 분이나 떨어져 있느냐, 집 앞으로 지나다니는 버스 노선은 몇 개나 있느냐, 동네가 주거 지역이냐 아니냐에 따라서 서울 살이의 값은 달라진다. 하지만 값을 얼마나 치르든 그 두 명이 '괜찮은' 생활을 영위하며 미래를 위한 저축도 할 수 있는 서울 살이는 지금도 없고 앞으로도 없을 것이다.

주택가지만 재개발 열기에 달아오른 서울 연희동, 연남동 부근으로 이사 올 때 이야기다. 공동 주거를 위해 투룸, 스리룸 혹은 빌라나 아파트 등 평수가 조금 넓은 공간을 찾으려고 발품을 팔았다. 상상 속의 투룸, 스리룸, 빌라, 아파트와 현실의 그곳들은 격차라고 말하기도 민망할 만큼 차이가 있었다. 일단 전용공간이 열 평이 넘어가면 월세 80이 평균이었다. 보증금 천만 원에 월세 90만 원 혹은 보증금 2천만 원에 월세 80만 원, 이런 식이었다. 물론 신축도 아니고 리모델링한 것도 아니고 이미 몇 사람을 거친 '그럭저럭' 수준의 투룸이었다. 집을 구하러 다녔던 연희동과 연남동에 유독 오래된 주택이 많아서 그런지는 모르겠지만 화장실은 터무니없이 작았다. 이도저도 아니고 비슷한 가격에 괜찮은 집을 찾았다 싶으면 층수부터 확인해야 했다. 대부분은 반지층이었으니까. 반지층의 고통은 살아본 사람이 아니면 감히 묘사하면 안 될 것만 같다. 나는 얼핏얼핏 괴담처럼 들은 반지층 무용담(으로 포장된 고생담)이 두려워서 평수를 좁혀서라도, 조금 더 멀리 살더라도 반지층이 아닌 방과 집을 찾아 대학 주변을 맴돌았다.

물론 당신이 월세를 백만 원 이상 낼 '의지'만 있다면 서울 살이의 문제는 손쉽게 해결된다. 보증금이 살짝 적어도 월세가 높아지면 집의 평수는 비약적으로 넓어진다. 집주인 입장에서는 보증금을 높이고 이를 은행권에 맡겨 어떠한 수익을 얻는 것보다 당장 매달 10만 원씩 20만 원씩 들어오는 수익이 더 크기 때문이다. 대부분의 공동 주거 공간은 월세를 '적정 가격'으로 매기기보다는 '두당 가격'으로 매긴다. 보통 혼자 신촌에서 살면 월세를 적어도 40은 내니까, 투룸이라면 월세는 80 이상이어야 한다는 식의 논리다. 이렇게 한번 형성된 시세는 그 뒤로는 꿈쩍도 하지 않는다. 물론 오르기는 잘 오른다. 해마다 최저임금 인상폭보다 월세가 계산해주는 '두당 가격' 인상폭이 아마 훨씬 클 것이다.

이렇듯 인프라가 밀집된 대학가나 그 주변의 생활이 꽤 편리한 곳에서 두 명 이상이 함께 살 집을 찾기는 정말로 어렵다. 그래서 새로운 집을 찾아야 하는 신혼부부 혹은 파트너들은 둘 중 하나를 택한다. 비교적 싼 집세와 일상의 스트레스냐, 힌 달 수입의 질반에 육박할 성노로 비싼 집세와 일상의 편리함이냐. 타이완에서 나는 '비교적 싼 집세와 이런저런 스트레스'를 택한 경우로 켄웨이와 공이룽을 만났다. 그리고 '비싼 집세와 일상의 편리함'을 택한 린위루를 만났다.

2014년 3월에 결혼해 우리가 만났을 때는 결혼한 지 1년이 다 되어 가던 린위루 부부의 집은 타이베이 중심가인 종샤오시루를 따라 차를

타고 20여 분만 가면 도착하는 민셍동지아에 있었다. 이곳은 대표적인
도심 주택가로, 초·중학교 등 교육 시설이 잘 되어 있고 시장과 공원
등이 조화롭게 들어서 있어 주거 지역으로 인기가 많은 곳이라고 했다.
린위루 부부의 집에서 10여 분만 나가면 공항, 20여 분만 나가면 도심이다.
린위루의 집을 찾아가 이야기를 나눈 그날도 나는 어렵지 않게 대로를 따라
달리는 262번 버스를 타고 린위루의 집을 찾을 수 있었다.

　　아침 아홉 시 반의 민셍동지아는 활기찼다. 타이베이에는 아파트나
빌라, 맨션 등이 들어선 지역에도 단지와 단지 사이나 상가와 상가 사이에
작지만 있을 건 다 있는 시장이 많았다. 민셍동지아 주변 시장 역시 평일
아침의 정신없는 바쁨이 물씬 묻어나왔다. 처음엔 린위루의 집이 시장을
가로질러야만 나오는 줄 알았는데 과일을 먹고 싶다는 내 말에 린위루가
잠깐 시장으로 방향을 튼 것이었단다. 린위루의 집은 시장과는 반대쪽
골목으로, 공원 뒤쪽 산책로를 타고 들어가면 만날 수 있다. 공원을 따라
걸으며 린위루는 자랑했다.

　　"이 동네엔 공원이 있어서 사람들이 많이 부러워해. 또 집 근처에
학교도 있으니까 학군도 좋다고들 이야기하고. 실제로 좋은지 나는 아직
모르겠지만."

　　린위루는 원래 아무리 집값이 비싸도 독립할 때는 내 집을
장만하겠다는 야심이 있었다고 한다. 그러나 결혼하면서 타이베이
시내에서는 집을 사는 게 도저히 불가능함을 알았다. 집을 사려고
모아둔 부부의 돈도 있었고, 각자의 부모가 집을 장만할 때 어느 정도를
보태준다고 약속도 했다. 그렇게 집 구매에 쓰려던 예산은 대략 1500만
타이완달러, 5억 2천만 원 정도였다. 그 정도면 타이베이 시내에서 두
명이 살 만한 집을 찾기엔 무리가 없는 예산이라고 생각했다. 하지만

"젊은 사람들이 고생하고
싶어 하지 않아서
집을 못 구하는 거라 말하는 건
좀 화가 나.
악의적인 부동산 투기는
계속해서 수수방관해놓고,
이제 와서 그만큼
거품이 끼어버린 집값을
나더러 부담하라고 하는 건
말도 안 되는 일인걸."

막상 찾아보니 5억 2천만 원으로 시내에서 괜찮은 주거 공간을 장만할
수는 없었다. "그 돈으로 집을 사려니까 정말 엄청 낡고 오래된 집이나,
두 명이 살기에도 좁은 곳밖에 없더라." 어쩔 수 없이 월세집을 알아보게
됐다. 다행히 운 좋게도(타이베이에서 만난 인터뷰이들은 머무를 집이
있는 자신을 모두 '운이 좋다'고 표현했다) 린위루보다 조금 더 일찍 결혼한
친구가 사두고 아직 아이가 학교를 다닐 정도로 자라지 않아 이사를
들어오지 않은 집을 얻었다. 린위루의 친구는 아이에게 교육적으로 해가
가지 않는 동네에 아이가 크면 부부 방 하나, 아이 방 하나, 서재로 쓸 집을
'장만'한 것이다. 비록 낡고 오래된 맨션이고, 1층에 찻집 등 상점이 임대로
들어와 있어도 워낙 동네가 살기 좋다고 정평이 나 있던 터라, 린위루의
친구는 이 집을 샀단다. 그리고 내부를 전면 리모델링했다고 한다. 조금
낡은 동네 속, 예스럽고 커다란 열쇠로 대문을 열고서야 들어갈 수 있는
린위루의 맨션은 그렇게 겉은 허름해도 속은 환하고 예쁜, 알부자 같은
집이 되었다.

　린위루의 집은 약 20여 평이다. 방이 세 개 있고 화장실이 하나 있다.
그리고 거실과 주방이 붙어 있다. 안방 겸 침실인 방 하나는 크고, 다른 방
두 개는 작았다. 리모델링한 덕인지 낡은 외관과는 달리 집 안은 환하고
매우 깔끔해, 슬리퍼를 신고도 감히 들어가기가 미안할 정도였다. 지어진
지 조금 오래된 아파트라 원래 베란다가 있었지만, 이를 터서 조금 더 넓고
환한 거실을 만들었다. 주방에는 아일랜드 식탁이 놓여 있었고 붙박이
찬장이 설치되어 있었다. 린위루 부부에게는 아직 아이가 없으므로, 침실과
서재만 쓰고 작은방은 비워놨다가 손님용으로 가끔씩만 사용한다.

　친구가 매입한 집에 세입자로 들어간 덕에 린위루는 위아래 집보다 약
6천 타이완달러 적은 월세를 주며 산다. 그렇게 '대박 할인'을 받고 매달

내는 월세는 2만 2천 타이완달러, 약 77만 원이다. 구조나 넓이가 똑같은 이웃집은 월세로 98만 원 정도를 낸다고 한다. 그나마 부부가 월세를 함께 내기에 부담이 조금 줄어들기는 하지만, 부부의 한 달 월급을 합친 수입 중 집세가 30퍼센트를 차지한다. 원래 집을 구하러 돌아다닐 때 만 5천 타이완달러 이상의 월세는 지출하지 않으려고 했지만 이를 한참 넘어서는 월세를 부담하고서라도 들어올 만큼 입지와 조건이 괜찮아 지금의 집을 선택했다. 그 결과 정기 수입의 3할이 꼬박꼬박 허공에 날아가지만 별 수 없다. 지금 살고 있는 집을 린위루 부부가 구매하려면 월세를 90년 치 (90개월이 아니라 90'년') 모아야 한다. 아무리 연봉이 오르고 더 나은 직장을 찾는다고 해도 린위루 부부가 90년 치 월세를 모두 모아 이 집을 살 수 있을까. 린위루도 그렇지 않다고 생각하고 있다. 그렇기 때문에 린위루 부부는 매달 77만 원을 월세로 지불하고 그나마 시내의 괜찮은 집을 '빌릴 수 있음'에 안도하고 있다.

"비슷한 상황의 다른 친구들보다는 매우 좋은 환경에서 살고 있어서 가끔은 미안한 마음도 들어. 원래 우리 같은 신혼부부는 돈을 조금이라도 더 아끼려고 싼 집을 구하니까. 그렇게 집을 구해도 또 아이를 낳으면 아이 양육비도 생각해야 하고……. 역시 돈이 많이 드는데, 운 좋게 이 집에 들어와 살고 있어."

린위루는 앞으로도 집을 살 계획이 없다고 한다. 이 동네를 선전하면 전전했지 집을 장만하는 건 터무니없는 일이라고도 이야기했다. 어떤 질의 노동을 얼마만큼 하느냐와 무관하게 높아져버린 집값이 린위루가 가진 집에 대한 생각을 바꾸어버렸다.

"처음에는 나도 집을 사려고 했지. 그런데 막상 2만 2천 타이완달러 월세를 내면서도 살아보니까 좀 생각이 달라지더라. 내가 살고 있는 이

집을 아예 장만하려면 90년 치 월세가 필요한데, '내가 그 정도의 돈을 평생 모을 수나 있을까?' 하는 의문이랑 같이, '집을 꼭 사야만 하는 걸까?'라는 생각이 들었어. 비록 매달 고정적으로 빠져나가는 지출이 있기는 해도, 집을 사려고 온갖 빚을 끼면 결국 이자를 내잖아. 그거랑 월세랑 대체 뭐가 다른 걸까 싶은 거지."

부지런하고 성실하게 일한다고 해도 내 것이 될 리 없는 집값의 높은 문턱을 마주하고 나니, 내 것이 아니더라도 살아갈 수 있는 안정적인 주거 공간이 있기만 하면 된다는 생각을 가지게 된 것이다. 타이베이의 변두리, 동후에 사는 켄웨이 역시 비슷한 생각이었다. 그는 나에게 '자신에게 집이란 컵과 같다'고 했다. '그 컵이 어떻게 생겼든, 무엇으로 만들어졌든, 크든 작든, 물을 담을 수 있다는 기능 자체가 중요한 것'이라며 집은 집으로서 기능만 충실하다면 월세집이든 전셋집이든, 내가 장만한 집이든 아니든 중요하지 않다고 했다. 내 것이든 다른 이의 것이든, 내가 안정적으로 점유할 수 있는 집. 켄웨이와 린위루는 똑같은 것을 꿈꾸고 있었고, 1년 단위로 이곳저곳을 옮겨 다니는 서울 살이에 지친 나 역시 그들의 이야기에 공감할 수밖에 없었다.

하지만 간신히 집을 빌렸고, 지금의 비싼 월세에도 불구하고 꽤 만족스러워하는 린위루의 집은 내년 이맘때 다시 타이베이에 가면 찾을 수 없을 것이다. 우리가 만났던 그 집엔 집주인이 들어와 살고 있을 것이고, 린위루의 임대차 계약은 끝난 지 오래되어 어딘가 다른 곳에 새 둥지를 틀었을 테니까.

그와 이야기하기 위해 거실의 소파 한편에 앉자 거실 창문 너머로 난지창에서 본 듯한 컨테이너 박스들이 빌라 사이사이로 보인다.

"저기, 옆 건물 보이지? 저기 옥상에 보이는 게 불법 주택이야. 우리

"집이란 컵과 같은 게 아닐까.
어떻게 생겼든,
무엇으로 만들어졌든,
크든 작든
거기에 뭘 담느냐가
중요하니까."

동네는 옥상에 이런 걸 짓는 경우가 많아. 원래 건물 옥상이 공용이긴 한데 맨 꼭대기 층에 사는 사람들이 보통 옥상을 자기 거라고 생각하더라고? 저런 불법 주택들도 맨 꼭대기 층 사는 사람들이 지은 거야."

난지창만큼 컨테이너 박스가 건물을 집어삼킨 정도는 아니지만 옥상의 불법 컨테이너 주택이나 베란다를 살짝 확장한 컨테이너 박스들은 타이베이 곳곳에서 쉽게 발견할 수 있었다.

린위루가 사는 동네 역시 비교적 학군이 좋고 살기 좋은 곳임에도 불구하고, 혹은 그렇기 때문에 불법 공간 확장이 빈번하다고 한다. 하지만 불법이든 합법이든 그렇게 만들어진 이 동네 집값은 어마어마하다. 린위루가 사는 아파트 한 채가 250만 타이완달러, 약 8억 원이다. 2014년 타이완 전체 대졸자의 첫 월급은 평균 2만 6천 타이완달러, 우리 돈 약 96만 원이니 연봉 1200만 원 수준이다. 타이베이만 놓고 보면 2만 2천 타이완달러로 소득은 더 낮다. 타이완 GDP의 9퍼센트가 노동과 아무런 관련이 없는 부동산 관련 소득임을 상기해보면, 타이완의 1인당 GDP는 청년 세대의 실제 소득에 비해 심각하게 '뻥튀기'되었다고 유추할 수 있다.

"그런데도 주변 어른들이나 정부에서는 이렇게들 많이 이야기해. 그냥 시 외곽으로 나가 살면 안 되니? 혹은 은행에서 돈 좀 빌려라. 그 사람들 말이 아주 틀린 건 아냐. 타이베이 외곽 신베이 같은 데로 나가면 어떻게든 집을 장만할 수는 있겠지. 그래도 집을 쉽게 구할 수 없는 문제를 두고 젊은 사람들이 고생하고 싶어 하지 않아서 집을 못 구하는 거라 말하는 건 좀 화가 나. 악의적인 부동산 투기는 계속해서 수수방관해놓고, 이제 와서 그만큼 거품이 끼어버린 집값을 나더러 부담하라고 하는 건 말도 안 되는 일인걸."

"50대 이상의 부모 세대 때만 해도 집은 인생의 중요한 목표 중 하나였다. 집은 곧 재산이자 그 자체로 훌륭한 재테크 수단이 되기도 했다. 차곡차곡 돈을 모아 평수가 더 큰 아파트로 이사하며 뿌듯해하던 그 시절과 비교하면 내 집 마련에 대한 2030세대의 인식은 크게 달라졌다."[4]

부모님이, 어른들이, 정부가 '젊은 사람들이 집을 사야 하지 않겠나' 하며 주택 구매를 부추긴다. 타이베이나 서울이나 마찬가지다. 최근에도 한국 기획재정부는 '부동산 경기 되살리기'를 외치며 주택 담보 대출 조건을 완화하고 재건축 등을 장려했다. 전월세로 살 돈도 부족해 전전긍긍하는 젊은 층보다 이미 집이 있는 기성세대의 손을 들어준 것이다. 주택 담보 대출로 돈을 융통하고 이를 바탕으로 부동산을 건축, 재건축한다면 주택 물량이 많아지고, 많아진 주택 물량을 바탕으로 시장은 활성화될 것이라는 정부의 기대에는 한 가지 큰 오류가 있다. 주택시장 투자가 활성화되어 주택 가격이 꾸준히 오르면 2030세대가 과연 그 값을 감당할 수 있을까. 주택 가격 상승은 실제로 집을 새로 구매해야 할 세대에게는 부담이 된다. 현금으로 치환되지 않더라도 '내가 가진 집 집값이 오를 것이다!'라는 기대심리를 품은 기성세대에게나 행복할 일이다.

보증금은 도대체 뭘 보증하는 돈일까

그러니 여전히 쏟아지고 있는 부동산 정책은 청년 세대에게 잠깐의 비를 피할 일회용 우산만도 못하다. 지금 주택을 보유하지 못한, 정부의 부동산

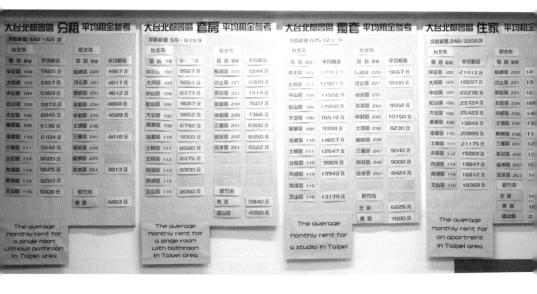

정책으로 최소한의 혜택이라도 볼 확률이 있는 하우스 푸어조차 되지 못한 청년 세대는 주택을 구매할 저축은커녕 전세를 마련할 돈이 없어서 고정적인 주거 공간을 점유하는 대가를 매달 내야 한다. 그나마 월세를 덜 내려면 보증금이라도 있어야 한다. '싸게'는 5백만 원, 천만 원에서 시작해 몇 천만 원이 되는 목돈이다. 부모의 지원 없이는 엄두도 나지 않는다.

나 역시 서울에서 6개월, 1년, 또 1년 반, 2년 단위로 월세집을 전전할 때마다 가장 크게 느낀 감정은 무력감이었다. 2014년 최저시급은 시간당 5580원이었다. 최저시급은 최고시급이 되어버렸다. 최저시급에 맞춘 아르바이트비를 받으면 그나마 양반이고, 그마저도 '사정상 맞춰주지 못하겠다'는 곳이 많았다. 대학생이라는 이유로, 진로를 탐색하고 회사에서 무언가를 '배워' 간다는 이유만으로 정직원의 부담을 나누어지는 아르바이트나 인턴을 하면서도 최저시급을 밑도는 월급을 강요받았던 적도 있다. 그렇게 한 달을 '풀타임'으로 근무하고 손에 쥐는 돈은 백만 원도 넘지 못하는 경우가 많았다. 처음에 그나마 돈을 주는 유급 인턴 자리를 얻었을 때 기쁜 마음에 부모님에게 '더 이상 월세는 주시지 않아도 된다'고 선언했다. 물론 부모님은 그 돈으로 무슨 월세를 내느냐며 고개를 저었지만, 처음 몇 십만 원이라는 '큰 돈'이 들어온 나에게 월세는 감당 가능한 수준으로 여겨졌다. 그러나 월세를 내고 남은 대학생 인턴의 살림 값은 30만 원이었다. 2014년 서울의 1인 가구 최저 생활비는 주거비 포함 월 135만 원이었다.

저축은커녕 생활비를 더 아끼려고 장을 보고 도시락을 싸기 위해 늦게 자고 일찍 일어나는 하루의 그 두어 시간, 술값과 밥값이 아까워서 친구들을 이리저리 피해 다니며 쌓이는 부끄러움과 황망함, 한 달 꼬박 일해도 돈이 남기는커녕 통장 잔고를 마이너스로 떨어뜨리지 않기 위해

버텨야 하는 서러움, 그리고 월말에 몇 백 원이 남은 통장을 보며 하루
이틀은 비참하게 살아야 하는 무력감……, 이런 감정이 누적되니까 '지금
돈을 아끼려고 나는 나의 미래를 갉아먹는구나' 하는 생각이 들었다.
월세를 감당해보겠다는 당돌한 선언은 한 달 만에 접었다.

　고정 수입이 있는 린위루 부부는 월세 77만 원을 매달 내면서 '버틸' 수
있었다. 그리고 무엇보다 보증금이 월세 두 달 치였다. 린위루에게 원래
보증금이 이 정도인지 물었다.

　"그러니까 보증금은 월세를 밀려서 못 내거나 할 경우를 대비해서
받아두는 돈 정도가 아닐까? 게다가 계약 기간도 2년 정도인데, 직장
다니니까 월급도 받고, 그중에 월세를 설마 못 낼 달이 얼마나 되려고."

　사실은 그렇다. 보증금은 말 그대로 임차인의 임대를 '보증'한다는
의미다. 타이완에서는 임차인이 앞으로 꾸준히 월세를 잘 낼 것이라는
사실을 입주 시에 증명하기에 충분하다. 그렇지만 보증금 천에 월세
40짜리 내 방은 내가 1년 동안 내는 월세보다 보증해야 하는 몫이 더 크다.
대체 나는 보증금 천만 원으로 무엇을 보증하는 걸까? 목돈을 댄 사람이
있을 테니 혹시 내가 집세를 못 내더라도 집세를 그가 나 대신 내줄 수
있으리라는 보증? 월세를 꼬박꼬박 내지만 보증금만으로도 1년에 한 달 치
월세 정도는 집주인이 이자 수입을 거둘 수 있어야 한다는 보증?

　타이완의 주거 환경은 분명히 문제가 많다. 대학을 갓 졸업한 청년
세대의 월급이 평균 약 백만 원인데, 신혼 부부 두 명이 같이 살 만한 집의
월세가 또 백만 원이다(다시 말하지만, 린위루 부부는 '지인 할인'을 받아
매달 이보다 약 20만 원의 월세를 아끼고 있다.) 대학을 졸업한 직후는커녕,
몇 년 후에도 주거 독립은 꿈도 못 꾼다는 소리다. 그럼에도 불구하고 단
한 가지, 보증금만은 합리적으로 보였다. 사실 몇 달 치 월세만 보증금으로

내는 '타이완이 그나마 합리적'이라고 이야기하는 건 옳지 않다. 오히려 몇 십 개월 치 월세를 보증금이라는 이름으로 내야 하는 한국이 확실히 뭔가 '이상'하다.

대부분의 영미권 국가들의 주요 도시 역시 타이완만큼이나 비싼 주거비로 악명이 높지만 대학 졸업 후 직장을 얻고 도시 안에서 통근을 해야만 하는 청년 세대가 정착을 고려할 수 있는 이유는 보증금이 대부분 두세 달 치 임대료에 해당하는 돈이기 때문이다. 고정적인 수입이 있다면 몇 십 개월 치 임대료는 당장 모으기 힘들지만, 몇 개월 치는 모을 수 있다. 그 고정적인 수입이 절대적으로 많지 않다 해도 말이다.

만약 '괜찮은' 서울 살이에 필요한(굳이 '괜찮은'이라는 말을 붙인 이유는 보증금이 없으면 고시원으로 가면 된다는 답 없는 핍박에 답하기 위해서다) 보증금이 두세 달 치 월세라면 임시적인 주거 공간이라도 스스로 주거의 기반을 세우는 일은 그리 어렵지는 않을 것이다. 무엇보다도 방 한 칸 쓰는 값이 터무니없이 비싸서 따라잡을 수조차 없다는 무력감에서 조금이나마 벗어날 수 있을 것이다.

그러나 서울의 현실은 그렇지 않다. 부모의 지원을 받지 않고 독립하고 싶어서, 아니면 받고 싶어도 받을 수 없는 집안 사정이 있어서 보증금부터 혈혈단신 해결해야 하는 친구들의 삶은 더욱 팍팍해진다. 그들의 자존감은 집 앞에서 무기력하게 흩어지곤 한다.

유민의 서울 살이 역시 그렇다. 고향에서 서울로 상경한 지 5년째인 유민은 새내기 때만 해도 학교에 기숙사가 없는 대신 무보증으로 알선해준 원룸에서 친구와 함께 살았다. 월세는 60만 원이었지만 둘이 내면 큰 부담은 아니었다. 하지만 교환학생을 갔다 와서 새 집을 구할 때는 사정이 달랐다. 유민은 집안의 경제적 사정을 일찍부터 공유하며 살아왔다. 그래서

감히 5백만 원이나 되는 보증금을 집에서 마련해줄 수 없음을 잘 알고
있었다.

"그런데 마침 그해에 국가장학금이 과도하게 책정되어 있었나 봐.
교환학생을 다녀와서 평소처럼 국가장학금을 신청했는데, 늘 받던
장학금보다 2백여만 원을 더 주는 거야."

교환학생을 유럽권으로 가게 되어 생활비가 많이 들 거라고 생각하고
생활비를 넉넉하게 챙겨 갔지만, 정작 생활 물가가 싸서 오히려 돈이
남았다. 그 돈과 얼떨결에 받은 2백만 원을 합쳤다. 그래도 5백만 원에는
한참 모자랐다. 그런데 유민이 발품을 팔면서 본 '살 만한' 방들은 보증금
5백에 월세 60, 아무리 적게 불러도 보증금 천에 월세 40이었다. 보증금
5백만 원조차도 '어떻게 해야 하나' 싶었던 유민의 입장에서 천만 원은
너무나 넘기 힘든 높은 문턱이었다.

"그래서 친구랑 같이 보증금 천만 원짜리 방을 찾아서 보증금 부담을
5백만 원씩 나누려고 했어. 그때 나는 보증금 5백만 원도 감당하기
힘들었으니까. 그런데 친구는 집이 여유가 좀 있는 편이더라고. 그럴
바에야 보증금 2천만 원짜리 방을 찾아서 월세를 낮추고, 자신이 내 몫까지
보증금을 부담하는 대신 내가 월세를 조금 더 내면 어떻겠냐고 하더라."

그래도 유민의 집에서는 걱정이 앞섰다. 함께 사는 집인데, 딸이 친구
눈치를 보면서 살게 할 수는 없다고 했다. 유민의 엄마는 한번도 유민에게
얘기하지 않았던 비상금을 깼다. 유민은 남은 장학금과 생활비를 보탰다.
그렇게 보증금 천만 원이 간신히 만들어졌다. 친구와 살다가 친구가 취업이
되어 집을 새로 구하게 될 때에도 유민은 보증금 천만 원이 넘는 집은 찾을
엄두도 내지 않았다. 그저 보증금 천만 원 한도 내에서 월세를 최대한 아낄
수 있는 집을 찾았을 뿐이다. 지금 유민은 신축 건물의 네 평짜리 옥탑방에

정착했다. 관리비까지 포함해 월세 40만 원 이하로 방을 구하려니 반지층 혹은 옥탑뿐이었다.

"그래도 지금 사는 집은 새로 지은 곳이라 냄새가 나지도 않고, 방이 묘하게 넓어 보이는 구조라 괜찮아."

높은 보증금의 문턱 그리고 보증금의 차이에 따른 월세의 차이는 여전히 서럽다.

"만약에 내가 조금 더 보증금을 부담할 수 있었다면 월세를 덜 내도 됐겠지. 게다가 전세로 원룸을 얻은 친구들은 월세를 아예 안 낼 거 아냐. 그럼 한 해만 해도 몇 백만 원을 아끼는 건데."

1년 혹은 길어야 2년을 사는 공간조차도 월세 위에 월세, 보증금 위에 보증금으로 금전적 배경에 따른 차등이 세분화되어 있다. 보증금을 조금만 더 낼 수 있었더라면 하는 유민의 말이 귓가에 울린다. 보증금이 몇 십 개월 치가 아니라 몇 개월 치였다면. 그래서 유민이 아낀 생활비와 장학금으로 보증금을 부담할 수 있었다면. 그의 어머니는 '정말로 위급할 때가 아니면 쓰지 않겠다'고 생각했던 비상금 통장을 깨지 않아도 됐을 거고, 유민이 가족에게 지는 마음의 짐 역시 줄일 수 있었을 것이다.

© Takeshi Garcia

새둥지운동 그 이후

우리가 난지창을 처음 찾은 2015년 2월 2일, 그곳에서는 사회주택추진연맹 연례총회가 열렸다. 사회주택추진연맹에서는 최근 난지창의 지역 공동체 사업을 열심히 추진하고 있다. 사회주택추진연맹은 사회주택을 건설하자는 목소리를 내기 위해 13개 노동, 주거, 청년 시민단체가 모인 연합체다. 1989년 민달팽이운동 시절부터 활동했던 아워스나 최마마(崔馬馬) 같은 전통적인 주거 관련 시민단체뿐만 아니라 노동운동 단체, 대학생 단체 등 배경이 다양한 단체들이 포함되어 있다. 이들 단체가 모두 동의한 단 하나의 명제는 바로 '주거의 불안정이 모든 문제의 근원'이라는 것이다. 이들은 2014년 새둥지운동을 주도했다.

새둥지운동의 전체 대변인을 맡은 펑양카이 씨는 "주거 불균형 문제를 25년 동안이나 제기했지만, 원체 달라진 게 없다"며 한숨을 쉬었다. 여전히 사람들은 타이베이나 그 근처에서는 살 만한 집을 찾을 수가 없고, 이 현상은 특히 젊은 사람일수록 더 심각하단다. "80년대부터 부동산 이익에 기반을 둔 정경 유착 네트워크가 형성됐다"며 여기서 '살코기'를 차지하는 그룹은 소수의 정치인, 부동산 관련 회사와 자본가지만, 정작 부동산 이익의 수혜를 볼 수 없는 '피도살자'들도 부동산 신화를 견고하게 지지하고 있다는 지적도 덧붙였다. 현실적으로 집 한 채를 장만하려면 30년 이상 일해야 하는 상황에서도 사람들은 '집을 장만하는 꿈'을 꾸고 있다는 것이다. 하지만 이제 내 집 마련은 정말 꿈일 뿐이라는 것을 서서히 깨닫고 있다. 꿈에서 깨어나고 있는 것이다. 아워스 사무국장 춘치에 씨는 "2009년부터 비싼 집값에 대한 불만이 사회적 의제로 떠오르기 시작했다"면서 "시민단체 역시 2010년부터 본격적으로 주거 불균형에 대한 문제 제기를 해왔다"고 했다.

그들이 요구하는 것

이 분위기를 타고 2014년 가을에 사회주택운동연맹에서는 새둥지운동을 전개했다. 새둥지운동은 크게 다섯 가지 요구안을 제시했다.

첫째는 국민들의 주거권을 헌법에 보장하라(居住人權入憲 終結强拆迫遷)는 것이다. 타이완 헌법에는 유엔 국제협약에도 명시된 '집에 살 권리'가 아직 명시되어 있지 않다. 헌법에 주거권을 명시함으로써 개발을 명목으로 한 강제 철거, 강제 이주 등도 줄이고자 하는 의도다.

둘째는 부동산 관련 세제 개혁(改革房産稅制 杜絕投機炒作)이다. 타이완 경제는 부동산 경기를 기반으로 가파른 성장을 거듭했다. 이 말의 이면에는 그만큼 부동산 관련 세제가 '시장 친화적'이라는 뜻이 담겨 있다. 타이완의 부동산 보유세는 구간마다 다른데 최고가 0.1퍼센트다. 양도소득세 역시 최고세율이 약 3퍼센트밖에 되지 않는다. 그러다 보니 집을 여러 채 가지고 있어도 전혀 부담이 없다. 부모가 가진 집을 자식에게

물려주는 것도 매우 쉽다.[5] 타이완에서 부동산이 신화를 넘어 '숭배' 대상에
가까운 이유라 할 만하다. 하지만 부동산이 '신화'가 되고 '숭배'까지 되는
순간 현실에서 '집'의 기능을 할 수 없음은 매우 자명하다. 그리고 주택 관련
법제를 조정하는 기구는 이미 부동산 투기로 기득권층에 올라선 다주택자,
정치인, 건설 회사가 장악하고 있다. 최마마 재단에서 주택 정책 리서처
활동을 하는 에릭의 설명이다.

"부동산 보유세가 매우 낮다 보니, 집을 가진 사람들이 굳이 임대를
해서 빈방을 채울 필요를 전혀 느끼지 않아요. 임대하면 여러 사람이
관련되는 일이니 귀찮아진다는 생각이 보통이거든요. 차라리 그 집을
매매해서 차익을 남기려고 하니 임대시장은 점점 더 설 자리가 없고요."

세 번째 요구는 '사회주택' 건설(廣建社宅達5% 成立住宅法人)이다.
새둥지운동에서 가장 핵심적인 요구안이고, 새둥지운동 이후 가장
빠르게 정치 사회적으로 받아들여지는 요구안이다. 사회주택이라는
개념은 우리나라로 치면 공공임대주택에 해당한다. 2014년 기준으로
타이완 총 주택량 중 사회주택의 비중은 0.08퍼센트에 불과하다. 호수로
치면 7천 여 호다. 몇 천 가구밖에 되지 않는 사회주택은 입주 조건도
굉장히 까다롭지만, 이를 충족한다 해도 절대적인 수가 너무 부족해
10년을 기다려도 집이 제공되지 않는 수준이다. 예를 들어 2010년
4월에는 타이베이 전역의 임대형 국민주택 3833가구 중 빈집은 불과
59가구밖에 없었는데도 불구하고, 임대 희망자는 6034명이었다.[6] 집값은
더 이상 집을 '살 수 있는' 수준이 아니니 장기임대주택을 공급하라는
요구다. 새둥지운동에서는 현재 0.08퍼센트인 사회주택 비율을 5년 내로
5퍼센트까지 늘리라고 요구한다. 5퍼센트는 경제 규모가 비슷한 아시아
국가들과 비슷한 수준이다. 20, 30대 청년을 위주로 사회주택 건설 요구가

커진 것은 결국 당연한 결과였다. 그리고 앞서 말했듯 새둥지운동 이후 치러진 선거에서 사회주택 건설을 약속한 정치인이 대거 당선되었다.

네 번째 요구는 합의주택 건설을 중지하라는 것(修訂公地法令 停建合宜住宅)이다. 합의주택은 정부가 부지를 선정하고, 건설을 민간 업자에게 맡겨 지은 후 국민들에게 판매하는 주택을 이른다. '정건주택' 혹은 '국민주택'에서 '합의에 따라 적절한 집을 짓는다'는 뜻으로 2000년대 초에 이름이 바뀌었다.

정부가 시내 곳곳 공유지를 싼값에 풀어 국민들이 비교적 안정된 가격에 도심지 주택을 구매할 수 있도록 펼친 정책이었다. 그러나 신청 자격이 크게 까다롭지 않아 도심의 합의주택은 극심한 경쟁률을 보여 실제로 여기 '입성'할 수 있는 사람은 손에 꼽을 정도로 적었다. 또 정부와 민간이 필수적으로 엮이다 보니, 정경 유착도 잦다. 결국 정부 땅에 민간이 집을 지어 집을 매각하는 형태가 되어버린 합의주택 탓에 공공 영역이 보유한 토지 비율은 꾸준히 줄어들고 국유지의 사유화가 자연스럽게 진행된다. 게다가 노른자 위 땅에 건설된 합의주택은 민간에 아예 소유권이 이전된 이후에 자연스럽게 가격이 폭등하거나 재개발 논의 대상이 되어 집값 폭등을 노린 매매 투기를 더욱 부채질했다. 민달팽이운동이 일어났던 곳, 타이베이를 가로지르는 종샤오동루3가의 '정의국민주택'이 대표적인 사례다. 타이베이에서 우리가 묵었던 도심의 숙소와노 멀지 않은 정의국민주택은 바로 옆에 대형 백화점이 있고, 이와 연결된 지하철역이 있다. 지하철 외의 교통도 편리한 것은 두말할 것도 없다. 이미 건축된 지 한참이 지나 소유권이 모두 민간에 이전된 정의국민주택은 도시 재개발 조례의 적용을 받아 초고층 도심형 주택으로 재건축될 예정이다. 재건축 발표가 있기 직전까지 정의국민주택의 값은 두 배 이상 폭등했다.[7]

그럼에도 불구하고 정부는 계속해서 '수요와 공급의 경제학'을 근거로 타이베이에 더 많은 합의주택을 지어야 타이베이의 주택 가격이 내려갈 것이라고 주장한다. 합의주택 건설을 중지하라는 요구는 결국 집 지을 땅만 건설업자에게 빌려주고 방치하지 말고, 집의 소유권을 사들인 후 정부가 임대인이 되어서 국민들에게 장기적으로 안정적인 거주, 즉 사회주택을 제공하라는 요구와 맞닿아 있다.

마지막 요구는 임대시장 활성화(發展租屋市場 制訂租賃專法)다. 두 번째 요구안인 주택 관련 세제 조정에서도 보았듯이 타이완의 부동산 관련 세금 정책은 다주택 보유자일수록, 비싼 집에 살수록, 집을 이미 가지고 있을수록 유리하다. 게다가 주택을 재화로서 거래하기 쉬운 환경이 조성돼 있기 때문에, 다주택 보유자라도 여러 채의 주택을 임대하기보다는 차라리 빈집으로 놀리다가 시세가 한창 올랐을 때 이를 사고팔기를 원하는 경우가 대다수다. 이렇게 임대시장이 활성화될 여건이 적다 보니 자연히 공공은 물론이고 민간 임대시장 규모도 절대적으로 작아지고, 임차인이 집을 훼손한다는 둥 임대에 대한 부정적인 인식도 쉽게 퍼졌다. 현재 타이완의 주택시장 비율을 살펴보면 주택 구매시장이 전체 시장의 79.2퍼센트를 차지하며 민간주택 임대시장은 10.9퍼센트다(여기서 빠진 0.08퍼센트는 위에서 언급한 사회주택의 공급량이다.) 전체 주택시장에서 임대시장 비율을 늘릴 수 있도록 다양한 정책과 법안을 준비하라는 것이 새둥지운동의 요구안이다.

임차인과 임대 제도를 지켜줄 수 있는 법안과 제도가 얼마나 미비한지 내가 직접 타이베이에서 임대주택을 구해 살고 있다고 가정해보았다. 그리고 최마마 재단에서 일하는 장아이링 씨에게 조언을 구했다. 일단 집을 구할 때 쓰는 표준계약서가 없다. 원래도 집주인이 갑이고 임차인이

을이겠지만, 임대차 계약에 반드시 기재해야만 하는 사항 등이 정해져 있지 않기 때문에 집주인은 '슈퍼 갑'이고 나는 '슈퍼 을'이 된다. 집주인이 '너의 방에 감히 애인을 들이지 말라. 그것은 집 분위기를 문란하게 만드느니!' 라고 이야기해도 나는 할 말이 없다. 그렇게 1년여를 살다가 집주인이 2년 차에 갑자기 월세를 두 배로 올린 계약서를 나에게 디민다. 여기에 응하지 못하겠다면 2주 안에 짐을 싸서 나가라고 한다. 그게 아무리 불합리하고 말도 안 되는 처사라고 해도 일단 나는 나가야 한다. 임차인의 권리를 구제해줄 제도나 기구가 없기 때문이다. 분쟁을 조정할 유일한 도구는 소송이다. 일단 나는 외국인이니까 소송은 복잡해서 죽었다 깨어나도 안 될 거다. 설사 내가 타이완 사람이라 하더라도 일단 그 집에서 나오긴 나와야 한다. 소송은 몇 년씩 걸리는데 당장 2주 안에 나오지 않으면 집주인은 내 살림을 강제로라도 끄집어내 어딘가에 옮겨 놓을 게 분명해 보이니까. 물론 내가 빌린 집은 정식으로 임대주택으로 등록되어 있지 않았을 가능성이 훨씬 크다. 미등록 상태라면 설상가상 정말로 맨땅에서부터 소송을 시작해야 한다.

집주인에게는 거주 환경을 '임차인이 살 만 하게' 만들어 임대시장에 내놓아야 할 어떤 의무도 없다. 집의 무언가가 망가지거나 전기, 수도에 문제가 생겨도 고쳐줄 의무가 없다. 주어진 조건에 순응할 사람을 찾아 집에 들이면 된다. 아니면 차라리 집을 비우는 편을 택한다. 이렇듯 '집'이라는 삶의 지지대를 빌리는 데 최소한의 규칙조차 없으니 임대인과 임차인 모두 불만족스러운 관계가 되기 쉬운, 아슬아슬하고 더욱 임시적인 주택 임대시장이 탄생한다.

"그럼에도 불구하고 '집을 사야만 한다'는 생각에

집을 사는 또래 친구들이 여전히 꽤 있는 편이야.

우리는 그런 애들을 '집의 노예(屋奴)'라고 놀려대긴 하지만."

기대지 않는 주거를 위해

다섯 가지 요구안은 구구절절 그른 말 하나 없다. 그래서 새둥지운동은 반향도 대단했다. 특히 그중에서도 20, 30대 청년층의 참여와 관심이 뜨거웠다. 난지창의 커뮤니티센터에도 자주 들르면서 지역재생운동을 꾸준히 돕고 있는 아워스의 사무국장 춘치에 씨에게도 새둥지운동은 특별한 기억이었다.

"아무래도 주거 불균형이 정말 '도를 넘었다'고 우리 세대가 느꼈으니까. 지금 있는 주택시장이란 게 건물을 가진 사람에게만 지나치게 유리하잖아. 우리는 건물 한 채 가지고 있지 않은데, 대체 어쩌란 말인지 모르겠단 말이야. 그래서 많이들 화가 난 상태여서 새둥지운동에 많이 참여했다고 생각해."

비단 그가 시민단체에서 일하기 때문만이 아니라 춘치에 자신이 마주한 불공정한 주거 상황에 화가 나서 친구들을 초대해 렌나이 아파트 앞에서 꼬박 하루를 야영했다고 이야기한다. 주거의 불균형을 낳은 부정부패에도 화가 났다고 한다.

"부동산 관련 정책의 입안자들, 그리고 이를 심사하는 의결 기구까지 모두 부동산 부자나 건설업계 관련 인물로 채워져 있는데, 대체 무얼 바라겠어. 아무리 시민단체에서 열심히 건의해도 듣는 척도 안 한다고."

사실 그는 타이베이에 사는 청춘들 중에서도 가장 흔한 방식으로 주거 문제를 해결하고 있다. 바로 부모님 집 말이다. 그는 '아직까지는' 독립할 집을 구하는 걸 보류한 상태다. 우리 역시 집에서 멀리 떨어진 곳으로 대학을 진학하거나 취직하는 것이 아니라면 결혼 전까지 부모님 집에 사는 게 꽤 일반적이다. 하지만 우리도 그도 알고 있다. 부모님 집에서 산다는 것은 영원한 선택지가 되지 못하며 우리는 언제나 독립의 꿈을 꾸고 있음을. 그 역시 독립해서 시민단체에서 일하는 여자 친구와 함께 살기를 꿈꾸고 있지만 사회주택이 갑자기 늘어나지 않는 한 독립은 멀고 먼 일이다.

춘치에의 조상은 (정말로 일찍) 타이완으로 이주했다고 한다. 그 덕에 그의 가족들은 타이완의 집값이 오르기 한참 전에 타이베이의 서쪽 중심 지구인 다퉁(大同) 지역에 정착했다. 그리고 할아버지 대부터 살던 집이 지나치게 좁아진 탓에 1992년에 아파트로 이사했다.

"딱히 아파트로 이주해야겠다고 생각했다기보다는 그 전에 살던 집이 워낙 다섯 가족 살기에는 좁아서. 40제곱미터밖에 안 됐기 때문에, 정말로 좁았다고. 그래서 115제곱미터 정도 되는 아파트로 이사했어. 지금 살고 있는 아파트인데 1980년대에 지어진 거라고 들었어. 그래서인지 12층까지 있는 아파트에 엘리베이터가 하나라서 좀 힘들지."

아파트로 이사한 후 춘치에에게 자기만의 방이 생기기는 했지만 여전히 다섯 사람이 살기에는 좁기 때문에 그의 방에는 다른 가족들의 각종 짐이 빼곡하다고 한다. 부모님 집에서 사니까 집세는 안 내서 좋겠네 하고 물어보니 웬걸. 월급의 약 30퍼센트 정도인 만 타이완달러를 매달 부모님께 용돈 겸 집세로 드린단다. 물론 그 돈이면 주변의 월 임대료 시세보다 엄청나게 싼 가격이긴 하지만 지출은 지출이다.

그 돈에 '방세'로 이름을 붙이든 '용돈'으로 붙이든, 부모님께 일정 수준의 돈을 드린다는 그의 답변이 낯설지 않다. 타이완이나 우리나라나 사회 초년생 월급에서도 부모님 용돈으로 나가는 돈은 상당하다. 마찬가지로 타이완이나 우리나라나 자녀가 '독립'하고자 할 때 보증금이나 집값을 보태주는 문화가 일반적이다. 춘치에 역시 후에 결혼하거나 독립해서 집을 '사려고' 할 때, 부모님이 보태주리라 기대하는 듯했다.

"주변 친구들을 봐도 그렇고 집을 살 마음을 먹었다면 부모님한테서 지원을 받지 않고서는 도저히 집값을 부담할 수가 없어. 그나마 부모님한테 손을 벌리고 은행에서 대출도 받아서 간신히 집을 사는 거지. 그렇지 않고서야 20평 정도 되는 집이 4, 5억 원은 훌쩍 넘어가는 타이베이에서 어떻게 결혼하면서 집을 살 수 있겠어."

춘치에 씨는 그래서 아직 여자 친구는 있지만 결혼할 마음은 크지 않다고 했다.

"부모님한테 손을 벌려도 은행에서 돈을 더 빌려야 한다고 했잖아. 그렇게 집을 사서 살면서, 대출 받은 돈의 이자를 다달이 갚는데 그 이자가 심할 때는 집을 산 친구 월급의 절반이 넘어갈 때도 있어. 그럼에도 불구하고 '집을 사야만 한다'는 생각에 집을 사는 또래 친구들이 여전히 꽤 있는 편이야. 우리는 그런 애들을 '집의 노예(屋奴)'라고 놀려대긴 하지만."

'집의 노예'라는 말은 결국 편안하게 쉬고 장래를 계획할 주거 공간에 현재와 미래를 바치는 아이러니한 상황을 보여준다. 그 말은 집값이 집주인의 주인이 되어 노예로 부릴 만큼 엄청나게 비싸지 않았다면, 적절한 노동 끝에는 누구나 무리 없이 집을 살 수 있는 수준이었다면 생기지 않았을 것이다. 우리는 우리 힘으로 온전히 살 집을 도저히 구할 수가 없기에, 때로는 집주인이라는 중장년 세대에게 지금도 집값과 빙세를 내고 있고, 때로는 엄마 아빠라는 중장년 세대에게 용돈을 꼬박꼬박 드리면서 대출을 끼어서라도 사려는 집에 조금이라도 그들이 자금을 보태주기를 기대하고 있다.

중장년에서 시작해서 중장년으로 끝나는 사이클 속에서 우리 세대가 언제쯤 '기대지 않는 주거'를 실현할 수 있는 걸까. 그런 날이 오기는

오는 걸까. 그저 '부모님'과 '자식'이 아니라 한 세대가 다른 세대에게
기대야만 주거 문제를 간신히 해결할 수 있는 상황은 때로는 슬프고 때로는
치욕적이다.

주거에도 정의가 있어야 한다

공실률이 20퍼센트에 이르면서도 여전히 부동산 가격의 거품이
가라앉지 않는 타이베이 주택시장에 '정의'를 요구하는 목소리는 커다랗게
울려퍼졌다. 그리고 2014년의 총선은 타이베이 시민들이 바라는 바를
정확히 보여줬다. '지금의 갑갑한 상황에 똑같이 머물지 말라.'

　　새둥지운동을 시작한 사람들은 그저 손을 놓고 변화의
바람을 기다리기보다는 이전과는 무언가 '다른 일'을 조금 더 활발하게
벌이기 시작했다. 정부가 다 해줄 때까지 손을 놓고 있으면 안 되겠다는
생각에서다.

　　종샤오동루에 드러누웠던 민달팽이운동은 처음부터 그렇게 불렸던
것은 아니다. 2만 명이 함께 시위한 후 '껍질 없는 달팽이(The Shell-less
Snail Organization)'라는 이름의 무주택자 단체가 펼친 퍼포먼스가 시위의
이름을 민달팽이운동으로 만들었다. 이들은 정부의 주택 정책에 항의하며
'집 없는 부부 백 쌍의 합동결혼식'을 개최했다. 평범한 주부였던 최마마도
남편, 딸과 함께 이 합동결혼식에 참여했다. 손수 만든 드레스를 입고
휠체어에 앉아 결혼식에 참여하고는 이 새로운 사회운동을 지원하기로
마음을 먹었다. 그러나 당시 폐암 말기였던 최마마는 그로부터 3일 후
사망했다. 그를 추모하던 사람들은 이후 '껍질 없는 달팽이' 조직의 이름을

'최마마 기금회(최마마 재단)'로 바꾸고 새로운 사회운동을 시작했다.[8]

그로부터 30여 년 후 최마마 재단은 약자의 주거 정의를 가장 광범위하게 보조하는 시민단체가 되었다. 주거 관련 무료 법률 상담에서부터 타이베이 사람들이 집을 구할 때 직면하는 여러 불평들을 적극적으로 나서서 해소해왔다. 대표적인 사례는 '이사비 평가 시스템'이다. 최마마 재단에서 일하는 테드 씨는 이렇게 회고한다.

"90년대 후반까지만 해도 타이베이에서 이사할 때 가장 무서운 사람들이 누구였는지 알아요? 바로 이사 업체들이었어요. 분명히 계약서에 적혀 있는 대로 이사비를 지불하는데도, 거기에 웃돈을 얹어 더 주지 않으면 가구들을 나르면서 일부로 험하게 던져서 망가뜨리고 그랬거든요. 그런 일이 하도 빈번하니까, 사람들이 이삿날엔 업체에 쥐어줄 웃돈을 미리 준비하고는 했습니다."

최마마 재단은 주거 정의에 어긋나도 한참 어긋나는 이사 업체의 횡포를 효과적으로 제재할 수 있는 수단을 고심하다가 1998년에 이사비 평가 시스템을 만들었다. 핵심 원리는 단순했다. 이사 업체의 공정성을 평가할 지표를 제시하고, 이에 따라 이사 업체들을 면밀히 평가한 후 결과를 최마마 재단의 이름으로 공표하는 것이다. 이사 업체들로부터 불만이 없게 하기 위해, 최마마 재단에서는 한 업체를 3개월 이상 면밀히 심사하는 담당자를 두도록 했다. 그리고 '깡패같이 고객의 짐을 내던지는 이사 업체'와 '서비스가 좋은 이사 업체'를 모두 최마마 재단 웹사이트에 공표했다. 그 결과 약 2년 만에 웃돈을 주지 않으면 행패를 부리는 이사 업체는 꼬리를 말고 자취를 감출 수밖에 없었다.

멀고 추상적인 주거 정의보다는 현실적인 주거 정의를 위해 다양한 사업과 프로젝트를 벌여온 최마마 재단은 2000년부터 민간 임대주택 역시

중개하고 있다. 한국에서 월세방이나 전셋집을 주로 중개해주는 부동산과
뭐가 다르지 싶지만 타이완의 특수한 임대시장 환경을 이해하고 나서는
민간 임대 중개 사업이 사회적 기업 혹은 시민단체가 아니면 하기 힘든
일임을 금세 깨닫게 된다.

꾸준히 늘어나는 임대 수요에도 불구하고 앞서 만나본 켄웨이,
린위루처럼 '지인'을 통하지 않으면 임대차 계약을 맺기조차 힘들다.
그래서 최마마 재단에서는 잘 모르는 임차인에 대한 무조건적인 거부감을
줄이고 임차인에게도 임대인에 대한 부정적인 인상을 줄이기 위해
임대인과 임차인 사이를 중개하고 있다. 최마마 재단을 통해 집을 소개
받기를 원하는 임차인은 홈페이지를 찾거나 최마마 재단을 직접 방문해
자신이 원하는 집의 상세 조건과 계약 기간 등을 기입한다. 집주인 역시
자신의 매물 정보를 꼼꼼히 정리해 게시한다. 그러면 최마마 재단은 직접
임대주택 매물을 방문하고 집주인이 기입한 조건이 맞는지 확인한다.
더불어 보유하고 있는 임차인 프로필 중에서 그 집에 안성맞춤인 임차인을
집주인에게 추천하기도 한다. 임대에 대한 근본적인 불안감을 해소하기
위한 장치다. 타이완 맞춤형 사회적 중개 서비스인 셈이다.

그냥 집 말고 좀 '살 만한 집'을 중개해드립니다.

여기서 한 발 더 나아가서 2014년부터 최마마 재단이 야심차게 시작한
사회적 사업이 있다. 바로 임대시장에 조금 더 적극적으로 개입해 인프라도
중개, 지원하는 일이다.

"사람과 사람 사이에 다리를 놔주는 것만으로도 임대인, 임차인 모두가

고마워해요. 하지만 근본적으로 임대시장의 매물 자체가 늘어나지 않는 현상에 대해서도 고민하기 시작했죠. 그리고 집을 보유한 사람들이 집이 훼손될지도 모른다는 걱정 때문에 아예 집을 내놓지 않거나, 이미 심하게 훼손되고 낡아 그런 걱정조차 하지 않는 집들만 임대시장에 내놓는다는 사실을 깨달았어요."

그래서 최마마 재단은 '좋은 임대주택'을 만들기 위해 팔을 걷어 붙였다. 낡고 사람이 살지 못할 법한 주택 매물을 가진 임대인들에게 재단이 적극적으로 리모델링과 건물 보수 등을 지원하는 형태다. 최마마 재단은 임대인에게 합리적인 가격을 제시해 임대 매물 수리를 진행한다. 그리고 수리가 된 매물을 최마마 재단에서 중개한다. 나중에 주택의 유지 보수를 위해 추가 공사나 수리를 해야 할 때도 마찬가지로 거품 없는 가격으로 수리 서비스를 도맡는다. 임대인에게만 일정 수준의 부담을 지우는 것은 아니다. 그 대신 최마마가 직접 수리하고 알선한 임대주택에서 살기를 원하는 임차인들은 임대한 집을 관리하는 노하우나 '이것만은 하지 말아 주세요!' '화장실의 수도꼭지가 고장 났다면 이렇게 해보세요' 등 실질적인 임대 생활의 알파와 오메가를 담은 안내 교육을 이수해야 한다. 아주 길거나 부담스러운 교육은 아니지만 임대인 입장에서는 임차인이 미리 임대 후에 서로 지켜야 할 최소한의 선을 이해했다는 것만으로도 임차인에 대한 신용이 조금은 더 생길 수 있다. 궁극적으로는 임대주택의 질이 높아졌으면 하는 임차인의 바람과 주택 임대로 재산상 손해를 보지 않는 '괜찮은 임대'를 원하는 임대인의 바람이 모두 충족될 수 있다. 시간은 더 걸리고, 사회적 비용도 더 들지만 모두가 조금 더 만족할 수 있는 방법이다. 물론 아직 실질적인 중개 건수가 유의미하게 늘고 있지는 않다. 2014의 시공 건수는 채 열 건을 채우지 못했다.

"아직 이 사업을 시작한 지 얼마 되지도 않았고, 더 뻗어나가려면 우리 재단도 이런 일을 하고 있다고 열심히 알려야 하겠죠."

최마마 재단의 테드는 크게 낙담하지 않았다. 여전히 임대시장은 척박하고 불법 임대에 익숙한 임대인도 많다. 굳이 집을 고치지 않아도, 불법이더라도 들어가 살겠다는 수요는 차고 넘친다. 그럼에도 불구하고 '좀 더 나은' 임대와 그것이 기반이 된 좀 더 나은 삶을 생각하는 임대인과 임차인들은 꾸준히 최마마 재단을 찾고 있다.

서울에서도 2015년에 처음으로 '빈집 살리기 프로젝트'라는 이름으로 서울 곳곳의 노후한 단독주택, 다세대, 연립주택들을 임대 매물로 살려 내는 사업을 시작했다. 서울시는 빈집을 리모델링해 노인, 대학생, 여성 등에게 공급할 예정이다. 여기서 한 걸음 더 나아가 빈집을 리모델링하고 임대차 계약을 중개할 사회적 기업이나 시민단체를 선정하고 그들에게 리모델링비를 지원함으로써 집주인의 부담을 아예 없앴다. 빈집 프로젝트로 새로 태어난 빈집들은 기본 계약 기간을 6년으로 하고 집세를 주변 시세 대비 80퍼센트 이하로 책정해 사회적 약자 계층의 주거를 안정시킬 방침이라고 한다.

하지만 최마마 재단과 마찬가지로 서울시의 정책도 실적이 미미했다. 초기엔 175세대 물량을 공급할 수 있을 것으로 기대했지만, 2015년 7월 16일까지 리모델링 완료 후 임대차 계약이 끝난 세대는 단 두 세대뿐이다. 전월세 가격이 꾸준히 상승하고 있는 상황에서 집주인들의 선택은 당연한 것인지도 모르겠다. 똑같은 빈집을 두고 입장 차가 드러난다. 서울시는 '당연히 빈집을 놀리면 손해'라고 가정하고 빈집 리모델링 사업을 시작했지만, 집주인들은 임대료가 꾸준히 오르는 마당에 굳이 주변 시세보다 싼 값에 세입자들 들일 이유가 없다고 판단한 셈이다.

최마마 재단의 리모델링 사업, 서울시의 빈집 살리기 프로젝트는 결국 부동산 시장 전체의 가격이 안정화되지 않는 한 유의미한 사업이 되기 힘들 것이다. 부동산 매매 가격에 낀 거품을 유지하는 데 중점을 둔 타이완과 한국이 하루 빨리 방향을 틀어야 하는 이유기도 하다.

다시, 난지창

다시 난지창으로 시선을 돌려본다. 최마마 재단도 속해 있는 사회주택추진연맹이 연례총회를 난지창에서 가진 것은 비단 이곳이 타이베이에서 제일 오래되고 낙후된 빛바랜 동네여서만은 아니다. 이곳에는 사회주택추진연맹이 벽돌 하나, 슬레이트 하나부터 시작해서 쌓아 올린 커뮤니티센터와 이를 중심으로 한 마을 재생의 움직임이 서서히 활발해 지고 있기 때문이다.

"처음 저희가 이 부지를 샀을 때는, 이랬어요."

춘치에는 이전 건물이 철거가 되고 잔해마저 치워지지 않은 상태였던 커뮤니티센터 부지의 사진을 보여줬다. 난지창 커뮤니티센터가 자리 잡은 부지에는 낡은 군사 시설이 자리하고 있었다. 60년대가 되면서 군사적인 긴장이 점점 풀리고, 난지창에 사회주택이 들어서면서 군사시설들은 거의 쓰이지 않고 방치됐다. 사회주택운동연맹은 그중 한 부지를 싼값에 사들였다.

워낙 환경이 열악해 난지창이 아니면 거주할 여유가 없는 외국인 노동자, 1인 가구, 노인들이 빼곡한 연립주택과 더 빼곡한 컨테이너 박스를 채우고 있다. 난지창 이장 방허성 씨 말대로 정부는 이들을 방치해두다가 재개발의 입질이 오자 슬슬 건물 평가를 빌미로 동네 전체를 압박하고 있다. 그래서 사회주택추진연맹은 난지창을 도시재생운동의 거점으로 삼고, 도시재생운동의 연장선상에서 거주민들이 주거 대안을 찾을 수 있는 합리적인 재개발을 요구하고 있다. 방 이장이 말한 '완전한 주거'와 같은 맥락이다.

　일단 사회주택추진연맹은 풀 죽어 있는 도시의 분위기를 바꾸는 것부터 시작했다. 생계를 근근이 이어나가느라 바쁜 엄마 아빠를 대신해 동네에서 아이들이 쉬러, 공부하러, 놀러 올 수 있는 공간을 만들었다. 난지창 커뮤니티센터 옆에 조그맣게 딸린 어린이 전용 도서관이다. 알록달록한 어린이용 책걸상과 함께 책, 컴퓨터가 있는 아담한 공간 옆에는 닭과 토끼가 자라는 우리가 있다. 아이들과 커뮤니티센터 선생님들이 환하게 칠한 담장은 아기자기했다. 아이들이 한곳에 모여드니 아이 엄마와 아빠들이 서로 마주치는 횟수가 늘어났다. 가끔 커뮤니티센터에 있는 커다란 주방에서 함께 밥을 지어 아이와 엄마 아빠가 둘러 앉아 밥을 먹기도 한단다. 커뮤니티센터 건물과 어린이 도서관 건물 사이에는 지붕을 친 커다란 마당이 있다. 가끔씩 도서관과 사무실의 책걸상을 모두 끌어다가 마당에 놓고 함께 동네 반상회를 하기도 한다. 끌어다놓은 책걸상에다가 단상 한쪽에 프로젝터까지 켜놓으면 훌륭한 회의실이 되기도 한다.

　커뮤니티센터에는 시민단체뿐만 아니라 동네 사람들도 활빌하게 참여한다. 방허성 이장이 적극적으로 지원하고 행사 때 자주 얼굴을 보이면서 주민들의 참여를 독려한다. 생긴 지 5년이 넘은 커뮤니티센터가 난지창 남쪽에 자리를 잡으면서 언제 재개발이 될지 몰라 동네에 마음 붙이기를 포기한 마을 사람들 생각을 조금씩 바꾸어놓고 있었다.

　'너에게 집이란 무엇이니?'

타이완 취재를 다니면서 만난 이들에게 공통으로 물었던 질문이다. 어떤 이에게 집은 바깥에서는 어떤 일이 있더라도 돌아오면 마음 놓고 쉴 수 있는 든든한 방파제였고, 어떤 이에게는 갓 결혼한 이와 함께 삶을 꾸려가는 둥지였고, 또 어떤 이에게는 매달 빚을 갚아야 하게 만드는 족쇄이기도 했다. 집이 '무엇인지'에 대한 생각은 제각각이었지만 집이 '무엇이 되어야 하는지'에 대한 생각은 결국 같았다. 안정적으로 미래를 계획하며 현재의 삶에 구김살이 없게 하는 삶의 터전. 정주할 수 있는 주거 공간이 없는 삶은 결국 불안정할 수밖에 없다. 재개발의 위협에 마음을 자꾸 놓으려 했던 난지창의 동네 사람들이 그렇고, 1년 후에는 더 비싼 월세집을 찾아 나가야 하는 린위루 부부가 그렇고, 신베이에서 출퇴근하면서 옆방 아이와 엄마가 싸우는 소리를 들어야만 했던 공이롱이 그렇다. 그리고 보증금 천만 원을 만들지 못해서 발을 동동 구르던 유민, 서울에서 일곱 번 이사를 해야 했던 민영, 하숙과 월세집을 거치면서 서울을 전전하는 삶의 전쟁을 치르고 있는 내가 그렇다.

반지층이나 옥탑방이 '저렴'이나 '낭만' 따위로 포장된다. 볕이 잘 들지 않는 삶의 우울함, 찌는 듯 내리쬐는 햇볕. 임시 주거 공간의 부실함을 피해 '괜찮은 집'을 찾기 위해서는 몇 번이고 몇 주고 발품을 팔아야만 하고, 그렇게 간신히 얻은 집도 1년, 길어도 2년 후면 다시 짐을 싸 들고 나갈 것을 걱정한다. 주거 공간에 대한 걱정을 머릿속에 채우고 살면서 나아갈 미래와 꿈을 그릴 수 있을까. 새로 방을 찾을 때마다 타인의 자취가 보이지 않도록 집주인에게 도배와 장판을 해달라고 아득바득 싸우면서 삶의 여유를 찾을 수 있을까.

타이베이에도 그 답은 없었다. 안정된 주거 공간을 얻기는 점점 힘들어지고 있고, 타이베이의 청년 세대는 이에 대한 불만을 터뜨리려고

6백억 원짜리 집 앞에서 야영을 했다. 그리고 이들의 목소리에 사회적으로 동의하는 여론이 크게 일었고, 이는 정치적인 공약으로 또 다시 전이되어 멀지만 실질적인 변화를 불러일으켰다.

취재를 다녀오고 나서, 취재 전에 느꼈던 막연한 부러움은 동질감이 되었다. 민달팽이운동을 통해, 또 새둥지운동을 통해 그린 그들의 미래는 아직 멀기만 했다. 타이베이의 청년 세대는 전에 없이 집을 사기 힘든 세대다. 여기 한국의 청년 세대도 마찬가지다. 매년 집주인 마음대로 '적당히' 올리는 전월세를 감당하면서 사는 청년 세대는 정주할 수 있는 주거 공간을 찾기 전까지는 영원히 '미생'이고 을이다. 서울 살이에 타이베이 살이에 지치고, 도시에 상처 입은 청년들은 도시를 떠나거나 '잠만 자는 방'을 찾아 쥐 죽은 듯이 살게 된다. 그렇게 도시는 서서히 죽어간다. 청년 세대의 주거를 보장해준다는 것은 그저 '청년들이 돈도 없고 불쌍하니 좀 해줘라'가 아니다. 도시의 활력과 노동력, 성장을 뒷받침하는 든든한 원동력을 얻기 위한 대타협이다.

우리의 미래는 청년을 잃은 도시, 도시를 잃은 청년이 될 것인가.

chapter 2 홍콩

"예를 들어 내가 대학을 졸업했어요. 홍콩에서 좋은 교육을 받았단 말이에요.
그런데 홍콩의 집값이 너무나 비싸서, 살기 좋은 나라라 생각되지가 않아요.
그럼 저는 생각하게 되는 거죠. '아, 나는 밖으로 나가야겠다.
홍콩을 떠나서 다른 나라, 타이완, 중국, 일본 같은 나라로 가야겠다.'
그렇게 되면 홍콩은 잃게 되는 거예요. 잘 교육된(well-educated) 젊은이들을요."

주거 지옥 홍콩에서 살아남는 법

'청춘의 집' 프로젝트 타이완·홍콩팀이 두 번째 취재지인 홍콩에 도착했을 때는 이미 어둑어둑해질 무렵이었다. 홍콩 국제공항에서 버스에 몸을 실은 우리는 창밖을 내다보다 졸다가 반복하며 숙소로 향했다. 홍콩 중심부는 공항에서 꽤 멀리 떨어져 있었다. 숙소까지 도심을 뚫으며 한 시간쯤 버스를 타고 들어가야 했다. 도시의 주변부에 다다랐을 때부터 눈에 들어오는 홍콩의 광경은 범상치 않았다. 번쩍번쩍한 홍콩의 도심. 워낙 마천루로 유명한 도시기는 하지만 눈에 들어온 첫 광경은 인상적이었다. 버스가 달리는 도로 양 옆으로는 숙소에 도착할 때까지 내내 건물을 올리는 공사 현장이 이어졌다. 그것도 한눈에 봐도 굉장히 높아 보이는 고층빌딩을 짓는 대공사였다. 이미 올라간 빌딩만으로도 거리는 빽빽했지만, 빌딩과 빌딩의 좁은 틈 그리고 빽빽한 건물 숲 주변부의 빈 곳을 두고볼 수 없다는 듯이 계속해서 건물이 올라가고 있었다.

　버스에서 내리자마자 눈에 들어온 샘록 호텔 앞 풍경은 어느 도시보다 화려했다. 눈이 아플 정도로 밝게 빛나는 네온사인 천지였다. 홍콩으로 여행 다녀온 사람들이 늘 이야기하듯이 거리의 코너를 돌

때마다 보석상, 유명 브랜드숍, 화장품 가게가 즐비했다. 그 풍광에 잠시 넋을 잃었다. 카오룽 반도의 값비싼 몰들을 연결하는 메인스트리트, 또 거기서 갈라져나온 MTR(지하철) 역 주변, 이름만 들어도 기가 질릴 듯 유명한 세계 각국의 금융 회사가 모여 있는 센트럴, 야경을 보기 위한 빅토리아파크 등등. 그리고 그 거리를 마음껏 활보하는 갓 잡지에서 튀어나온 것 같은 비즈니스맨들, 세계 곳곳에서 모인 듯한 각양각색의 외국인들. 그것이 내가 알던 홍콩이었다.

거기서 예약해둔 호스텔에 도착하기까지 가는 동안 본 풍경은 달랐다. 삐까번쩍한 거리를 통과해 한 골목 한 골목 더 들어갈수록 여기가 쇼핑 천국, 관광 천국 홍콩 맞나 싶게 익숙하지 않은 풍경이 눈에 들어왔다. 카오룽 반도, 집값 비싸고 명품 많기로 유명한 그 동네의 네이선로드 (Nathan Road)에서 딱 다섯 골목을 지나자 아무렇지도 않게 툭 튀어나온 섹스숍과 담배를 피우며 손님을 기다리는 매춘부, 어디서 왔는지 모를 명품 짝퉁이 수없이 늘어선 도깨비 같은 야시장을 만날 수 있었다. 명품가가 화려한 만큼 뒷골목은 더욱 음산해 보였다. 길 하나를 두고 펼쳐진 서로 다른 풍경 그리고 서로 다른 삶들, 그게 홍콩의 첫 인상이었다.

처음 홍콩에 주거 문제를 취재하러 간다고 했을 때 주변 반응은 비슷했다. '응? 거기가 왜?' 홍콩은 지구상에서 주택 임대료가 가장 비싼 곳으로 유명하다. 어떤 지표, 통계를 봐도 홍콩은 아주 예외적으로 삐죽 솟아 있다. 예를 들어 우리나라 국민은행에서 발행한 '주요국 평균 주택 매매가격'을 보면 홍콩은 381만 달러로, 런던의 열 배, 샌프란시스코의 일곱 배다. 중간소득과 중간집값의 배율인 PIR로는 14.9다. 세계 최고 수준이다. 그러나 사실 집값이 치솟는 문제는 홍콩만의 문제는 아닐뿐더러, 도시 자체가 유명한 금융 허브이자 관광지기 때문에 사람들이

끊임없이 몰려들어 결국 초과잉 인구 밀집 지역들이 만들어졌으니, 수요와 공급의 균형에 따라 집값이든 임대료든 비싼 게 당연한 것처럼 보인다. 그러니 미스핏츠가 굳이 현장을 가지 않더라도 알 수 있는 것 아니냐는 반응이었다. 나 역시 홍콩에 살고 있는 친구들을 만나고 그들의 동네를 둘러보기 전까지 반쯤은 그렇게 홍콩을 생각했다. 어쩔 수 없이 집값이 비싼 동네.

하지만 막상 마주한 홍콩 사람들의 삶은 어디에 사는지, 어떤 집에 사는지에 따라 판이하게 갈렸다. 끝없이 오르는 집값의 뒷면에는 황당한 이유를 들어서라도 임대료 폭등을 전혀 규제하지 않으려는 정부가 있었다. 해마다 심하면 두 배 세 배씩 오르는 임대료를 견디지 못하고 좁디좁은 단칸방(사실은 방 수준이 아니라 정말 정사각형 상자 느낌인데 홍콩에서는 이를 큐비클(cubicle)이라고 부른다고 했다)으로, 불법 개축된 사무실로 밀려나는 수백만 명이 있었다. 그리고 그렇게 사람들이 밀려난 자리에는 새로운 건물이 들어서기도 하고, 리모델링이 진행되기도 하고, 거대한 복합 쇼핑몰, 새로운 지하철역이 들어선다.

그렇게, 가히 '주거 지옥'이라고도 부를 만한 곳, 홍콩에 발을 내딛었다.

등고선을 따라 계층이 달라지는 브레마힐

홍콩 섬 틴하우(Tin Hau) 역 A 출구로 나오면 제법 고즈넉해 보이는 빅토리아파크가 나온다. 지하철역 바로 앞에는 지어진 지 꽤 되어 보이는 주택들이 눈에 띈다. 그리고 시선이 닿는 곳마다 공사가 한창이다. 땅값과 집값이 워낙 비싸기 때문에 아파트를 허물고 재건축할 견적이 안 나와서 리모델링을 택하는 것은 홍콩에서 매우 흔하게 있는 일이라고 한다. 널어둔 빨래들이 창문 근처에 깃발처럼 나부낀다. 한창 공사중인 주택 뒤로는 홍콩 사람들이 주식으로 먹는 각종 음식을 파는 조그마한 식당 골목이 있다. "여기도 원래는 좀 더 컸었는데, 지금은 골목 규모가 줄어든 것 같아. 아무래도 대로변 근처니까 비싼 음식점들이 들어오는 것 같기도 하고." 우리를 이곳으로 안내한 조너선의 말이다. 그는 브레마힐(Braemar Hill) '부근'에 산다. 그곳이 우리의 홍콩 첫 취재지였다. 굳이 '부근'이라고 말한 이유는 브레마힐에는 값비싼 아파트들과 온갖 학교가 모여 있지만, 그 아래 기슭과 도로 근처는 고만고만한 공공주택, 재건축 직전의 아파트들이 즐비하기 때문이다. 지역으로는 근접해 있지만 서로 다른 동네다. 조너선은 이 지역을 두고 "방문객이 많이 오지 않는 로컬 지역" "홍콩 사람들이 사는 곳"이라고 했다. 역에서 아파트가 빼곡하게 들어선 언덕 방향으로 올라가면 그의 집이 있었고, 우리는 함께 언덕을 오르며 집에 관한 이야기를 나눴다. 조너선은 버스를 타고 이동하자고 제안했지만, 우리는 이왕이면 주택단지가 늘어선 언덕을 직접 걸어보고 싶었다.

브레마힐을 등반하기 시작하면 야트막한 동산을 끼고 굽이치는 길 양쪽으로, 늘어선 아파트와 학교 행렬을 볼 수 있다. 그리고 브레마힐에는 아파트만큼이나 많은 학교가 들어서 있다. 여중 옆에 남중, 남중 옆에 국제학교, 국제학교 옆에 몬테소리 유치원, 몬테소리 유치원 건너편에 로컬 고급 유치원, 이런 식이다. 꼭대기에는 4년제 사립대도 있고, 그 옆에는 국제고등학교, 그 아래에는 일본인학교도 있다고 했다. 브레마힐이 무슨 교육특구라서 그런 건가. 조너선의 대답은 "노"였다. 언덕을 끼고 돌면서 아파트가 늘어선 지구에 가면 어디서건 학교가 몰려 있는 것을 쉽게 볼 수 있다고 한다. 촘촘히 들어선 아파트의 인구 밀도가 워낙 높기 때문이란다.

동산의 능선을 따라 줄줄이 늘어선 아파트들은 '정말로 비싸고 좋은' 경우에 30~40평이란다. 전용 셰프가 있는 주민 전용 식당과 피트니스 시설을 갖추고, 사설 경호원이 문 앞을 지키는 곳이라고 했다. 화려한 장식이 달린 대문으로 고급 승용차들이 드나드는 모습을 보고 있으려니, 선글라스를 쓴 경비원들이 째려본다.

그런데 왜 이렇게 꼭대기에 비싼 집이 있는가. 조너선은 크게 두 가지 이유라고 했다.

"일단 공기도 그렇고 전망도 그렇고, 홍콩에서는 여러 가지 사는 조건이 대개 산등성이일 경우 더 좋아져. 그리고 홍콩이 영국령이던 시절에 홍콩에 사는 영국인은 대부분, 브레마힐이 그 대표적인 경운데, 홍콩의 '냄새나는 아시아인'과 따로 살기 위해서, 그들을 피하려고 언덕으로 올라간 거지. 그래서 산등성이를 따라서 길이 생기고 길 양 옆으로 고급 맨션과 아파트가 들어선 거야."

야트막한 브레마힐의 꼭대기 쪽에 있는 외국인 학교와 사립대학 그리고 조너선의 집을 둘러보고 나서 우리는 반대 방향으로 걸어 내려오기 시작했다. 좁고 굽은 2차선 도로를 따라 미니버스와 2층버스가 내려간다. 언덕 중간에 이르면 늘어선 고급 아파트들과는 조금 다르게 보이는, 낡은 펩토 빛깔의 아파트단지가 보였다. 평일 대낮이라 드나드는 승용차 몇 대를 빼고는 한적했던 아파트들에 비해 이곳 아파트 상가에는 사람이 많다. 정확히 말하면 노인이 많다. 이곳은 '사회주택'이라는 개념이 홍콩에 처음 들어섰을 때 건설되었다고 한다. 그때만 해도 여기에 사회주택을 지은 정부는 브레마힐이 영국인의 전유물로 여겨지면서 값비싼 아파트가 끝없이 들어설 줄 몰랐던 것 같다. 이제 이 주택단지에 사는 사람도 지나치게 많을 뿐만 아니라, 이들을 내보내고 금싸라기 같은 땅을 재개발하려고 해도 거주자에게 주어야 하는 보상금 규모가 지나치게 커서 재개발은 물 건너갔다고 한다.

조녀선은 브레마힐의 위치를 설명하며 이렇게 이야기했다.

"자, 여기서 서쪽으로 고개를 돌려봐. 그래, 센트럴이 있는 그 방향. 그쪽으로 갈수록 더 잘살고 깨끗한 동네고, 여기서 동쪽으로 갈수록 가난해지지."

처음 홍콩에 도착한 날 숙소까지 걷던 그 짧은 거리에서, 또 산책을 겸한 짧은 브레마힐 방문에서 불과 몇 분, 불과 몇십 미터 사이에 다른 삶들이 존재했다. 역시 조녀선의 말처럼 서쪽에서 동쪽으로 고개를 한번 휘 돌리면 다른 세계가 있다. 이제 그 안으로 들어가 청년들을 만날 차례였다.

그나마 나은 기숙사 사정

홍콩의 청년 주거 문제를 취재하면서 우리가 만난 취재원 대부분은 홍콩 대학교에 재학 중인 또래 대학생들이었다. 홍콩대는 홍콩에서 가장 비싸고 화려한 지구인 센트럴에서 서쪽으로 지하철로 15분 거리다. 홍콩대는 그 서쪽에서도 거의 서쪽 언저리에 있다. 사실 어느 나라를 가든 대학가 근처의 모습은 꽤 비슷한 것 같다. 대학을 달걀 프라이의 노른자라고 하면 흰자처럼 학교를 둘러싸고 퍼져 있는 학생들의 거주지, 그 위로 솔솔 뿌려진 소금 후추처럼 틈새마다 군데군데 자리한 편의시설과 적당히 비싸지 않은 밥집, 술집. 그 구성은 꽤 비슷했지만 홍콩 대학가는 우리보다 훨씬 더 압축적이었다고 할 수 있겠다.

워낙 산등성이에 건물들이 있어 건물과 건물 사이에 엘리베이터도

많고 야외 에스컬레이터도 많다. 홍콩대 앞 란콰이퐁 근처 골목에는
아예 저 아래부터 산등성이까지 에스컬레이터가 늘어서 있다. 요즘에는
관광객에게도 소문난 유명한 유흥가가 홍콩대 앞 란콰이퐁이다. 술값은
말도 못하게 비싸지만 다양한 펍, 음식점이 섞여 있다(심지어, 이 '힙한'
거리에 한국의 파닭도 진출해 있다!) 그리고 그 골목 틈바구니 상가 건물
위층에 대학생들이 많이 산다고 한다. 유흥가와 대학가가 합쳐져 대학 근처
플랫 월세가 (싸게 잘 구하면) 2백만 원에 달한다고 한다. 그러니, 대학
기숙사에서 거주하는 이들을 제외하고는 대부분이 집에서 통학을 한다고
했다. 자취를 택하는 학생은 많지 않다며, 홍콩에서 대학을 다니는 이들
대개가 집 아니면 기숙사에 산다고 봐도 무방할 것이라고 했다.

　　대다수 학생이 통학할 수 있는 데는 이유가 있다. 홍콩의 면적은
1104제곱킬로미터. 홍콩 섬과 주룽, 신제와 그 부근 섬의 면적을 모두
합쳐도 서울의 약 1.8배밖에 되지 않는다. 도시가 작은데다 특히 홍콩
대학교는 홍콩 중심부에 있어 어디서든 통학하기에 크게 부담스러운
거리가 아니다. 게다가 최근에는 학교 입구까지 지하철이 연결되어
학생들이 통학하기에는 더욱 무리가 없어졌다.

　　홍콩 대학교 캠퍼스에서 만난 윌리엄도 그중 한 명이었다. 윌리엄이
사는 곳은 카오룽 지역의 몽콕(Mongkok)이라는 곳이라고 했다. 몽콕은
인구 밀집도가 높은 곳이다. 이곳에 위치한 35층짜리 아파트에서 윌리엄의
4인 식구가 산다. 그의 가족이 소유한 집은 아니다. 윌리엄이 사는 곳은
임대만 가능한 민간 아파트[1]기 때문에 원한다고 해도 그 아파트는 살 수
없다며, 2년 계약에 따라 아파트를 임대한다고 설명했다. 거실, 부엌, 창고,
화장실 두 개와 작은 방 두 개, 침실 한 개로 구성된 집의 임대료는 한 달에
만 3천 홍콩달러, 거의 2백만 원이다. 윌리엄은 같은 크기의 다른 아파트에

"1학년 땐 그냥 집에서 다닐 거야.
다녀보고 공부하는 데
기숙사에 사는 게 도움이 된다면
그때 신청하면 돼."

비해서는 그의 집이 꽤 저렴한 편이라고 소개했다. 통학하는 데 걸리는 시간은 약 35분. 윌리엄은 집에서 5분 거리에 위치한 버스 정류장에서 미니버스를 타고 프린스에드워드 MTR 역까지 이동한 뒤, MTR로 갈아타고 홍콩대학교역까지 간다고 한다.

이제 막 대학에 들어간 윌리엄은 신입생이기 때문에 기숙사에 들어가 살 수도 있다고 했다. 친구들과 달리 본인은 굳이 집에서 통학하는 것을 선택했다고 덧붙이면서 말이다. 뭔가 이상했다. 아무리 도시가 작아도 그렇지, 집에서 학교까지 대중교통으로 35분 걸리는 거리에 사는데 기숙사에 들어가 살 수 있다고? 집에서 학교까지 한 시간이 넘게 걸리는데도 '같은 서울 안에 산다'는 이유로 기숙사를 신청할 수 없었던 내 입장에서는 윌리엄의 이야기가 와닿지 않았다.

홍콩의 대학 기숙사 수용률은 한국보다 훨씬 높다. 윙웅 씨는 학생의 80~85퍼센트가 기숙사에서 산다고 했다. 2010년부터 홍콩 대학교에서 유학 생활을 한 박소현 씨도 "1학년들은 거의 모두 자신이 원하는 기숙사에 들어갈 수 있다"고 말한다. 본인이 어느 지역에 살고 있는지는 기숙사 입주 승인 여부와 관련이 없다고 한다. 윙웅 씨는 학교에서 멀리 떨어진 곳에 사는 사람들이 기숙사 입학에 더 유리할 수는 있다고 덧붙였다. 경쟁이 치열하다면 상대적으로 가까이 사는 사람이 불리할 수는 있지만 처음부터 지원 자격을 뺏는 일은 없다는 것이다. 심지어 홍콩 침례대학교는 유학생에게도 처음 2년은 무조건 기숙사를 보장해준다. 안산, 군포, 의왕, 수원에 집이 있다는 이유로 기숙사 신청은 시도도 못하고 서울로 통학하는 한국 신입생들이 눈물짓는 소리가 들리는 것 같다.

윌리엄은 신입생 1년은 집에서 다닐 생각이라고 하면서 대신 본인의 학업 환경을 고려해서 내년에 기숙사에 입사할지 결정할 거라고 덧붙였다. 어차피 기숙사는 지원하면 들어갈 수 있는 확률이 높으니, 어떤 환경이 공부하는 데 더 좋을지 따져보겠다는 거다. 그 말을 듣고 있자니 신기하기도 하고 부럽기도 하고, 왠지 모르게 헛웃음까지 나왔다. 우리로서는 꿈도 못 꿀 일이니까. 지방에서 올라온 학생이라고 해도, 한 번 기숙사에서 떨어지면 재입사는 더더욱 힘들어지는 게 나와 내 친구들이 살아가는 조건이니 말이다.

홍콩 소재 여섯 개 대학의 기숙사비를 비교해보았다. 홍콩의 대학에는 보통 기숙사가 여러 개 있고 건물 신축 여부, 1인실·2인실·3인실 등 옵션에 따라 기숙사비가 다양하다. 서울권 대학의 기숙사비와 직접 비교하더라도 결코 비싸지가 않다. 홍콩의 민간주택 월세가 서울보다 훨씬 비싸다는 것을 고려하면 파격적인 가격이다.

여기서 끝나지 않는다. 대학에서 제공하는 장학금 프로그램 중 기숙사비를 함께 지원하는 프로그램도 다양하다. 대학 기숙사에 거주 중인 김물결 씨는 기숙사비가 포함된 장학금을 학교로부터 받고 있다. 한 학기 장학금은 8만 7500홍콩달러, 우리 돈 약 1328만 원이다. 이 중 학비는 6만 7500홍콩달러, 기숙사비는 7544홍콩달러다. 장학금에서 학비와 기숙사비를 제하고 남는 돈은 자유롭게 사용할 수 있다고 한다.

김물결 씨가 거주하는 기숙사에 방문한 것은 홍콩 취재가 마무리될 즈음이었다. 날이 어둑해질 무렵, 우리는 홍콩 대학교 후문 앞에서 김물결 씨를 만났다. 그는 교외 기숙사에 거주하고 있었다. 학교에서 마을버스를 타고 10분 가까이 이동해야 도착할 수 있는 곳이었다. 다른 기숙사에 비해서는 먼 편이지만, 그는 큰 불편이 없다고 했다. 마을버스를 타고 뻥 뚫린 도로를 따라 들어가니 어느새 주위에는 기숙사 건물이 즐비했다. 김물결 씨를 따라 그가 거주하는 기숙사 웨이룬홀 건물로 들어섰다.

들어가자마자 특한 광경이 눈에 띄었다. 기숙사 자치회로 보이는 단체의 선거 포스터와 함께 자치회와 기숙사생들이 함께 등장한 사진이 기숙사 입구부터 엘리베이터 앞까지 줄이어 나타났다. 엘리베이터 안쪽 풍경도 마찬가지였다. 눈 닿는 곳마다 기숙사 구성원들이 모여 활동한 흔적들이 잔뜩 보였다.

홍콩 대학교의 기숙사 문화는 특별하다. 기숙사는 크게 '홀(hall)'과 '논홀(non-hall)' 두 종류가 있다. 한마디로 각각 기숙사 공동체가 있는 곳과 없는 곳을 가리킨다. 홀이란 기숙사에 거주하는 학생들이 소속되는 '기숙사 공동체'라고 할 수 있다. 홀과 기숙사는 얼핏 동의어처럼 보이지만, 특정 홀에 누군가와 함께 거주한다는 것은 단순히 그와 내가 같은 기숙사에 산다는 것만 의미하지는 않는다. 홀에 거주하는 학생을 기준으로 대학 생활 동안 이루어지는 교류 활동의 대부분은 홀 단위로 이루어진다. 홀별로 학생회 조직이 있어 대학 입학 직후 오리엔테이션이 홀 단위로 진행되며, 학기 중에도 홀 학생회에서 주도하는 여러 프로그램(hall activity)이 있다. 앞서 만난 윌리엄은 학생들이 홀 활동에 신경 쓸 수밖에 없는 데는 기숙사에서 내쫓기지 않고 잔류하기 위해서인 측면도 있다고 했다.

"기숙사에서 나가지 않고 계속해서 지내기 위해서는 홀에 기여한 것이 있어야 해요. 홀의 스포츠 팀에 가입해서 뛰거나 학생회, 동아리에 들어가거나 홀 오리엔테이션을 기획하는 활동에 참여하는 것 등으로 기여를 해야죠. 기여도에 따라 점수로 기록되는데, 기숙사 잔류 심사를 할 때 그 기여도가 잔류 가능 여부의 기준이 되는 거예요."

이러한 홀 문화에 부담을 느껴 아예 기숙사를 나와 사는 학생도 있었다. 친구와 함께 자취를 하고 있는 홍콩 대학교 학생 김영민 씨는 홀 문화가 공부할 때 많이 방해가 됐다고 말한다.

"홀별로 경쟁을 하는 스포츠, 댄스 대회가 많았는데 반강제적으로
시키는 경우도 많았고 참여하지 않겠다고 할 때는 쫓아내는 경우도
있었어요. 저 같은 한인 학생 경우에는 언어적 장벽이 있는데 참여하기
쉽지 않았죠."

기숙사 밖 대학생의 이야기

김물결 씨 소개로 만난 취재원 중 유일한 동갑내기 김영민 씨와는
왓츠앱으로 첫인사를 나눴다. "어느 쪽으로 가면 될까요?", "몇 시에
도착하면 나오실 수 있으세요?"…… 한국에서부터 연락을 하고 있던
김물결 씨를 제외하고는 그가 유일한 한국인 취재원이었기에 가장 마음
편하게 인터뷰 일정을 잡을 수 있었다. 홍콩 대학교 재학생인 그가
거주하고 있는 곳은 홍콩대 후문에서 5분만 걸어 내려가면 닿는 작은
아파트였다. 김영민 씨는 친구와 함께 살고 있었다. 집 구조도 두 사람이
살기 딱 좋은 구조였다. 방 두 개, 부엌 하나, 화장실 하나. 작지만 아담한
거실까지 있는 집이어서 꽤 안정된 구조를 갖추고 있었다. 하지만 딱 살기
좋은 그 집에 거주하기 위해 그들이 지불해야 하는 집값은 결코 안정적인
수준이 아니었다고 한다.

"지금 친구와 살고 있는 이 집은 월세가 만 1500홍콩달러, 한국 돈으로
160만 원이 넘어요. 처음 부른 건 만 2500이었는데 그나마 천 달러 깎은
가격이죠. 보증금으로는 두 달 반 치 월세 정도를 냈어요."

기숙사 수용률이 높은 홍콩의 대학이라도 김영민 씨처럼 기숙사에
들어가지 못한 나머지 학생들, 그중에서도 통학할 수 없는 조건이라

민간시장에서 집을 구해야 하는 학생들이 분명 존재한다. 김영민 씨는 홍콩 대학교의 기숙사 수용률이 높아 통학할 수 있는 학생들까지 기숙사 생활을 경험할 수 있는 것은 1, 2학년까지 사정이라고 했다. 학년이 점점 높아질수록 주위에 자취하는 친구들이 점점 많아진다는 것이다. 김물결 씨도 같은 이야기를 했다.

"보통 1년 단위로 기숙사 입사, 퇴사가 결정되는데 졸업할 때까지 기숙사에 거주하는 사람은 못 봤어요. 오래 살아야 3년 정도 지내는 것 같아요. 한인 유학생 경우에 휴학하고 한국에 다녀오거나 하면 자리가 많이 없어져 있어요. 저는 학부가 5년 프로그램이라 다른 학과 학생들보다 1년 더 있어야 하는데 기숙사 자리가 없어질까 봐 휴학하기가 어려운 점이 있어요."

민간주택 시장에는 임대료 상한선이 존재하지 않는다. 집값이 천정부지로 오르는 와중에 집주인은 이미 살고 있는 세입자에게 임대료를 두 배 올려달라고 요구하기도 한다.

하지만 홍콩의 대학 측에서 비싼 민간주택 시장에 던져진 학생들을 나 몰라라 하는 것은 아니었다. 홍콩 대학교는 기숙사에서 다 수용하지 못한 학생, 어쩔 수없이 자취하게 된 학생을 위해 월세 보조금을 지급한다. 김영민 씨도 학교 보조금을 받았다.

"학교가 캠퍼스를 확장하면서 학생 수도 급격하게 늘렸어요. 늘어난 학생 수를 기존의 기숙사 시설로 수용할 수 없다 보니 어쩔 수 없이 자취를 선택하게 된 학생들이 많아졌죠. 그런 학생들을 위해 학교 측에서 보조금을 지급해 자취를 할 수 있도록 해줬죠."

이러한 보조금은 기숙사의 승인 제도를 통과하지 못했거나, 기숙사 규칙을 어겨 쫓겨난 학생에게도 마찬가지로 적용된다. 다만 홍콩에 가족이 있는 학생들은 보조금을 지급 받을 수 없다. 홍콩에 집이 있는 학생 중 다수가 통학을 택하는 이유다. 한편 보조금을 지급하는 제도 외에 아예 학교가 임대 아파트형 기숙사를 제공하는 경우도 있다. 홍콩의 여러 대학교는 주변 아파트를 빌려 외부 기숙사를 운영한다. 대학 내 기숙사보다는 비싸지만 시세보다는 저렴하며, 기숙사비가 포함된 장학금을 받는 경우 똑같이 재정 지원을 받는다. 학교에서 직접 주거지를 임대하고 장학금으로 주거비를 지원해 실거주자인 학생은 그 차액만 부담하면 된다. 홍콩 중문대학 역시 이와 같은 방식의 외부 기숙사를 운영하고 있다.

홍콩에서 대학생 주거 문제의 실마리는 대학이 쥐고 있었다. 그리고 미쳐 날뛰는 홍콩의 부동산 '시장'과는 별개로, 홍콩의 대학에서는 대학생의 '주거'를 최대한 지원한다는 상식을 지키고 있는 듯했다.

위너만이 살아남는 공공주택

2014년 세계의 이목을 집중시킨 홍콩의 우산혁명. 2014년 9월 22일부터
홍콩에서 24개 대학교 학생이 동맹 휴업을 하면서 시위가 시작되었다.
28일부터는 홍콩 금융 중심가 센트럴을 점거하면서 시위가 본격화되었다.
2014년 중국 전국인민대표자회의(전인대)에서 2017년 홍콩 행정장관
후보에 친중국계 인사만 나설 수 있도록 제한하자 이에 반발해 일어났다.
이 시위는 학생들 주도로 이루어졌으며, 경찰의 최루탄을 우산으로 막아내
우산운동 또는 우산혁명이라고도 불린다.

　우산혁명은 막을 내렸지만 우산혁명이라는 사건에 내재된 사회구조적
모순은 아직까지도 홍콩 도처에 도사리고 있다. 세계가 홍콩의 우산혁명에
주목한 내용은 '민주주의를 위한 요구와 중국과 관계에서 자주적인
참정권을 획득하는 것'에 방점이 찍혀 있었다. 하지만 우산혁명이 이 같은
방식으로 보도되는 동안, 우산혁명에 참여한 세력은 7백여만 명이 살아가는
홍콩에서 벌어지고 있는 경제적 불평등에 주목했다.

　우산혁명을 촉발시킨 홍콩 사회 내부의 여러 모순. 점점 늘어가는
소득의 불균형에서부터 한없이 치솟는 집값까지, 다양한 이유가 있었지만

그중에서도 특히 '집'으로부터 발생하는 문제는 심각한 수준이다. 그런데 이렇게 홍콩 사회 내부에 분노가 축적되어가는 와중에 박원순 서울시장은 2012년 홍콩을 방문해 '홍콩의 우수한 공공주택 정책'에 대해 듣는 시간을 가졌다.

> "좀 더 많은 분들에게 공공임대주택을 제공하기 위해서는 저희들이 지속적으로 예산을 투입해야 한다는 생각을 가지게 됐고요, 여전히 주택이라는 것은 시민들의 가장 기초적인 요구 조건이기 때문에 앞으로 많이 늘릴 생각입니다." **(인터뷰: 박원순 서울시장)**
> 이처럼 임대주택의 양을 늘리는 것만큼 사는 사람이 만족할 수 있는 주거 환경의 질도 중요합니다. 공공임대주택에 대한 주민들의 인식을 바꾼 홍콩의 주택 정책이 시사하는 바입니다.[2]

홍콩의 공공주택 정책은 종종 국내에서 '성공 사례'로 언급된다. 공공주택, 그중에서도 공공임대주택을 이야기하자면 홍콩이 아시아권에서 가장 발전된 곳이다. 전체 205만 가구 중 약 63만 가구, 인구 710만 명 가운데 210만 명이 공공임대주택에 거주한다. 그러나 또 다른 보도를 보면 정반대 현실이 묘사된다. 홍콩의 집값이 2009년 이후 두 배 이상 뛰었으며 지난해만 평균 30퍼센트 폭등했다는 내용이다. 4.8평 크기 민영 아파트가 백만 홍콩달러, 1억 5천만 원에 달한 사례도 있었다. 헷갈린다. 전 세계가 홍콩에 주목하게 된 계기, 우산혁명을 촉발시킨 계기 중에 '홍콩의 높은 집값' 문제가 있다고 하는데, 또 다른 기사에서는 공공주택 정책이 잘 마련돼 있어 대다수가 혜택을 본다고 소개한다. 대체 홍콩 주택시장은 어떻기에 이렇게 너무나도 다른 이야기가 동시에 튀어나오고 있는 걸까.

© Pasu Au Yeung

대기자 줄 맨 끝에 선 홍콩 청년들

홍콩 대학교가 있는 센트럴이 홍콩 섬에서 가장 번화가라면 카오룽
반도에서 가장 부가 흘러넘치는 곳은 역시 이름이 같은 카오룽이라고 한다.
그런데 카오룽에서 딱 두 정거장만 더 가면 행정구역이 바뀌면서 홍콩의
열여덟 개 구 중에 가장 가난한 동네가 나온다. 샴슈이포(Sham Shui Po)
다. 여기 사무실이 있는 홍콩의 빈민 활동 시민단체 SoCO(Society for
Community Organization)를 만났다. SoCO를 만나러 가는 길은 멀고
험했다. 약속시간에 늦을까 봐 30분은 뛰듯이 걸으며 거리를 헤맸는데
그렇게 헤매게 된 덕에 사무실을 찾아가는 길에 꽤 인상적인 다양한 풍경을
볼 수 있었다. 거리는 대체로 텅 비어 있었고 몇 사람이 지나간다 하더라도
대부분 노인이었다. 어느 시간대에는 중고등학생 두세 명이 짝지어서
돌아다니기도 했는데 다른 학생들보다 좀 더 빨리 하교한 친구들인 것
같았다. 딱 한국의 주거단지를 보는 느낌이었다. 노원구 어느 아파트 단지,
그 안에서도 외곽에 위치한 동네를 쏙 빼닮은 느낌이었다. 공공주택도 많이
보였다(홍콩 취재 첫날, 조너선이 공공주택을 보여준 적이 있어 아파트
외관을 봐도 공공주택인지 아닌지 대략 알 수 있었다.)

샴슈이포 부근은 외신에서도 여러 번 다뤄졌던 '인간 닭장'의 원조쯤
되는 지역이다. 큐비클, 약 1.5제곱미터, 보통은 정육면체같이 생긴 공간의
절반을 가로로 갈라 한 층은 침대층으로, 다른 층은 식탁으로 삼는다. 혹은
하나의 큐비클에 그야말로 닭장 같은 철창을 침상 주위로 두른다. 그렇게
한 방에서 보통 서너 명이 잔다. 큐비클 혹은 닭장은 주로 허름한 사무용
건물에 스멀스멀 생겨난다. 주거용으로 신고돼 있지 않은 사무용 건물의
빈 공간을 불법 개조할 경우, 그 불법의 리스크만큼 월세가 더욱 줄어들기

때문이다. 그나마 그런 철창 하나라도 세 들고 있으면 다행이다(그렇다. 닭장에 살면서도 따박따박 세를 내야 한다.) 그렇지 않으면 공원 근처의 육교에 이불로, 판자로, 골판지로 대충 몸 누일 곳을 짓고 산다.

겨우 도착한 SoCO 사무실은 무척 허름한 건물 안에 있었다. 사무실 안에는 꽤 많은 사람이 있었는데 절반 정도는 뭔가를 문의하러 온 방문객으로 보였다. 역동적인 억양의 광둥어로 대화를 나누는 모습이 인상적이었다. SoCO는 기본적으로 주택 문제라는 주제와 직접적으로 관련된 사회적 단체라기보다는 홍콩의 빈민을 보조하고 구제하는 것을 큰 주제로 잡고 활동하는 단체다. 그 주제 안에서 파생된 내용으로 빈민 주거 문제에 주목했다. 몇 년 전 홍콩의 큐비클을 화보로 찍어 배포해 전 세계에 반향을 일으킨 것이 바로 SoCO다.

북적이던 사무실 안에서 우리는 SoCO의 커뮤니티 매니저 칙쿠이와이 씨를 만났다. 분주하게 방문객을 상대하다가 이내 우리를 본인의 자리 옆으로 안내했다. 우리는 홍콩의 주거 현실과 공공주택 제도에 대해 그에게 묻기로 했다. 대화는 주로 공공주택에 대한 논의로 흘러갔다. 하고 싶은 말이 많았던지 대화 내내 홍콩의 공공주택에 대한 강한 비판이 이어졌다.

"대기자가 많다는 게 현재 공공주택의 가장 큰 문제예요. 근데 그중에는 실수요자보다 허수가 훨씬 많아요. 한편으로는, 특히 요즘에는 젊은 사람들이나 중장년층을 중심으로 1인 가구에 대한 수요가 임청나게 늘어났죠. 근 5년 사이에 이제 막 18세가 되어 공공주택을 신청할 수 있는 청년들의 수요가 급증했죠."

실제로 2013년 22만 명을 기록한 공공주택 대기자 중에서 35세 이하 신청자는 7만 천 명으로 전년 대비 40퍼센트 가까이 급증했다. 칙쿠이와이 씨의 말처럼 홍콩의 청년들에게 공공주택은 낯선 대상이 아니라고 한다.

홍콩 청년들은 만 18세가 됐을 때부터 공공주택을 신청한다. 공공주택 '대기자' 대열에 줄을 서는 것이다. 공공주택 입주를 신청한 사람, 공공주택에 빈자리가 나면 들어가게 될 대상자를 의미한다. 앞서 만난 김물결 씨도 비슷한 이야기를 했다.

"어떤 교수님은 수업 시간에 신입생 학생들에게 '퍼블릭 하우징 (공공주택)'을 미리 신청해놓으라고도 하세요. 신청하고 5년쯤 뒤에 자리가 날 거니까, 신입생 입장에서는 입학해서 신청해놓으면 딱 졸업하고 취직할 때쯤에 들어갈 수 있다는 거죠."

한국 대학생의 시각에서 이 광경은 꽤 낯설었다. 앞으로 살아갈 집을 구하는 문제는 한국 청년들에게도 시급한 일이기는 하지만, 성인이 되자마자 공공주택에 관심을 갖고 대기자 줄에 서는 경우는 흔치 않으니 말이다. 생각해보면 이렇게 '공공주택에 대한 청년 수요가 폭등한 현상' 자체만으로는 문제가 아닌 것처럼 느껴진다. 한국에서도 계속해서 청년들을 위한 주거 정책이 제시되고 있는 걸 생각해보면, 오히려 청년층의 주택에 대한 적극적인 요구가 나타나는 홍콩 상황이 더 긍정적으로 비치기도 한다. 즉 청년층에게 공공주택 입주의 문이 열려 있다는 것 자체가 문제가 되는 것은 아니라는 것이다.

다만 그 이유는 살펴볼 필요가 있다. 홍콩 청년들이 그렇게 열을 올려가며, 가능한 한 빨리 공공주택 대기자 줄에 서려는 이유 말이다. 크게 두 가지 이유가 작용한다. 하나는 공공주택이 아닌 민간주택의 집값 또는 임대료가 청년층이 도저히 구매할 수 없을 정도로 비싸다는 점이다. 다른 하나는 공공주택 신청 자격 수준이 지나치게 낮다는 점이다. 칙쿠이와이 씨는 공공주택 대기자가 폭증한 현상의 근본적인 원인은 첫 번째 이유에 있다고 했다.

"2005년부터 2014년까지 30세 이하 1인 가구 중에서 공공주택을 얻은
이는, 단 한 명도 없어요. 이런 상황 때문에 젊은층 사이에서는
'공공주택을 가진 사람은 위너(winner)'라는 표현을 하기도 해요."

"홍콩 사람에게 주거에 대한 선택권은 두 가지가 있어요. 첫 번째는 임대나 매매가 가능한 '공공주택', 두 번째는 민간 기업에서 지은 주택이 있는 '프리마켓.' 그리고 이 둘은 굉장히 차이가 커요."

공공주택과 민간주택. 대학생이라 학교 기숙사에 사는 것도 아니고 타지에서 왔든 집안 서정이 있든 부모 집에서 살지도 못하는 청년이 선택할 수 있는 주거 공간은 이 두 가지뿐이다. 작은 정부, 자유로운 시장을 추구하는 홍콩에서 민간주택 값은 천정부지로 치솟았다. 정부가 공급하는 주택인 공공주택은 민간주택의 30퍼센트 수준으로 저렴하다. 상대적으로 값이 저렴한 공공주택으로 청년층을 비롯한 홍콩 시민들이 너도나도 몰리는 것은 너무나 자연스러운 일이다.

두 번째로는 공공주택을 신청할 수 있는 자격 기준이 지나치게 낮다는 것도 공공주택에 들어가는 것을 어렵게 만든다. 이 기준은 가구 유형별 소득 수준에 따라 결정되는데 정부에서 설정한 그 '수준' 자체가 많은 사람을 공공주택 대상자로 포괄할 수 있을 정도로 낮다는 것이다. 공공주택 신청 자격의 진입 장벽이 너무나 낮아 누구나 쉽게 대기자 명단에 이름을 올릴 수 있다. 그리고 정말 가난한 사람들, 반드시 집을 필요로 하는 사람들에게 공공주택이 우선적으로 배정될 수 없는 구조다.

"집안이 부유하더라도 공공주택에 신청하는 데는 전혀 상관이 없어요. 공공주택 신청 기준은 본인에게만 적용되는 기준이니까요. 부유한 집안에서 부모님과 함께 사는 학생이더라도 그 청년만을 따지면 수입은 0원으로 잡힐 수 있으며, 그렇기 때문에 이들도 공공주택에 지원할 수가 있어요. 물론 입주자로 선정될 수도 있고요."

그리고 아무도 못 들어갔다

그래서 그렇게 공공주택이 많은 도시니까, 일찍이 공공주택을 신청한 청년들은 많이들 입주에 성공했을까? 결론부터 이야기하면 전혀 그렇지 않았다. 지난 2005년 주택 정책이 바뀌면서 청년층의 공공주택 입주는 꿈같은 이야기가 됐다. 9천 가구까지는 1인 가구만이 신청이 가능하도록 하고(quarter), 1인 가구 중 7년 이상 대기자로 기다린 사람이나 나이가 많은 사람에게 입주에 유리한 포인트(point)를 주는 '쿼터 앤드 포인트(quarter & point) 시스템'이라는 이름의 공공주택 정책 개선안이 시행되면서부터다. 이 정책에 따라 1인 노년층 가구에 집중적으로 공공주택이 배정되기 시작했다. 청년 빈곤층은 배제되었다.

"이 정책이 시행되기 전까지는 그나마 (청년의 입장에서) 3~4년을 공공주택 대기자로 기다리면 입주할 수 있었는데 이제는 물거품이 됐죠. 바뀐 정책이 시행되기 시작한 2005년부터 2014년까지 10년 동안 30세 이하 1인 가구 중에서 공공주택을 얻은 이는, 단 한 명도 없어요. 이런 상황 때문에 젊은 층 사이에서는 '공공주택을 가진 사람은 위너(winner)'라는 표현을 하기도 해요."

홍콩 첫 취재일 만난 조너선도 홍콩의 공공주택 수용률이 높다는 점을 설명하면서 공공주택과 민간주택의 격차를 지적했다.

"정부는 공공주택을 저렴한 값에 제공하려고 해. 물량도 많아. 지금도 공공주택은 전체 주택 공급량의 40퍼센트 이상을 차지하지. 하지만 비율 자체가 높더라도 이 40퍼센트 안에 들어가지 못한 사람들 경우에는 굉장히 비싼 값을 지불해서라도 민간주택에서 살아야만 해. 사람들을 (민간주택 시장에) 몰아넣고 그곳에서 살게 하는 거지."

그는 'squeeze(쥐어짠다)'라는 표현을 써가며 청년들이 민간주택 시장으로 내몰리는 현상을 설명했다.

홍콩 취재 첫날 모든 광경이 새롭고 낯설었던 그때, 내가 가장 놀란 한 장면이 있다. 바로 부동산 중개소 사무실 앞 유리창에 다닥다닥 붙어 있는 주택 매매표였다. 한국에서도 늘상 보는 광경이라 낯설어하지 않을 법도 했지만, 풍경 자체보다는 가격표 안에 들어간 숫자의 크기를 보고 놀랐다. 방 한 칸에 월세 백만 원을 훌쩍 넘는 가격대. 사전 취재를 하는 과정에서 홍콩의 집값 수준이야 보긴 봤다지만, 우리가 봤던 게 진짜였구나 하는 생각이 들었다.

이처럼 홍콩의 주택 가격이 아주 높은 수준으로 형성된 건 비교적 최근의 일이라고 한다. 최근 10여 년간, 특히 지난 2003년부터 홍콩의 집값은 급격한 오름세를 보였다. 중소형·대형·고급형 등 모든 유형의 주택이 2014년을 기준으로 11년 전인 2003년보다 약 네 배까지 상승했다.[3]

한편 주택을 소유한 가구 세대주의 나이별로 보면 25세~44세의 비율은 2001년 약 23퍼센트에서 2011년 약 12퍼센트로 10년 만에 반 토막이 났다. 25세 이하의 주택 소유자는 없다고 보는 게 더 가까울 정도의 수치다. 그러는 동안 45세 이상의 주택 소유자 수는 10년 동안 꾸준히 증가했다. 지난 10년간 홍콩의 20, 30대 중 주택을 소유하게 된 새로운 세대주는 급격하게 줄어든 것이다. 게다가 홍콩을 중심으로 지난 수십 년 동안 진행되어온 금융 세계화에 의해 가구간 소득 격차가 심화된 까닭에 고소득층과 중산층, 저소득층의 주택 격차는 급격히 벌어지게 되었다.

집은 아예 살 엄두가 안 나니까, 내 집 마련은 포기하고 차라리 주택을 임대해서 사는 게 나을까. 그것도 아니었다. 주택 가격 상승은 임대료 상승을 불러온다. 주택 가격이 높은 탓에 이를 지불할 수 있는 가구를 대상으로만 주택 공급이 제한적으로 이루어진 까닭도 있지만, 정부에 의한 임대시장 통제가 종료된 점이 급격한 임대료 상승의 주범이라고 한다. 민간주택 임대시장이 프리마켓이 될 수 있는 완벽한 조건을 제공한 것이다.

1997년 아시아 외환위기의 영향으로 급락했던 홍콩의 주택 가격은 2003년 투자이민법이 시행된 이후 반등하기 시작했다. 이 정책으로 중국 자금이 대규모로 유입되기 시작했고 그 여파로 주택 가격과 임대료가 급등했다. 더 큰 문제는 저소득층이 주로 거주하는 70제곱미터 미만 중소형 주택의 임대료가 이 기간에 큰 폭(104.6퍼센트)으로 상승했다는 점이다.[4] 임대료가 큰 폭으로 치솟는 동안 소득은 같이 늘어난 게 아니라, 되레 더 줄어들었다. 중위 가구소득은 2001년 만 8710홍콩달러에서 2011년 2만 500홍콩달러로 소폭이나마 증가했으나, 소득 5분위 이하의 가구소득은 오히려 감소했다. 소득이 낮을수록 감소폭이 더 크게 나타났다. 임대료는 오르는데 소득은 줄어드니 저소득층이 실질적으로 느끼는 주거 부담은 어마어마하게 커질 수밖에 없다. 전체 세입자 중 소득 상위 25퍼센트에 속하는 그룹의 비율은 26퍼센트, 이들은 버는 돈의 25.5퍼센트를 주거비로 지불한다. 그런데 세입자 중 소득 하위 25퍼센트에 속하는 그룹은 소득의 56.5퍼센트, 절반 이상을 주거비로 제하고 나머지 돈으로 삶을 꾸려야 한다.

대학 이후가 고민이다

홍콩 대학교를 방문해 부모 집, 기숙사, 민간주택 등 다양한 유형의 주거 환경에서 살아가는 친구들을 만났다. 그리고 이들이 입을 모아 얘기하는 이야기를 들을 수 있었다. 대학을 졸업한 후에는 어떻게 해야 할지 모르겠다는 것이다. 이렇게 홍콩 청년들을 불안하게 만드는 주거 문제는 우리 언론에도 보도된 바가 있다.

"취직해서 받은 월급으로는 집을 못 구할 것이 확실해요."
"대학을 졸업하기만 하면 다 안정된 직장을 갖고, 소득도 높을 거라고 요즘 시기에 도대체 누가 보장할 수 있나요?"
"홍콩 정부는 지금 건설 회사, 그리고 민간 기업들과 짜고 비싼 집만 짓고 있습니다. 서민들이 살 만한 저렴한 집은 줄어들고 있습니다."[5]

공공주택에 들어가지 못한 이들. 결국 열악한 민간주택을 택한 이들에게 희망은 있을까. 칙쿠이와이 씨의 답은 부정적이었다.
"가장이 만 6천 홍콩달러(약 243만 원)를 버는 4인 가구를 생각해봅시다. 소득 중 한 달에 만 달러를 집세로 내고요. 그러면 6천 달러가 남는데, 이걸로 어떻게 살겠습니까. 필요한 돈은 끝도 없습니다. 도박에서 1등을 해서 몇 백만 달러를 한꺼번에 벌지 않는 이상 집을 옮기기가 힘듭니다. 직장 월급이 오른다고 해도 매년 집주인이 집값을 두 배로 올리는 경우가 많기 때문에 오히려 집을 줄여야 하는 상황이 올 수 있습니다."
칙쿠이와이 씨는 이런 상황 때문에 사람들이 집을 위해 돈을 벌 동기를 잃는다고 했다. 집값이 너무나 높이 올라가버리니 사람들은 '내가 왜 집을 구하기 위해 이렇게 일해야 하는가' 하는 생각을 하게 된다는 것이다. 물론 그의 말이 전부는 아닐 것이다. 2010년에 진행된 리서치 결과에 따르면 홍콩 청년의 60퍼센트가 '내 집 마련'을 10년의 인생 목표로 꼽았다고 한다.[6]

인생 목표로 주어진 다양한 선택지 중에서 응답자들의 절반 이상은 '내 집 마련'을 첫째로 꼽은 것이다. 멈출 줄 모르고 높아지는 집값, 계속되는 부동산 버블 경고, 점차 순위에서 밀려나고 있는 공공주택 대기자 신분에도 불구하고 홍콩 청년들은 돈을 모아 내 집을 마련하는 것에 꿈을 두고 있었다. 내 집 마련이 가장 어려운 국가에서 청년들은 내 집 마련을 인생 1순위의 목표로 두고 살아간다. 끝없이 올라가는 집값, 도저히 내가 지불할 수 있는 수준으로는 보이지 않는 집값을 보며 홍콩의 청춘들은 이러지도 저러지도 못한 채 머뭇거리는 것은 아닐까.

잘 교육된 젊은이들이 떠나는 나라

2015년 5월 14~15일 이틀간 서울시청에서 동아시아 주거복지 컨퍼런스가 열렸다. 서울, 일본, 타이완, 홍콩의 도시 전문가들이 참여해 노숙인, 장애인, 청년, 저소득층 등 주거 소외계층의 주거 문제 해결에 대해 논의하기 위한 자리로 서울연구원과 SH공사 등 다섯 개 단체가 공동으로 마련했다. 홍콩 취재를 다녀오고 세 달 쯤 뒤에 열린 컨퍼런스였지만, '홍콩 현지인이 전하는 홍콩의 주택 문제'를 듣는 자리였으니 '외국인으로서' 홍콩 취재를 다녀온 내게는 여전히 신선한, 흥미로운 주제였다.

"홍콩 정부는 계속해서 주택 구입을 독려하는 정책을 추진하고 있습니다. 정부 정책이 '주택 소유'를 중심으로 이루어지고 있어요."

홍콩과 관련된 두 개의 발제 중 '홍콩의 주택 정책'을 주제로 발표를 준비한 이는 홍콩 침례대학 사회복지학과 곽킨펑 박사였다. 주택 소유 정책. 듣기엔 좋지만 그의 이야기를 들어보면 '못 가진 이들이 주택을 소유할 수 있도록 보조하는' 내용의 정책은 아닌 것으로 보였다.

"정책 내용이 이론적으로는 주택을 구입하려는 사람들에게 접근성을 제고하는 것처럼 보이지만, 현실적으로는 투자를 위한 주택 구입만 부추길

뿐 실제 거주를 위한 주택 구입으로 이어지는 경우는 적습니다."

주거 빈민층의 주거 스트레스를 해소할 수 없는 내용의 정책이라는
것이다. 지난 20년 동안 홍콩 가구소득 증가는 주택 가격 상승을 따라잡지
못했다. 이는 중소형 주택뿐만 아니라 대형, 고급 주택에 거주하는 가구도
마찬가지다. 지금 홍콩에서는 저소득층, 청년층은 물론 중산층도 주택
구입이 어려운 실정이다. 이처럼 주택을 구입하기에는 주택 가격이 너무나
높은 상황인데 정부는 계속해서 주택 구입 장려 정책만 내놓는다. 물론 그
내용 안에 더 이상 가격 인상이 이루어지지 않도록 규제하는 방안이 담겨
있긴 하지만, 주택 소유를 독려하는 내용이 중심이 되고 있다고 했다. 결국
현재의 구조는 주택 가격 상승에 따라 기존의 주택 소유자가 이익을 보게
되는 구조라는 점이 곽킨풍 박사가 비판하는 지점이다.

한편 곽킨풍 박사는 주택 소유자들도 불안하기는 마찬가지라고
덧붙였다. 홍콩의 상황은 과거의 일본 혹은 현재 한국이 맞닥뜨리고 있는
현실과 크게 다르지 않다. 금융 세계화로 부동산 버블 붕괴라는 위협이
다가오면서, 주택 소유 정책이 주택 소유자에게도 다른 내용의 '주거
스트레스'로 작용하고 있는 것이다.

곽킨풍 박사는 현재 홍콩의 주택 소유 제도는 구조적으로 지속
불가능하다고 단언한다. 그럼에도 홍콩 정부가 주도하는 정책은 지속
불가능한 주택 소유 제도를 강화하는 쪽을 향한다고 한다. 주택을 '소유한'
사람과 주택을 소유하기를 '희망하는 사람'의 이해를 충돌하도록 만드는
상황이라는 것이다. 물론 그 주거 스트레스 탓에 고통받는 건 도시
빈민층이라는 사실은 더 설명할 필요도 없겠지만 현재 홍콩의 주택 제도는
두 그룹 모두에게 주거 스트레스를 발생시키고 있다. 동아시아 주거복지
컨퍼런스 당일, 곽킨풍 박사의 발표 주제는 '적절한 주택 확보를 위한 협력

(Practices in Community)'이었다. 답답하리만치 틈 없이 들어선 아파트 숲, 홍콩에서 '적절한 주택 확보를 위한 협력'은 어떻게 이루어질 수 있을까.

'탈홍콩'을 바라보며

우리가 샴슈이포에서 발견했던 큐비클. 적지 않은 홍콩 사람들이 삶을 살아가는 공간이다. 이방인으로서 다른 국가의 주택을 관찰하는 것이란 점을 고려하고서라도, 기괴할 정도로 낯선 풍경이었다. 그리고 우리가 미처 보지 못한 쪽방도 있다고 했다. 쪽방과 큐비클은 겉보기에는 비슷하다고 한다. 다만 주택을 개조한 경우 쪽방이라고 부르고, 주택이 아닌 건물을 개조한 경우에 큐비클이라고 부른다고 한다. 두 종류를 총칭해서 '벌집 아파트' 혹은 '닭장 아파트'라고 부른다고도 한다. 이러한 불법 주거가 부동산에 정식으로 올라온 매물인 경우는 별로 없다. 주로 집주인이 불법으로 한 집을 서너 칸으로 쪼개 개조한 뒤 세를 놓는 식으로 운영하는 구조다. 한국의 대학가 원룸촌과 크게 다르지 않다. 한국의 경우에도 주택을 불법 개조해 세를 놓는 경우가 있는데 이 경우가 '쪽방'과 같은 사례고, 고시원용 비주택 건물을 불법 개조해 세를 놓는 경우가 있는데 이 경우가 '큐비클'과 같은 사례라고 보면 되겠다.

쪽방 아파트를 사각지대라 칭하기에는 그 수가 적지 않다. 지난 2014년을 기준으로 쪽방 아파트에 거주하는 세대는 8만 6400세대다. 이곳에서 살아가는 이들은 주거 빈곤층, 사회적 약자 층이 대다수다. 노약자, 이주민, 저소득층 가구까지. 더 좋은 집을 구입하기 위한 자금을 모으려고 일부러 값싼 쪽방 아파트에 입주한 이들도 있을 것이다. 물론

홍콩은 저소득 가구를 위해 공공임대주택을 공급하고 있다. 하지만 앞서 보았듯 '위너'가 되기란 쉽지 않은 일이다. 청년에게는 더욱 좁은 문이다. 공공임대주택에 입주하기 위해서는 가구 소득 요건에 부합되어야 할 뿐만 아니라 홍콩에서 최소한 7년을 거주해야 한다.

딱 한 칸짜리 방. 낮 시간만 되면 빛이 너무 강하게 들어와서 푹푹 찌고, 아침과 저녁에는 볕이 들지 않아 싸늘한 방. 그나마 화장실이 내부에 있고, 세탁기와 싱크대가 방 안에 있어서 '풀 옵션'이라고 불렀던 방. 약 2년 전 서울시 서대문구 대학가에서 내가 살아야 했던 방의 스펙이다. 이런 방에 살기 위해 보증금 천만 원에 월세 50만 원을 지불했다. 물론 공과금은 따로. 이 정도는 이 동네에서 흔한 가격대였다. 그나마 나는 보증금을 낼 수 있었으니까 나름 풀 옵션이라는 방에 들어간 거지, 보증금조차 내지 못하면 환경은 더더욱 열악해졌다.

본인 힘으로는 지불할 수 없을 만큼 비싼 보증금, 생활비의 가장 많은 부분을 차지하는 월세, 그런데도 너무나 열악한 주거 환경. 이 정도가 내 머릿속의 '한국, 서울권 대학생의 주거 현실'에 대한 이미지였다. 이런 인식을 갖고 홍콩으로 취재를 떠났다. 한국이 아닌 다른 곳에서 청년들은 어떻게 살아갈까, 그들은 우리보다 좀 더 나은 환경에서 살고 있을까 하는 기대감 섞인 호기심을 갖고 출발했다.

다녀오고는 더욱 참혹한 심정이었다. 백만 원이 넘는 월세, 그나마도 쾌적하지 않은 주거 환경. 부모 집과 기숙사를 떠나서는 현실적으로 독립할 수 없을 정도로 너무나 높은 민간주택 시장의 성벽. 결국 '홍콩을 떠나야겠다'는 말을 입으로 내뱉는 청년들.

어쩌면 그들이 더 힘들면 힘들었지, 한국 청년들보다 덜 힘들지는 않겠다는 자조적인 생각이 들 정도였다. 누가 더 힘든지 국가 대항 '고통

배틀'을 하는 것도 아닌데, 여기도 저기도 왜 이렇게 힘들기만 할까. 비참한 심정까지 들었다.

한국과 홍콩은 묘하게 닮아 있다는 생각도 했다. 공공주택에 입주하기 위해 몇 년이고 대기자로 줄을 서는 홍콩 청년들, 공무원 조직에 들어가기 위해 '공시족(공무원 시험 준비생)'이 된 한국의 10만 청년들은 서로 묘하게 닮았다. 각각 주거의 영역에서, 노동의 영역에서 안정 궤도에 들고자 서로 치열하게 경쟁한다. 공공주택 밖의 엄두를 내지 못할 정도로 비싼 민간주택 시장, 공무원 조직 밖의 치열하고 불안한 민간 노동시장이 있다는 걸 알기에 홍콩과 한국의 청년들은 불가능에 가깝다는 것을 알면서도 그 줄에 선다. 그리고 그렇게 해서 공공시장에 들어가지 못한 대다수의 청년들은 민간시장으로 발길을 돌린다. 그리고 그곳에서 남은 자들끼리 다시 아등바등할 수밖에 없다.

그러다 직장을 구하는 것, 집 구할 돈을 모으는 것, 가정을 지탱할 수준의 돈을 모으는 것이 이곳에서는 불가능하겠다는 생각이 경험으로써 확인될 때, 무언가를 포기하게 된다. 이곳에서 어떻게든 살아가기 위해 바라던 것 중 일부를 '포기'하게 되는 거다. 그렇게 한국과 홍콩에서 'N포세대'가 탄생한다. 포기해야 하는 것들의 목록은 점점 늘어간다. 또는 그렇게 무언가를 포기하지 않고 내가 원하는 대로 어떻게든 실현해보기 위해 '이곳'이라는 조건을 버린다. 그렇게 우리 청년들은 한국에서도 홍콩에서도 무언가 많이 포기하거나, 탈출을 꿈꾸며 '탈조선, 탈홍콩'을 이야기하게 된다.

"어떻게 동기부여 문제를 해결할 것인지가 관건이에요. 당신 같은 사람들에게 말이예요. 예를 들어 내가 대학을 졸업했어요. 홍콩에서 좋은 교육을 받았단 말이에요. 그런데 홍콩의 집값이 너무나 비싸서, 살기 좋은 나라라 생각되지가 않아요. 그럼 저는 생각하게 되는 거죠. '아, 나는 밖으로 나가야겠다. 홍콩을 떠나서 다른 나라, 타이완, 중국, 일본 같은 나라로 가야겠다.' 그렇게 되면 홍콩은 잃게 되는 거예요. 잘 교육된 (well-educated) 젊은이들을요."

홍콩 인터뷰 중에 칙쿠이와이 씨에게 들었던 가장 인상적인 이야기다. 홍콩 취재를 다녀오고는 이 생각이 꽤 오래 남았다. '내가 살아온 곳을 지옥 같다고(헬조선) 이야기하지 않고, 떠나고 싶다고(탈홍콩) 이야기하지 않고 살 수는 없을까.'

살 만한 환경의 집에 낼 만한 수준의 돈을 내고 살아가는 것. 지금 현실에서는 너무 큰 질문인 것처럼 들린다.

chapter 3   일본1

"원룸에서 시작해서 늘려가다가 집을 사고, 자기만의 집을 짓고,
이런 것이 당연히 우리가 살아가면서 해야 하는 단계라고 들어왔다.
그런데 우리 아버지 세대까지는 그렇게 살아왔지만,
우리는 그럴 수 없다는 것을 알고 있고, 포기했다.
노인 세대는 젊을 때 대출로 집을 가졌다가 퇴직할 때쯤 완전한 자기 집을 갖게 되었다.
그러나 35년 동안 일할 수 있는 직장이란 게 이제 사라졌다."

집이 삶을 삼킨다

"애들아 구급박스 가져가는 건 좀 오버니?"

출국 전날 캐리어에 구급박스를 밀어넣다가 일본 취재팀 카톡방에 메시지를 남겼다. 애들은 구급박스까지 가져갈 필요는 없다고 했다. 출국을 앞두고 사실 나는 굉장히 흥분한 상태였다. 취재 기간 2주 동안 '누가 아프기라도 하면 어쩌나' '낯선 곳에서 취재는 잘할 수 있을까' 별의별 걱정이 다 들었다. 한편으론 겨울 내내 메일과 전화는 물론이고 페이스북과 트위터 등 수단 방법 가리지 않고 섭외한 일본의 취재원들을 만날 생각에 들떴다. 새벽 다섯 시에 첫차를 타기 위해 길을 나섰다. 영하 6도, 추운 날씨였다. 페이스북 페이지에 취재 과정을 계속 올리기로 했기 때문에 카메라를 셀카봉에 연결해 팔에 달랑달랑 걸고 돌아다녔다. 버스 정류장 앞에서 카메라를 들고 첫 인사를 영상으로 찍었다. 아직 해도 안 뜬, 새까만 새벽이었다. 대부분의 사람들이 긴 여정을 앞두고 잠을 청하는 새벽 공항버스 안에서 나는 꼬무락대며 핸드폰으로 영상 편집을 마쳤다. 그리고 나서야 후드티를 뒤집어쓰고 맨 뒷자리에 몸을 파묻었다. 잠을 거의 못 잤지만 긴장감과 기대감 때문에 피곤하지도 않았다.

두 시간 남짓 비행 후에 나리타 공항에 도착했다. 우리는 도쿄의
한적한 동네 주조(十條)로 향했다. 우리는 두 군데 숙소에 장기 투숙하기로
했고, 주조가 첫 번째 동네였다. 주조는 도심에서 벗어난 베드타운이다.
우리는 에어비앤비로 주택을 일주일 정도 빌려서 장도 보고 먹고 자고
생활하기로 했다. 이층침대에 한 군데씩 자리를 잡았다. 영서, 소담(나),
정현. 나머지 한 자리는 통역을 맡아줄 고베의 유학생 경이의 자리였다.
넷은 모두 스물여섯 동갑내기로, 사회와 학교 사이 어딘가에 있었다.
정현은《절망의 나라의 행복한 젊은이들》이라는 젊은 일본 사회학자의
책을 침대 맡에 두었다. 영서는 카메라를 챙기고 무선 와이파이를 찾아
연결하느라 분주했다.

숙소 옆엔 학교가 있어서 아침이면 수업 종소리가 울렸다. 눈이 오는
날엔 건넛집에서 널어둔 빨래 위로 눈이 쌓이는 모습도 볼 수 있었다. 나는
초등학교에 들어간 이후로 아파트가 없는 동네에서 살아본 적이 없다.
아파트가 시야를 가리지 않고, 주택에 이름이 붙어 있지 않은 게 낯설었다.
일본 애니메이션 〈시간을 달리는 소녀〉에서 본 것 같은 작은 주택이
옹기종기 모여 있었다.

집에서 방으로, 혹은 방도 없이

일본으로 오기 전 오오쿠사 미노루 씨에게 들은 이야기가 생각났다.
사전조사를 위해 일본으로 유학 중인 사람들에게 연락하거나, 일본에서
살아본 적이 있는 사람들을 만났다. 오오쿠사 씨도 그중 하나였다. 그는
한국어를 연구하면서 K2인터내셔널 한국지부에서 활동하고 있다. 그에게

일본에서 흔히 생각하고 선택할 수 있는 주거 형태는 무엇이 있느냐고
물었다. 그는 몇 가지 형태를 나눠 설명해주었다.

"일본에서는 단독주택을 선호하는 경향이 있어요 지금도. 일본
남자의 꿈은 마당이 있는 단독주택을 짓는 거예요. 한 가족의 왕이 되는
것. 예전에는 그게 가능했죠. 그리고 제 아버지 세대 정도는 다 그렇게
했었어요."

도심에서 젊을 때 열심히 돈을 벌고, 도심을 좀 벗어난 주조 같은
곳에서 중년을 보내는 안정적인 삶.

"단독주택이 안 되면 아파아토에 사는 경우가 많습니다."

미노루 씨는 '아파아토'가 한국의 아파트 개념과는 다르다고 했다.
한국의 빌라와 더 비슷한 개념이다. 1층짜리도 있고 높아봤자 4층 정도
건물이다. 한 층에 방이 2~5개 있다. 세 번째로 맨션이 있다. 이게
한국 아파트에 가깝다. 아파트는 주인이 따로 있고 월세로 들어가는
경우가 많다. 맨션은 임대도 하지만 사서 분양 받는 경우가 많다. 요즘엔
셰어하우스도 유행이다. 보통 아파트 아니면 단독주택을 셰어하우스로
만든다. 그리고 하나 더. UR주택(urban renaissance agency)이 있다.
UR주택은 공공주택의 한 종류다. 일본 공공주택의 70퍼센트 정도는
저소득층을 위한 주택이고, UR주택은 공사에서 조금 싸게 분양해주는
맨션의 개념이다. 보증금, 수수료, 갱신료, 보증인이 모두 필요 없다. 1인
가구로 입주할 수도 있고 가족으로 입주할 수도 있으나, 추첨으로만 들어갈
수 있다. 경쟁률이 높아 사실상 입주가 쉽지는 않다.

보통 청년들이 독립을 하면 민간에서 집을 임대해서 월세를 내고
살아간다. 그런데 오오쿠사 씨는 일본에서 '집 빌리기'는 참 까다로운
일이라고 했다.

"일본에선 회사에 다니는 정사원이 아니면 집을 임대하기가 힘들어요. 정사원 아니면 연대보증이 필요한데, 역시 제대로 일을 하고 있는 사람이 연대보증을 해줘야 집을 빌릴 수 있거든요. 부모님이 해줄 순 있는데 부모님이 보증을 안 해주면 매우 어려워지는 거예요."

우리나라는 높은 보증금으로 '신용'을 보장한다. 그러나 일본은 보증인을 세우거나 주택보증 회사를 통해 신용을 보증 받는다. 제대로 된 직업이 있고 보증을 해줄 가족이 있으면 수월하지만 보증인이 있다고 모든 문제가 해결되는 것도 아니다. 부동산 초기 비용도 부담이다. 보증금은 법으로 정해진 것이 아닌 관습이다. 때문에 지역마다 경우마다 액수가 다르다. 민법에 보증금의 의미에 대해 언급된 부분이 있기는 하지만 보증금이 월세의 어느 정도 비율이어야 하는지, 혹은 보증금이 있어야만 하는지 의무로 규정된 바는 없다고 한다.

도쿄의 경우 한두 달 치 월세를 '보증금(敷金·시키킹)'으로 내고, 한 달 치 월세에 해당하는 돈을 '사례금(礼金·레이킹)'을 집주인에게 줘야 한다. 예를 들어 14제곱미터 크기 원룸에 사는 와세다대 학생 유토 니시즈카 씨는 월세 7만 엔에 1개월 치 보증금을 더해 14만 엔을 내고 처음에 집에 들어갔다. 사례금은 없었다. 지역마다 관습에 따르기 때문에 사례금, 보증금 액수는 물론이고 계약이 만료되었을 때 보증금을 얼마나 돌려받는지도 천차만별이다. 후쿠오카에서는 사례금이 없는 대신 보증금으로 월세 4~5개월 치를 받는가 하면, 간사이 일부 지방에선 월세 5~10개월 치에 해당하는 보증금만 받고 사례금은 받지 않는 대신 계약이 만료되었을 때 보증금을 50~80퍼센트 정도만 돌려준다고 한다.[1]

월세방을 구하는 데 실패하는 건 신용 보증이 안 되거나 부동산 초기비용이 없는 경우다. 이런 경우 어디로 가야 할까? 목돈 부담 없이

© Takeshi Garcia

묵을 수 있는 임시 거처를 전전하는 것이 가장 쉽다. 보증금이 필요
없기 때문에 고시원을 택하는 서울 사람들과 마찬가지 사정이다. 초기
입주비용이 필요 없는 셰어하우스가 하나의 선택지다.

일어 통역사로 일하는 조영현 씨는 2008년에 일본으로 워킹홀리데이를
왔고, 2013년에 미쓰이 상사에 취직해 1년을 근무했다. 2008년에
셰어하우스에서 살았다. 당시 두 가지 아르바이트를 하면서 번 월수입 15만
엔 중 5만 엔을 내고 게스트하우스 독방을 쓰다가 동네 분위기도 바꿔보고
이사도 해보자는 생각에 인터넷에서 찾은 곳으로 집을 옮겼다. 3인 1실에
월세가 한국 돈 40만 원 선이란 조건을 듣고 여성 전용 게스트하우스를
찾아갔다. 방에는 이층침대가 하나 있었고, 한 명은 그가 '침대 구멍'이라고
부른 공간에서 잤다고 한다. 셋이 한두 달씩 돌아가면서 자리를 바꿨다.
유학생이나 지방에서 올라온 이들이 많았다고 한다.

"지방에서 올라와서 묵을 친척집이 없는 20대 후반 여성들이 자기 집을
마련하려고 돈을 모으기 위해 잠시 거쳐가는 곳이었어. 보증금이 없어서
부담 없이 들어올 수 있는 거지."

개중엔 영국에서 유학하고 돌아와 일본 대기업 소니에서 일하는
엘리트도 있었고, 파견직을 전전하는 여성도 있었다고 한다.

도쿄 셰어하우스 홈페이지(tokyosocialnet.com)를 보면 '이곳에 주로
함께 사는 연령층은 20~30대'라고 소개가 되어 있다. 초기 비용에 대한
질문에 처음 1개월분 집세만 내면 된다고 한다. 수도광열비, 인터넷 이용료
등 추가 요금도 일절 없고, 보증금, 사례금, 중개 수수료, 화재 보험료도
걸려 있지 않다. 가장 싸다고 소개된 방의 월세는 2만 5천 엔~4만 엔
선. 이런 장점에 도시로 오는 청년들이 셰어하우스를 많이 찾는다.
그렇지만 실상을 들여다보면 '너무한' 곳들이 많다. 좋은 곳도 많지만 말만

셰어하우스고 도라에몽이 사는 벽장 수준인 거처도 있다. 짐을 놓을 자리가 좁으니 트렁크 하나에 모든 살림을 넣고 운신한다.

탈법적인 셰어하우스도 늘어났다고 한다. 작은 방을 가로 세로 칸칸이 쪼개 '벽장'처럼 만들거나, 방 하나를 몇 칸으로 쪼개는 식이다. 위아래 교차되는 방식으로 공간에 층을 만든 곳도 있다. 일본에 도착한 우리는 이러한 탈법 셰어하우스를 찾아보기로 했다. 우리는 거짓말을 하고 집을 보러 다닐 작정이었다. 통역을 도와준 재일한인 3세 주과 언니와 입을 맞췄다.

"언니, 제가 집 구하는 걸 언니가 도와주기로 했다고, 가족이거나 아는 후배라고 하고 집을 둘러보러 갑시다."

일본선 집을 임대할 때 보통 도면을 다 공개하기 때문에 온라인 사이트에서 '침대 구멍'으로 의심되는 셰어하우스를 찾아두었다. 언니도 나도 조금 긴장을 하고, 집주인들에게 전화를 걸었다. 네 시간, 네 시간 동안 전화를 돌렸다. 그러나 단 한 군데도 가볼 수가 없었다. 빈방이 단 한 곳도 없었다.

'세상에……. 방이 빈 곳이 하나도 없다니.' 척 보기에도 조건이 열악한 방임에도 빈 데가 하나도 없었다. 빈방이 없는 건 우리에게도 불행한 일이었지만 그 자체로도 좋지 않은 일이다. 벽장 수준의 방에 사람들이 꽉꽉 들어차 있다는 소리니까.

일본 〈FNN〉 보도에 따르면 탈법 하우스 1인용 방의 폭은 140센티미터 정도다. 각 방 면적이 3.3~6.6제곱미터, 한두 평이다. 일본의 1인 가구 기준 최소주거면적은 25제곱미터, 우리나라의 최소주거면적은 14제곱미터다. 한 사람이 살 만한 공간을 작게는 세 개에서 많게는 여덟 개까지 쪼갠 것이다.

도쿄 에도가와 구의 사례를 보면, 66제곱미터 방 세 개짜리 집을 방 아홉 칸으로 개조해 열두 명이 살게끔 했다. 탈법 하우스의 입주민은 도시의 빈곤층과 젊은 사람들이 대부분이다. 경제성 때문에 '위험'을 알고도 이곳에 입주한다. 일본 국토교통성은 2014년 말 이러한 탈법 하우스를 대상으로 실태조사와 시정지도에 나섰다. 1954건의 탈법 하우스 중 1110건이 건축기준법 또는 관련 조례를 위반한 것으로 드러났다.

　불법 개조를 일일이 단속하기 어려울 뿐만 아니라 단속으로 입주자가 쫓겨나 갈 곳이 없어지는 일이 생기기도 한다. 도쿄 나가노 구에서 PC방 업체 맘보(Manboo)가 운영하는 탈법 하우스 시설이 소방법 위반으로 적발된 사례가 있다. 이후 업체는 지요다 구에 있는 시설을 폐쇄하기로 결정했고 입주자 약 70명은 쫓겨나는 신세가 됐다. 이에 대해 일부 거주자가 도쿄 지방법원에 일방적 퇴거 요구에 대한 가처분 신청을 냈고 국가가 중재에 나섰다. 일본에선 주소가 있어야 주민표[2]를 발급 받을 수 있다. 주소가 없는 상태에선 주민표가 취소될 수 있는데 이 경우 은행 계좌 개설, 주택 임대차 계약, 면허 취득 갱신 등에 문제를 겪는다. 생활보호 신청이나 공공기관의 지원 서비스를 받는 데도 제약이 있다. 한마디로 주민표가 없으면 제대로 된 생활이 어렵다. 집세를 못 내서 집에서 쫓겨나면 일하기도 어렵게 되고, 일하기 어렵게 되면 또 제대로 머물 집을 구하기가 힘들어진다. 악순환이다.

　도시에 나타난 새로운 형태의 셰어하우스를 두고 여러 해석이 있다. 미혼 단신 가구의 새로운 생활 패턴이라든가, 주거비를 아껴 다른 데 더 투자하는 새로운 사고방식이라든가 하는 것이다. 주거 문화는 세대에 따라 가족 구성에 따라 분명 달라지는 것이고, 셰어하우스를 선택하는 미혼 단신의 청년들이 존재하는 것도, 집에 대한 인식이 달라지고 있는 것도 사실이다. 하지만 한 평짜리 공간에서 여행 가방에 모든 짐을 넣고, 이주의 불안을 떠안으며 한 평짜리 공간에 사는 것은 '자연스러운 시대의 변화'와는 거리가 멀다. 원치 않는 '동거'를 택하지 않고는 도시에 살 수 없는 청년들이 있는 것이다.

이미 난민들이 살아가는 도시

집 없는 사람과 집을 가진 사람. 그건 부동산 계약서 한 장으로 갈리는 것은 아니다. 지붕만 있는 곳에서 몸을 누이는 사람들이 있다. 이들을 '하우징 푸어(housing poor)'라고 부른다. 하우징 푸어는 '지붕만 있는 거처', 불안정한 주거 환경에 사는 사람을 가리킨다. 도쿄엔 이들이 주거하는 여러 가지 방법이 존재한다. 앞서 본 탈법하우스가 있다. 더 열악한 선택지도 있다. 싼 여관(도야)이나 캡슐호텔, 사우나도 있다. 더 싼 곳을 찾는다면 2백 엔짜리 음료 한 잔이면 하룻밤을 해결할 수 있는 패스트푸드점으로 가게 된다. '마쿠도(マクド) 난민'은 24시간 운영하는 맥도날드 같은 패스트푸드점에서 새벽을 떠도는 사람들을 가리키는 말이다. 이런 곳에 살려면 언제든 떠돌 것을 각오해야 하기 때문에 트렁크 가방 한 개 안에 모든 생활을 담아야 한다.

    샤워실도 있고 양말, 티셔츠, 맥주, 온갖 먹을 것을 다 파는 일본 넷카페(Netcafe)도 하나의 선택지다. 2007년 '넷카페족'이 사회적으로 주목을 받으면서 알려진 주거 난민의 피난처다. 넷카페는 인터넷과 각종 편의시설을 이용할 수 있는 곳이다. 우리나라 PC방과 유사하다. 그러나 일본에서는 만화방(망가킷사·漫畫喫茶)과 넷카페 등이 복합문화시설로

운영되어 한 시설에서 만화, 영화, 인터넷을 한번에 이용할 수 있다. 점점 더 많은 기능이 합쳐지면서 가라오케나 사우나가 있는 넷카페도 등장했다. 개방된 자리도 있고, 연인을 위한 좁은 공간, 1인실까지 공간도 다양하다. 먹고, 자고, 씻고, 개인적인 공간을 제공받을 수 있는 곳.

넷카페에 사는 사람들은 누구인가. 2007년 후생노동성 조사에 따르면 넷카페족은 전국에 약 5400여 명이라고 한다. 하지만 파악되지 않은 수는 더 많을 것이고 현재는 더 늘었을 것이다. 주거가 불안정한 사람들은 넷카페에서 며칠, 가라오케에서 며칠, 또 캡슐호텔과 친구 집을 전전하기도 하면서 여러 거처를 떠돌기 때문이다. 5400여 명이라는 숫자 안에서 양대 산맥을 이루는 것이 바로 20대와 50대다. 이 중 20대가 약 27퍼센트, 50대가 23퍼센트를 차지했다고 한다. 넷카페로 모여든 50대는 은퇴로 안정적인 소득을 잃은 '노후 난민'이 여럿이다. 20대 청년층은 불안정한 고용으로 안정적인 소득을 기대할 수 없는 이들이다. 아르바이트로 생계를 꾸리는 프리터나 파견직, 비정규직으로 일하는 이들이 많다.

이들은 왜 집을 얻을 수 없는가. 5만 엔짜리 월세집이라고 5만 엔만 있으면 살 수 있는 게 아니기 때문이다. 부동산 초기 비용도 필요하기 때문에 목돈이 있어야 비교적 '안정적인 주거 환경'을 얻을 수 있다. 그러나 고용이 불안하면 은행은 목돈을 빌려주지 않는다. 가족을 비빌 언덕 삼을 수 있다면 다행이다. 비빌 언덕 없는 청춘은 탈법 셰어하우스로, 넷카페로, 길거리로 밀려난다. 일본의 파견 노동자를 포함한 비정규 근로자 수는 현재 역대 최고다. 2013년 7월 일본 총무성 발표에 따르면 전 근로자 중 비정규 근로자가 38.2퍼센트다. 넷카페가 2007년경 사회에 알려진 지도 벌써 9년이 지났다. 청년은 더 불안정해졌고, 노후 난민으로 진입한 사람은 더 늘었다.

넷카페에 들어서다

한국에서 갈 때 일본 잡지 기사 하나를 프린트해 챙겼다. 어느 넷카페 난민 여성을 인터뷰한 기사였다. 신오오쿠보(新大久保)에 위치한 이 넷카페를 찾아갔다. 사이버앳카페(Cyber@cafe)는 '주민표 등록을 할 수 있는 인터넷 카페'를 표어로 삼는 만큼 넷카페 난민 문제로 여러 미디어의 주목을 받은 바 있다. 이곳의 생활은 어떨까. 넷카페에서의 하룻밤. 나는 넷카페 난민이 되어보기로 했다.

막상 들어서니 혼자, 타국에서, 넷카페에서, 하룻밤을 보낼 생각에 겁이 났다. 넷카페는 한 층 전체를 차지하고 있었다. 엘리베이터 문이 열리자마자 담배 찌든 냄새가 코를 찔렀다. 환기 안 되는 PC방에 가면 나는 그 냄새. 사람 냄새가 섞인 데다 공기가 따뜻해 코가 괴로웠다. 안은 고요했고 프런트엔 검은 티를 입은 검은 장발의 깡마른 20대 아르바이트생 한 명만 보였다. 규모는 꽤 컸다. 한 평 정도 크기 개인실 64개가 다닥다닥 붙어 있었다. 아르바이트생은 내게 여권을 요구했다. 2007년 넷카페 난민이 사회적으로 이슈가 된 후, 도쿄 시의회는 PC방 실명제에 관한 조례를 제정했다. PC방을 이용하려면 면허증, 여권 등으로 신분을 증명해야 한다. 갈 곳 없는 노숙자들이 이제는 PC방 가기도 힘들어졌다는 비판이 있었지만, 실명제에 찬성하는 이들이 더 많았다. 범죄를 막는다는 이유에서다. 여권을 건네자 아르바이트생은 여권 속 사진과 내 얼굴을 번갈아 쳐다보았다.

이용 시간에 따라 가격이 달랐다. 세 시간에 1030엔. 한국 돈으로 만 원 정도다. 눈길을 끈 것은 롱스데이 코스였다. '장기 체류자'를 위한 할인 요금. 시간별 코스 소개 아래 따로 롱스테이 가격 안내가 있었다. 1~14일/15~29일/30일 이상 이용할 경우로 나뉘어 있었다. 2주 이용하는 데 하루 2472엔. 30일 이상을 이용하면 하루 이용가는 1977엔. 넷카페족으로 사는 사람들은 이런 롱스테이 코스를 이용한다고 한다. 이 값이면 허름한 원룸 하나 정도 월세다. 하지만 입주 초기비용을 지불하고, 장기적으로 고정 지출이 있다는 것이 부담인 이들도 있을 것이다. 프런트 옆엔 만화책과 취업 관련 무가지, 한인 신문도 있었다. 일본 아이돌이 비키니 차림으로 찍은 사진이 부록이 딸린 잡지도 있었다. 어두운 구석엔 냉장고가 있었고, 그 옆에선 뜨거운 물만 부으면 먹을 수 있는 종류별 컵라면, 죽, 즉석 밥을 팔았다. 맥주 냉장고와 커피 머신도 있었고, 커피에 어울리는 스낵과 맥주에 어울리는 감자칩 같은 과자도 팔았다. 나는 맥주 한 캔과 감자칩을 샀다.

감자칩 아래 선반에는 'AMENITY(편의용품)'란 글이 붙은 선반이 있었다. 없는 게 없었다. 사이즈별 반소매 티셔츠에 팬티, 양말, 치약· 칫솔 세트, 일회용 면도기도 있었다. 목욕 타월이나 샴푸, 린스, 바디샴푸는 샤워부스를 이용할 경우 그 안에서 사용 가능했다. 샤워실 30분 이용에 309엔. 씻고, 먹고, 자고, 옷을 갈아입고, 2주 단위 이상 살 수 있는 공간. 넷카페 안을 돌아다니는 사람들은 열두 시가 지나도 집에 돌아가지 않았다. 그들 중 일부는 아마 잠깐 이곳에 머무르는 것일 수도 있고, 일부에겐 이곳이 집일 수도 있다.

나는 밤 열 시부터 다음 날 아침 일곱 시까지 체류하기로 했으므로 아홉 시간짜리 팩을 계산했다. 2060엔으로 하루짜리 '나의 방'을 빌린 것이다. 64개 좌석 중 네 개만이 편안한 컴퓨터 의자가 있는 방이었다. 이곳에는 '하이 스펙 좌석'이라고 표시되어 있었다. 나는 나머지 60개와 동일한 좌식 방을 배정받았다. 중앙 프런트를 중심으로 오른쪽엔 넷카페 개인실, 왼쪽엔 넷카페 개인실과 간소한 매점, 샤워실, 화장실이 있었다. 배정받은 A08호로 들어가는 복도는 상당히 좁아서 두 사람이 한번에 지날 수 없는 폭이었다. 그 좁은 폭을 따라 운동부 캐비닛처럼 넷카페 개인실이 늘어서 있었다.

문고리도 없었고 걸쇠도 없었다. 벽이나 문짝이나 다를 바가 없었다. 마치 작은 캐비닛 안으로 도망치는 기분이었다. 얇은 벽에 박아둔 못에는 옷걸이 두 개가 걸려 있었다. 한쪽에는 컴퓨터가 놓인 나무 책상이 있었다. 모니터 두 개 중 하나는 TV 시청용으로, 때 낀 하얀색 리모컨의 짝이었다. 일본에서는 다다미 한 칸 단위(疊)를 기준으로 공간 면적을 따진다. 1조는 1.62제곱미터다. 들은 바로는 1.5조에서 2조라고 했으니 A08호는 넓어봐야 3.3제곱미터, 한 평 정도 공간이었다.

전등도 달려 있었으나 쓸 일은 없었다. 넷카페에는 24시간 불이 꺼지지 않기 때문이다. 바닥이 쿠션 재질이었지만 발을 뻗고 앉기가 불편해 무릎을 모아 앉았다. 칸막이는 성인 남자 머리 위까지만 뻗어 있었다. 옆방 아저씨가 소리를 숨기며 기침했다. 프런트 옆에서 전자레인지 누르는 소리도 들렸다. 시간이 좀 지나자, 넷카페 전체에 퍼지는 삐 하는 환풍기 소리 같은 것에도 익숙해졌다. 옆방 A07호 앞엔 황금색 키티 슬리퍼가 놓여 있었다. 2007년 조사에서 드러난 넷카페 거주자의 여성 비율은 약 40퍼센트. 반에 가까운 비율이다. A09호에서 아저씨가 고로롱 코고는 소리가 났다. 터져 나오는 기침을 숨기며 콜록 대다 겨우 잠이 든 모양이었다. 부스럭거리는 소리를 들으며 '아, 아마 컵라면을 먹고 있나 보구나', 코 고는 소리를 들으며 '아, 이제 기침 멈추고 자나 보구나' 알 수 있는 곳. 의도치 않게 벽에 귀를 대고 남을 엿듣는 느낌이었다.

A코너 안쪽 개인실에는 칸막이 위로 걸어놓은 수건들이 눈에 띄었다.

복도엔 신발을 놓을 공간이 없어서, 문 위에 신발을 올려두는 게 에티켓인 모양이었다. A코너 가장 깊숙한 곳에 있는 개인실엔 형광색 섞인 운동화랑 갈색 운동화가 있었다. 넷카페는 배낭여행객에게도 입소문이 났다고 하니 어쩌면 여행객일지도 모른다. 칸막이 한편엔 일회용 우산들이 전시되어 있었다. 화장실 가는 복도 끝엔 더 많은 우산이 있었다. 화장실 옆엔 아마 알바생들 몫인 듯한 샤워용 수건 빨래가 널려 있었고 화장실 안엔 생리대와 헤어 드라이기도 있었다. 이미 여관처럼 쓰이는 이 공간에 '카페'라는 이름을 붙인 것이 더 의아했다.

12시 48분. 나는 웅크리고 누웠다. 역시 다리를 뻗기 힘들었다. 문가에 머리를 붙였다. 프런트에서 받은 얇은 담요를 덮었다. 형광등 빛에 눈이 부셨다. '이제 자고 싶은데 누가 불 좀 꺼줬으면 좋겠다. 어디서 음악 소리 들린다. 누군가 이어폰 끼고 음악을 듣나 보다.' 이어폰 안 음악이 삐져나와 벌레 소리처럼 웅웅거렸다. 벽을 손으로 쓸어보니 까실한 감촉이 익숙했다. 문짝을 만들 때 쓰는 얇은 나무판이었다. 이 나무판을 벽 삼아 64개의 방이 있다. 오늘 밤은 몇 명이나 이곳에서 밤을 보낼까.

새벽 두 시 반까지 제대로 잠들지 못했다. 불도 꺼지지 않고, 웅크린 다리도 저렸으며, 머리를 댄 쿠션에서는 담배 냄새가 배어 나왔다. 나는 담요를 덮고, 자다 깨다 자다 깨다 '그래도 피곤하면 사람이 잠이 오는구나' 하며 잠이 들었다. 그 불면의 시간 동안 작은 소음에도 타인이 이렇게 끔찍하게 느껴질 수 있구나 생각했다. 걸쇠 없는 문이 불안하기도 했다. 새벽 네 시 쯤엔 누군가 지나가다 A08, 내 개인실 판자문을 발로 차는 통에 머리를 문 쪽으로 대고 자다가 깜짝 놀라 깼다. 그도 실수로 문을 치게 된 것인지 놀란 모양이었다. 일본어로 뭐라 뭐라 얘기하더니 문 앞을 지나갔다. 그 짧은 순간 동안 나는 눈도 안 뜨고 파카에 달린 모자 속에

얼굴을 파묻었을 뿐이었다. 칸막이 너머 '사람'에 대한 공포가 스멀스멀 기어나왔다. 프런트 앞에 있을 때 마주친 노란 머리 남자애였을까. 러닝만 입고 프런트에서 숙박비를 정산하던 아저씨였을까. 아닐 거야, 아니다. 그렇게 혼자 생각했다. 그리고 다시 잠이 들었다.

아침 여섯 시. 무언가 여럿 달그락거렸다. 누군가는 나갈 채비를 하는 모양이었다. 샤워실엔 예약이 되어 있었다. 씻을 수 없었다. 나는 내 옆 방, 방문 앞에 키티가 그려진 황금색 슬리퍼가 여전히 놓여 있는 걸 보며 짐을 챙겼다. 아침은 저녁과 분간이 가지 않았다. 형광등은 똑같이 밝았고 아르바이트생 얼굴만 바뀌었을 뿐이었다. 일곱 시가 거의 다 되었을 때 넷카페를 나왔다. 엘리베이터에 타자 몸에 밴 냄새가 훅 코에 끼쳐왔다. 냄새가 부끄러웠다. 넷카페 건물 1층, 그곳엔 부동산 매물 선전이 붙어 있었다.

월세: 7만 8천 엔
크기: 다다미 9칸
방, 화장실, 욕조가 같이 있는 방
외국인도 상담 가능합니다
신주쿠 역에서 6분 거리예요
관리비는 만 엔

월세 7만 8천 엔이라면 엄두도 못 낼 사람도 있을 것이다. 누군가는 가족의 지원을 받고 누군가는 회사의 지원을 받고 일본 사회는 가까운 '공동체'를 통해 복지 안전망을 구축해왔다. 정규직을 갖지 못한 사람, 가족과 불화로 집을 나온 사람은 최후의 보루 없이 어디론가 밀려난다.

넷카페에서 입고 잔 외투를 한나절 넘게 바람에 말려두었다. 담배 냄새와 온갖 사람의 체취가 섞여 옷에 배었기 때문이다. 집으로 돌아오는 길, 지하철에서 사람들의 시선을 의식하며 나는 왜 그렇게 부끄러워했는가. 주거의 문제는 누군가 거리로 나오기 전에는 눈에 보이지 않는다. 하지만 생활 모든 곳에 스며들고 부끄러움으로 어깨를 움츠리게 만든다.

집값에 치이고, 블랙기업에 치이고

넷카페를 다녀오고 며칠 뒤, '주택 곤궁자'를 지원하는 NPO
자립생활지원센터 모야이(もやい)를 찾아 이나바 츠요시 씨를 만났다.
이나바 씨는 1994년부터 노숙자 지원 활동을 시작했다. 보증인이 없어
아파트를 얻을 수 없는 문제를 해결하기 위해서였다. 모야이는 주택
곤궁자를 돕는 일을 하고 있는데 보증인이 되어주는 것도 그 일 중 하나다.

"93~94년에 노숙자가 급증했어요. 신주쿠에서 노숙인들을 쫓아내기
시작하고부터 그에 반대해서 (주거 곤궁자 자립 지원) 일을 시작했습니다.
2004년부터는 젊은 사람들의 노숙 생활이 급격히 늘기 시작했어요.
일반적인 노숙자는 50대 60대고, 이들 중엔 길거리에서 자는 남성이
많습니다. 하지만 젊은 사람들은 그러지 않고 넷카페나 친구 집에서 자는
경우가 많았습니다. 그런 경우도 마찬가지로 도와주기 시작했죠."

2007년 조사에서 넷카페에 머무는 사람들이 5400명이라고 했다지만
이나바 씨는 그 이상일 것이라고 했다.

"2007년에 조사한 것은 제대로 조사한 게 아닙니다. 5400명이 나온
기준은 넷카페에서 일주일에 사나흘 이상 머무는 사람들이었는데, 그

"시급 9백 엔에 여덟 시간씩 일했어요.

일이 매일 있는 게 아니라서 월급은 10~12만 엔.

그 돈으로 혼자서는 도쿄에서 절대 살 수 없어요."

이외에 캡슐호텔이나 패스트푸드점에 있는 사람들은 제외한 수치입니다. 그러니 그 숫자는 의미가 없습니다. 이후로 정부는 조사를 제대로 하지 않았어요. 제대로 된 수치는 저도 모르지만, 모야이에 상담을 하는 기준으로 보면 20~30대의 상담 건수가 많아지고 있습니다."

모야이의 상담 건수는 연간 7백~9백 건. 그중 30퍼센트 정도가 20~30대란다. 전체적으로 대학을 졸업하지 않은 청년들이 빈번하게 상담을 청하고, 대졸자도 예외가 아니다.

청년의 주머니에 빨대를 꽂고

"대졸자도 상담하러 오는데, 이 경우에 가장 많은 패턴은 블랙기업에 관한 것이에요. 현재 일본 사회에서는 블랙기업이 큰 문젭니다. 취업했는데 잠 안 재우고 일 시키고, 그러다 병 걸려서 퇴직해야 하는 상황이 오면 돈을 못 버니까 하우징 푸어가 되는 경우가 많은 거지요."

블랙기업이란 한마디로 노동자를 함부로 쓰고 버리는 기업을 가리킨다. 노동자들에게 불합리한 노동을 강요하는 곳이다. 한국에서도 낯선 이야기가 아니다. '열정 페이'부터 시작해서 블랙기업으로 불릴 만한 사업장은 차고 넘친다. 그리고 2014년 11월 9일 한국에서도 블랙기업 운동이 시작되었다. 청년유니온과 민주노총이 주도해 블랙기업 고발 사례가 쏟아져 나왔다. 청년유니온의 '청년의 노동 경험에 근거한 한국형 블랙기업 지표개발 연구 보고서'에 따르면 장시간 노동(69.8퍼센트)이 가장 큰 문제로 꼽혔다. 연장수당 미지급(36.5퍼센트), 임금 체불(31.7퍼센트), 폭언(23.8퍼센트) 등의 항목이 그 뒤를 이었다.

나는 친구들 사이에서 '4천 원짜리'라고 놀림받는 친구를 떠올렸다. 지인인 P군은 최저시급에도 못 미치는 시간당 4천 원을 받으면서 인턴 나부랭이 같은 일을 한 적이 있다. 디자인은 물론이고 영상 편집까지 만능이라 혼자서 '콘텐츠 공장장'도 할 수 있을 친구다. 그러나 같은 일에 '외주'라는 단어를 붙이고 거기에 또 '알바' 또는 '인턴'을 더하면 최저 시급으로, 아니 최저보다 못한 '4천 원짜리 사람'으로 사용된다. 나는 주변이 온통 블랙기업 천지가 아닌가 생각했다. 그래서 보통 블랙기업을 알아내고 피하려고 하기보다 블랙기업군이 존재하는 산업을 피하려고 한다. 그렇게 공무원 시험 '테크트리' 혹은 대기업 재수 '테크트리'를 탄다.

일본의 블랙기업은 어떤 폐해를 낳고 있을까. 그리고 이런 노동 환경은 어떻게 청년이 집을 잃는 과정까지 이어지게 될까. 이나바 씨에게 구체적인 사례를 물었다. 그랬더니 그는 잠깐 골몰하다 옆에서 일하고 있던 사사키 다이시로 씨를 호출했다. 그는 바퀴 달린 의자를 끌고 우리가 인터뷰하던 테이블로 왔다. 그 또한 블랙기업 피해자였다고 한다. 그는 모야이의 도움을 받은 뒤 인연을 이어 이곳에서 일하고 있다.

"제 경우엔 패밀리 레스토랑에서 식재료를 박스에 나눠 담는 일을 했어요. 처음에는 동료 열 명이 같이 일했는데 점점 일이 익숙해지자 결국에는 세 명이 남았습니다. 여덟 시간 동안 계속 일을 했습니다. 일이 힘든데다가, 시급이 9백 엔이었고, 매일매일 일을 하는 게 아니라서 월급은 10~12만 엔 정도에 불과했고요."

우리말로 '무리'는 일본말로도 '무리'라고 한다. 사사키 씨는 월수입 10~12만 엔으로 도쿄에서 사는 것은 무리였다고 고개를 내저었다.

"역시 그 돈으로 혼자서는 도쿄에서 절대 살 수 없어요. 그래서 친구와 룸셰어를 하게 됐고, 월세 6만 엔을 3만 엔씩 나눠 내서 생활했는데 친구가 시골로 돌아가게 되어서……. 집이 있어도 혼자서는 그 돈을 다 못 내니까 저도 집을 나와야 했습니다."

그는 실제 시급이 적어지는 것, 사람들이 많이 찾는 도시의 집세가 비싼 것, 처음 들어갈 때 초기비용이 높다는 것을 문제로 꼽았다. 심각하게 이야기를 듣던 우리는 어리둥절한 표정이 되었다. 그리고 사사키 씨와 이나바 씨에게 물었다. "한국의 상황을 혹시 알고 계신가요?" 그들은 고개를 저으며 한국 청년들은 어떤 상황이냐고 우리에게 물었다. 우리는 우리가 한 시간 일해서 벌 수 있는 최저시급이 5580원이며, 대학가 월세는 40~50만 원 선, 그런데 월세의 열 배 스무 배에 해당하는 돈을 보증금으로 낸다고 설명했다. 1월에 취재한 서대문구 대학가의 원룸촌을 기준으로 한 가격이었다. 두 사람은 놀란 표정이었다. 그들이 놀라는 바람에 나도 놀랐다(타이완에서도 그랬듯 보증금 이야기를 들은 이들은 공통적으로 놀라움을 나타냈다. 월 임대료 부담은 다른 어디서도 세입자에게 큰 부담이고 그 부담이 점점 올라가지만 한국은 여기에 더해 보증금이라는 장벽이 하나 더 있는 셈이었다. 애초에 세입자가 임대료를 내지 않거나 임차한 건물을 훼손할 때를 대비한 돈이라고 하는데, 그렇다고 하기엔 금액 규모가 너무 크다. 세입자가 대출을 내서 구했든 부모 등골을 뽑아서 마련했든 그 돈을 마련해야 일단 집에 들어갈 수 있고, 그 돈이 조금이라도 더 있어야 지하에서 올라오고 옥상에서 내려올 수 있다.)

청년의 고용 사정이 나빠지는 와중에 주거비가 감당 못할 수준이라 힘든 건 한일 양국 공통이다. 특히 고용 사정이 불안할 때 매달 내는 높은 월세는 큰 부담이 된다. 사사키 씨처럼 아는 사람과 같은 방을 쓰며 살아야 그나마 월세 부담을 줄일 수 있다.

이런 월세 부담을 줄이기 위해 한국에서는 2015년부터 국민주택기금으로 월세를 대출해준다. 조건에 맞는 청년들에게 매달 30만 원씩 2년 동안 월세를 대출해주고, 3년에서 최대 6년 안에 상환하도록 했다. 금리는 2퍼센트다. 일단 발상이 '신박'하다. 대출 받아 월세 내는 게 어떻게 주거 '안정'인지. 세대원 전원이 무주택자여야 한다는 점 등 지원 자격도 '얄짤' 없이 야박하다. 더욱이 기본적으로 청년들의 미래 상환 능력을 전제로 빚을 내도록 하는 정책이 후폭풍을 몰고 오진 않을까 걱정이 된다. 청년들의 노동 환경이 악화되는 상태에서 청년이 '알아서' 빚지고 '알아서' 살아남도록 하는 정책은 독이 되지 않을까 싶기 때문이다. 그렇지만 월세가 높으면 높은 대로 살고, 그것에 의문을 가지는 경우가 많지 않은 게 사실이다. 주택 문제를 주거권, 보편적 권리 문제로 받아들이려는 인식 자체가 부족하다. 이나바 씨도 여기 동의했다.

"주택 문제는 '스스로 해결해야 하는 문제'라고들 생각하기 때문에 주거 문제가 인권 문제와 직결된다고 말해도 그렇게까지 어필이 안 되는 것 같습니다."

주거권을 국가에 요구할 권리라고 생각하지 않는다. 사실 유엔 사회권 규약에는 주거권이 중요한 사회권으로 다루어진다. 한국은 1991년에 이 규약에 가입했고, 올해는 구체적으로 헌법상 권리인 주거권을 보장하기 위한 법안도 통과되었다. 국민의 주거권을 국가가 구체적으로 보장해야 한다는 선언적인 성격의 '주거기본법'이다. 이 법은 2015년 말부터 시행된다. 지금까지는 단순히 공공주택 공급, 임대차 보호에 대한 관련법이 중심이었다. 주거기본법은 이러한 공급 위주 관점에서 벗어나 '진짜 주거권'을 세세히 챙겨야 한다는 입장으로 한 발 더 나아간 것이다. 이제는 한국에서 '국민이라면 누구나 부담할 수 있는 선의 적정한 주택에서 삶을 누릴' 권리를 국가에게 요구할 수 있다. 법안을 보면 국가, 지방자치단체는 국민의 주거비가 부담할 수 있는 수준이 되도록 소득 수준과 생애주기 등에 따라 주거 정책을 수립·시행할 의무가 있다. 살 만한 곳에 살 만한 가격으로 집을 얻게 해달라는 요구가 '권리'로 인정받는 것이다. 아직 와닿지 않지만 희망적인 소식이다. 이나바 씨는 주거와 삶의 연관성에 대해 이야기했다.

"예를 들어 파견사원 같은 경우에 일을 3개월마다 바꾸는데 그러면 일하는 지역이 바뀝니다. 그렇게 되는 경우에 3개월마다 이사를 해야 하니 자기 짐을 많이 가질 수 없습니다. 그래서 어떤 사람을 박스 하나에 자기 짐이 다 들어가게 해서 돌아다녀요."

불안감과 상실감. 심리적으로 이런 상황에서 '집'의 의미라는 게 생성될 수가 없다. 이웃 간의 유대감도 기대할 수 없고, 지역에 대한 관심도 줄어들 수밖에 없다. 한국도 마찬가지다. 신촌 대학가 원룸촌에선 선거 전단을 집집마다 꽂아놔도 아무도 관심을 기울이지 않는다. 잠깐 살고 다른 곳으로 언제 이동할지 모르기 때문에 지역에 애착을 갖기 어렵다. 이나바 씨는 10년 동안 사회가 많이 바뀌었고, 일본에서는 이제 '인생은 계단을 올라가는 것'이란 속설이 통하지 않는 것 같다고 말했다.

"젊었을 때 안 좋은 집에 사는 건 당연한 거고, 일하는 동안 출세해서 돈을 벌면 주택 론을 껴서 좋은 집을 사는 게 가능했던 사회였습니다. 그런 사람이 굉장히 많았어요. 그런데 최근 10년 동안 대부분의 사람들의 급료가 올라가지 않았습니다. 그리고 정사원이 못 되는 사람도 굉장히 많아졌고요. 그래서 좋은 주택을 빌리는 것도 몹시 어려워졌습니다."

이런 변화를 생각하면 청년 세대는 부모 세대와 같은 수준의 주거를 절대로 가질 수 없을 것이라고 말했다.

"지금의 청년들은 어른들이 샀던 집을 못 삽니다. 주택 론을 빌릴 때도 까다롭습니다. 좋은 회사의 안정적인 수입이 있는지를 심사하기 때문에 하우징 푸어 상황을 겪은 사람들은 당연히 집을 못 빌립니다."

일시적 노동, 일시적 삶, 일시적 주거

일본 경제의 거품이 꺼지기 전까진 모든 것이 순조로웠다. 청년들은 알아서 부모 집을 나와 임대해 살다가 자기 집을 소유하는 단계를 밟았다. 이 흐름에 맞춰 일본 정부는 '중산층' '가족'이 집을 자가 소유하도록 촉진하는 것을 기본 정책으로 내세웠고, 대량의 주택 대출을 공급했다. 그러나 저소득 '1인' '세입자' 가구를 위한 정책엔 관심을 기울이지 않았다. 적당히 못사는 사회초년생이 들어갈 수 있는 공공주택 같은 건 없었다. 청년은 지원 대상이 아니었다. 일본 기업에선 주거 보조금과 교통비를 지원하는 경우가 많다고 한다. NHK월드에서 일하는 미오 네기시 씨는 회사에서 45분 거리인 곳에서 산다. 한 달에 주거비 2만 엔 정도를 회사로부터 지원받는다. 월 임대료는 7만 5천 엔. 그러니까 본인 부담은 5만 5천 엔이다. 교통비도 회사에서 지원 받는다. 공무원인 타쿠야 씨는 월세 7만 엔짜리 원룸에 산다. 그는 2만 7천 엔 정도를 지원 받고, 나머지 4만 3천 엔을 부담한다. 그는 "대기업이면 (주거 보조금 지원을) 해주고, 돈 많이 주는 데도 있고, 중소기업 중에는 안 주는 데도 많다"고 이야기했다.

회사에서 기숙사를 제공하기도 한다. 인펙스(INPEX. 일본 최대 원유 탐사업체)에 근무하는 이토 히로키 씨는 회사에서 제공하는 기숙사에 산다. 그는 자신이 거주하는 집을 '래빗 하우스(토끼집)'라고 표현했다. 개인 공간이 굉장히 작고, 공용 화장실을 써야 한다. 개인 공간은 두세 평 정도라

침대와 책상을 놓으면 꽉 찰 지경이라고 한다. 도쿄 한복판에 위치한 회사에서 40분 거리에 기숙사가 있다. 하지만 한국 돈으론 한 달에 20, 30만 원 선에서 주거비를 해결할 수 있기 때문에 만족한다고 했다.

"도쿄에 있는 회사 중에서도 적은 회사만이 기숙사를 제공해요. 지방에도 일해야 하는 곳이 있어서 옮겨다녀야 하는 회사나 은행권, 주로 이런 곳에서만 기숙사를 제공하기 때문에 나는 행운이라고 생각합니다."

모야이의 이나바 씨는 이젠 경제 사정이 어려워지면서 회사도 여력이 줄었다고 말한다.

"이전에는 회사에서 맨션 같은 것을 지어서 살게 해줬는데, 버블이 붕괴되면서 그게 다 회사에 빚이 되니까 기숙사를 팔아버렸어요. 지금도 파견회사가 제공하는 집이 있긴 한데, 그냥 일반 집에 사는 것과 별로 다를 게 없습니다. 예전에는 굉장히 쌌거든요."

불안정 노동이 어제 오늘 갑자기 시작된 이야기는 아니다. 어찌 보면 예정되었다 할 만한 수순이고, 일본 사회는 꾸준히 그 징후를 발견해왔다. 〈빅이슈 재팬〉에서 2010년에 발행한 '와카모노(若者. 청년) 백서'는 이렇게 시작된다.

"젊은 노숙자가 늘고 있다. 왜일까? 그들은 어떤 사람들일까? 그것을 알게 된 것은 3년 반 전, 2007년 3월의 일이다. 그달, 노숙자만 판매를 담당하는 잡지 〈빅이슈 재팬〉을 팔겠다고 온 열세 명 중 일곱 명이 40세 미만, 20~30대였다. 그때까지 노숙자의 평균 연령은 56.9세로 알려졌기 때문에 젊은 노숙자의 출현은 충격이었다."

사노 쇼우지, 〈빅이슈 재팬〉

'노숙자의 청년화'는 극단적으로 드러난 표면이다. 그 표면 아래 근근이 살아가는 청년들의 주거 문제는 더욱 심각할 것이다. 맥도날드를 떠돌거나 한 평짜리 넷카페에서 자는 청년들은 드러나지 않는다. 가장 취약한 쪽은 학력이 높지 않고 부모 집을 나온 청년이다. 우리는 노숙 생활을 했다는 스무 살 청년 이시카와 쇼타 씨를 만났다. 그는 이제 만 스무 살이 되었다. 청소 업체 니시링구즈에서 일하고 있다. 이시카와 씨는 "원래 집이 싫었다"고 말했다. 열아홉에 집을 나왔다. 가진 건 자전거와 옷뿐이었다. 노숙 생활을 할 수밖에 없었다.

"어디론가 안으로 들어간다고 해도 거기서 잠을 잘 수 없었고, 잘 수 있는 공간에는 돈이 드니까요. 제 경우엔 (마을센터같이) 지붕이 있고 잘 수 있는 공간을 발견해서, 그러면 안 되는 곳이긴 했지만, 거기서 잤습니다. 가출한 때가 비도 오고 굉장히 추운 시기였습니다."

그 지붕 아래에서 잔 것이 그에겐 행운이었다. 그곳에서 일본노동자협동조합(일본노협) 사람을 만났다. 일본노협에서는 청년 자립을 지원하는 '와카모노 서포트 스테이션'을 운영하고 있다. 이시카와 씨는 여기서 자립을 돕는 프로그램에 참여할 수 있었다. 그리고 도쿄 도에서 운영하는 긴급숙박 지원 제도에도 지원했다. 이 제도는 취업 의지가 있는 사람만을 지원한다. 일본노협에서 일자리를 찾지 못했다면 그는 계속 길거리를 전전했을 것이다.

직업 교육을 전제로 공동 생활을 하는 쉼터도 있다. 우리나라의 노숙인 자활 활동을 떠올리면 된다. 이시카와 씨는 15만 엔 이상을 벌 수 있는 사람을 대상으로 한 자립지원주택에 들어갔다고 한다. 자립지원주택은 원룸 맨션인데 국가에서 임대해 지원 대상자에게 빌려주는 곳이다. 6개월은 월세도 필요 없고, 하루하루 정해진 금액을 받아 모아준다. 그리고 이렇게 모은 돈으로 자립지원주택을 떠날 때를 대비한다. 이시카와 씨도 자립을 위해 하루하루 열심히 돈을 모았다. 그러나 작년 8월 자립지원주택을 나올 때 그는 빈털터리였다. 집을 나오기 2개월 전 모아둔 돈을 도둑맞았다. 막막한 상황이었다. 다행히 일본노협에서 제공하는 셰어하우스를 소개받아 들어갈 수 있었다.

"돈 문제가 있었기 때문에 5개월 만에 (자립지원주택을) 나왔는데, 사실 6개월 동안 돈을 모아서 나간다고 해도 '집을 구할 수 있을까' 생각했어요."

이시카와 씨가 지금 사는 셰어하우스는 도쿄 도 아다치 구에 있다. 일본 부동산 정보 사이트 홈즈(Home's)에 따르면 아다치 구의 1DK, 1K 원룸(1은 방 개수, D는 식당, K는 부엌, L은 거실 포함 여부를 나타낸다)의 평균 월세는 6만 5100엔이다. 그는 노협에서 제공한 셰어에하우스에서 월세 2만 6천 엔을 내고 산다. 관리비 천 엔에 식사비 2만 5천 엔을 내면 하루 세 끼를 챙겨준다. 민간 임대시장의 6만 5천 엔짜리 방에 살았다면 어땠을까. 그는 월세 부담이 크고 거기에 식비와 광열비까지 들어갔다면 힘들었을 것이라고 했다. 악순환의 고리를 끊어준 노협의 역할이 없었다면 이시카와 씨는 다시 거리로 돌아갔을지도 모른다. 이런 주거비를 감당하면서는 도저히 자립할 방법이 없었을 것이라며 이렇게 말했다.

"처음 밖으로 나왔다가 다시 돌아오는 사람들이 꽤 있다고 해요. 일이 계속되지 못해서 온 사람이나, 준비가 불충분한 상태에서 온 사람. 그중에 돌아오는 사람들은 그래도 다행이지만 은둔 상태인 사람들도 있어서 상황 파악이 불가능한 경우도 있습니다."

그는 운이 좋은 경우에 속한다. 누구의 눈에도 띄지 않고, 칸막이로 쪼개진 방도 없이 시드는 청춘이 더 많을 것이다.

부모님 집을 나올 수 없다

아이 오노 씨는 도쿄 네리마 구의 단독주택에 산다. 부모님 집이다.
조부모가 가진 땅에 건물을 세웠기 때문에 쉽게 집을 얻었다. 2층짜리 주택
안에는 방 다섯 개와 거실이 있고, 각 층마다 화장실이 딸려 있다. 욕실은
또 따로 있다. 가격은 1억 엔 이상. 1년에 부모님에게 20만 엔 정도를
지불한다. 그가 사는 집에는 어릴 적부터 가족과 함께한 추억이 가득하다.
직장까지는 50분 정도가 걸리지만 그래도 결혼할 때까진 독립할 생각이
없다. 가족과 가까이 사는 지금이 행복하기 때문이다. 결혼 후에도 본가와
가까운 곳에 살고 싶지만, 자신이 부모님 집만 한 곳에 살 수 있을 거라고는
생각하지 않는다. 지금 일해서 버는 돈으로는 그런 집을 살 수 없다고
말했다.

"절대 못 살 거야.(웃음) 유명한 대학을 나와 대기업에 입사해서 마흔
살까지 일하고 이 집 같은 곳에 살려면, 1년에 천만 엔 이상을 저금해야 해.
아니면 진짜 진짜 부자랑 결혼을 하든가……."

독립을 결심하는 순간부터 청년들은 높은 주거비를 각오해야 한다.
이것은 굳이 요즘 청년만의 문제는 아니었다. 그럼에도 불구하고 눈에 띄게
부모의 집을 나오지 않는, 나올 수 없는 젊은이들이 늘고 있다.

지난 2월 8일 도쿄에서 '시민들이 생각하는 젊은이의 주택
문제 심포지엄'이 열렸다. 이 심포지엄에서는 젊은이의 주택 문제와
이를 해결하기 위한 주택 정책이 논의되었다. 25~29세 독신자 중
부모 집에 머무는 비율은 2000년대 이후 40퍼센트를 넘어섰다.
30~39세도 마찬가지다. 왜 독립하지 않는가. 일할 수 없고 자립할 수
없는, 자립하더라도 안정적인 수입을 보장받지 못하는 청년이 늘었기

"절대 못 살 거야. 유명한 대학을 나와 대기업에 입사해서
마흔 살까지 일하고 1년에 천만 엔 이상을 저금해야 해."

때문이다. 2013년 후생노동성 통계에 따르면 비정규 노동자로 일하기를 원치 않지만 어쩔 수 없이 일하고 있는 경우라고 답한 경우가 25~34세 사이에서 30.3퍼센트로 가장 많았다. 자기 의지로 '자유롭게 일하기'를 택한 것이 아니라 사회적으로 강제된 상황에서 저임금에 시달린다. 니트족 (자발적 실업자)과 히키코모리(은둔형 외톨이)처럼 사회에 진입하지 않는 청년들의 자립 불가능 문제도 고착화되고 있다. 정부는 이 문제를 단순히 고용과 복지 영역에서 해결하려 해왔다. 그러나 안정적으로 돌아갈 수 있는 집이 없는 상태에서 해결책은 무용지물이다. 이 심포지엄에 참여한 고베 대학 히라야마 요스케 교수는 "라이프 코스 모델 자체가 쇠퇴하고 있다"며 "주택도 예전에는 부모의 집을 떠나 언젠가는 스스로 소유한다는 모델이었지만 이제는 그렇지 않다"고 설명했다.

수도권과 간사이 권역에 거주하는 연 수입이 2백만 엔 미만인 20~39세 미혼 청년 1700명을 대상으로 조사한 결과 부모와 동거하고 있는 비율이 77.7퍼센트였다.[3] 자택을 소유한 부모가 주거와 노동 조건이 불안정한 청년층을 흡수하고 있다. 어느 보고서에서는 이를 집 있는 부모에게 집 없는 자식이 '기생한다(parasite)'고 표현했다. 양쪽 모두 원치 않은 기생일 것이다. 부모 집에 기거하는 이유를 묻자 이들은 '부모님 집을 나와도 주거비를 스스로 부담할 수 없어서(53.7퍼센트)'라고 답했다. 집을 떠나 독립하려 한 저소득 청년 중 6.6퍼센트가 넷카페나 만화방, 캡슐호텔에서 생활한 경험이 있다고 답했다. 집 떠나면 고생이란 말이 있다지만, 부모 집 떠나면 곧 노숙자가 되는 사회, 문제 있는 사회가 아닌가.

그렇다면 연 수입 2백만 엔 이하, 이를테면 '저소득 청년'이 일부만의 문제일까. 일본 청년 세 명 중 한 명이 연봉 2백만 엔 미만이다.[4] 무직자는 제외한 수치다. 이런 상황에서 결혼은 당연히 남 일이다. 응답자 셋 중 하나가 결혼을 희망하지 않는다고 답했다. 결혼에 대한 인식이 이런 마당에, 하물며 출산이야. 부모 집에서 장성한 자식이 늙어간다. 시간이 흐르면서 부모의 소득도 줄고, 서로가 서로를 부양해야 할 처지인데 아무도 부양할 능력은 없는 상태가 찾아온다. 자립하지 못한 청년을 이고 지고 가정은 조금씩 무너진다. 물론 사회도 함께다.

주택정책제안검토위원 중 한 사람인 NPO법인 안심플러스 대표이사 후지타 타카노리 씨는 자신의 칼럼에 '새장 없는 감옥'이라는 표현을 썼다. 아무도 가두지 않았지만, 스스로 밖으로 나올 수 없는 일본 청년의 상황을 빗댄 것이다. 후지타 씨의 기사는 하룻밤에 조회수 3백만을 기록했다.

국민의 주거권을 보장하는 것은 국가의 역할이지만, 일본의 공공임대주택 건설은 계속해서 줄었다. 독립해서 주택을 갖지 못하는 젊은이의 문제는 가정이 도맡게 됐다. 후지타 씨의 '새장 없는 감옥' 칼럼은 이런 상황에서 일어나는 문제를 포착했다. 칼럼을 본 사람들은 그의 글을 공유하며 이런 반응을 보였다.

@bunch_asano "학자금을 상환하면서 월급 안 받는 요양보호사 노릇을 하고 있는 죄수 같기도……"

@nyaolan "취직이나 결혼으로 일단 집을 나간 자식이 이혼·질병·파견계약 해지로 피폐해진 후 최빈곤층으로 전락하는 걸 피하기 위한 수단으로 친정을 택한다. 거기에 간병 문제까지. 지나치게 현실적이라 웃을 수가 없다."

@bonstink "나도 27세 장남과 동거 중이다. 둘이서 하나의 아르바이트 일을 나눠 하고 있다. 젊은이들에게 미래가 없는 사회에서 연금 세대도 편안할 수 없다는 걸 모르는지."

일본에는 '노후 난민'과 '청년의 노숙화' 문제가 동시에 대두되었다. 일할 사람은 부족한데 부모 세대를 부양해야 할 청년 세대 또한 자립에 문제를 겪고 있다. 65세 이상 노인 한 명을 부양하는 청장년 세대(20세 ~64세) 인원은 2040년이면 1.2명으로 줄어든다. 1970년대 8.5명과 현격한 차이를 보인다. 일본의 젊은 세대도 공적연금이 버틸 수 있는가를 고민하고 있다. 국민연금 미납률은 40퍼센트를 넘었다. 후지타 씨는 칼럼에서 이렇게 말한다.

"내가 소속된 NPO법인 안심플러스에는 비정규직 젊은이들로부터 '연금은 역시 내지 않으면 안 되죠?' '연금 부담이 가중되어 생활비가 모자란다' 같은 상담이 들어오고 있다."

연금을 내줄 세대가 부모의 연금으로 함께 생활하는 상황에 갈등이 없을 리 없다. 누군가는 캥거루족이라 비웃지만 부모의 보호 아래 있는 청년에게도 즐거운 일만은 아니다. 주머니에 다 큰 애를 담은 캥거루 맘도 버겁지만, 다 큰 몸으로 그 주머니에 담긴 어른 캥거루도 그 상황이 버겁다.

'자유와 생존의 집' 키쿠치 켄 · 에베 가즈히데

'자유와 생존의 집'은 2008년 프리터노동조합의 주택부회에서 만들어진
단체다. 프리터들에게 싼값에 주택을 임대해주는 것을 목표로 한다.
'자유와 생존'이라는 캐치프레이즈는 '자유와 생존의 메이데이', 그러니까
노동절 집회에서 썼던 구호다. 노동 문제를 해결하자고 외치던 그 구호는
이제 주거 운동의 이름이 되었다. 자유와 생존의 집은 불안정한 노동
환경에 놓인 사람들의 주거 문제를 고민하고 있다.

　　한국과 일본을 오가며 마을을 중심으로 여러 활동을 꾸리는 사회활동가
강내영 선생님 안내를 받아 자유와 생존의 집으로 향했다. 그곳에서
처음 운동을 시작했던 키쿠치 켄 씨와 주택 관리자인 에베 가즈히데 씨를
만났다. 키쿠치 켄 씨가 첫 집을 공급한 해가 2009년. 그 후로 7년이
지났다. 자유와 생존의 집은 어떻게 운영되고 있을까? 불안정 노동자의
노동과 주거 문제를 함께 고민하고 있는 그들의 이야기를 들어보았다.

프리터 노조에서 자유와 생존의 집 활동을 시작했다고 들었다. 일본에서 프리터로 산다는 건 어떤 의미인가?

키쿠치 켄   프리터란 신조어가 만들어질 때는 원래 자유롭게 일한다는 이미지였다. 버블 경제일 때는 그런 의미일 수 있었다. 지금은 아니다. 일본에서 생활보호대상자가 월 12만 엔 정도를 받는데, 프리터노조원의 평균 임금을 보면 연간 150만 엔 이하, 월 10~12만 엔이 가장 많다. 여기서 중요한 것은 '선택'의 문제다. 선택지가 있느냐 없느냐. 프리터로 살 수도 있지만 일반 직장으로 갈 수도 있어야 한다. 그런데 프리터로 살 수밖에 없다면, 그건 자유롭다는 의미의 아르바이트 생활자가 아닌 거다. 단어가 처음 만들어졌을 때 이미지와 지금 현실엔 엄청난 간극이 있다.

처음에 '자유와 생존의 집' 운동을 시작한 계기가 궁금하다

키쿠치 켄   당시 프리터전반노조의 일원이었다. 그때까지 노동조합은 노동 문제만 다뤘다. 그런데 노동 문제 관련한 상담을 하다 보니까, 아르바이트를 잘리면 당장 월세를 못 내고 홈리스가 되는 사람이 상당히 많았다. 주거 문제를 다루지 않으면 안 되겠다고 생각했다. 노동 문제뿐 아니라 그들의 생활 역시 다뤄야 한다고 느꼈다. 그때 직업을 잃은 사람들이 생활보호대상자 신청하는 걸 돕는 역할을 했다. 특히 도쿄는 집세가 살인적으로 비싸기 때문에 도쿄에서 이 문제를 해결하지 않으면 안 된다고 생각하게 됐다. 그래서 프리터노동조합 안에 주택부회라는 주택 문제와 관련된 위원회를 만든 건데, 주택부회가 중심이 되어서 자유와 생존의 집을 만들게 되었다.

비슷한 주거 운동 하는 곳이 또 있는지 궁금하다

키쿠치 켄　노동조합에서 이렇게 하는 데는 없다고 보면 될 것 같다.

자유와 생존의 집은 어느 정도 규모로 운영되나

키쿠치 켄　지금 두 동을 운영하고 있다. 방이 열일곱 개 있다. 처음
시작할 때 이 두 동을 운영하는 것으로 시작했다. 그 이상 확대는 못 했지만
주택을 개조해 방 개수는 늘었다. 제이, 제삼의 자유와 생존의 집을 만드는
게 목표였다. 이곳을 운영하면서 돈이 모이지 않을까 생각했다. 그런데
실제로는 돈이 안 남았다. 적자는 아니지만. 싼 아파트를 만드는 것도
중요하지만 경영의 측면도 생각하지 않으면 안 된다고 느꼈다.

이곳의 보증인, 보증금, 월세는 민간 임대시장의 집과 얼마나 다른가?

에베 가즈히데　보증인은 따로 필요 없고 입주할 때 면접을 한다. 보증금은
2개월 치 월세를 받는데, 이 2개월분을 2년에 걸쳐서 분할 납부하도록 한다.
입주할 때 장벽을 최대한 낮추기 위해서다. 일본은 입주 초기 비용이 크니까.
월세는 방 종류별로 다르다. 제일 싼 게 3만 엔이다. 가장 큰 9.6제곱미터
방은 6만 엔. 더 싸게 하자는 얘기도 있지만 그러면 유지가 안 된다. 워낙에
도심 안에 있어 교통 여건이 좋으니 들어오려는 사람이 많다. 6만 엔짜리
방에는 욕조와 화장실, 부엌이 있다. 개인 원룸을 생각하면 된다.

자유와 생존의 집에 입주한 사람들은 누구인가

키쿠치 켄　처음에는 우리가 생활보호대상자를 대상으로 만든 공간이
아니라서 별로 없었는데, 지금은 총 17개 방에 입주한 사람 중 예닐곱 명이
생활보호대상자다.

입주 경로는 어떻게 되나

키쿠치 켄　리먼 쇼크(미국 서브프라임 모기지 대출 부실화로 투자은행 리먼바르더스가 파산하면서 닥친 세계적 불황)로 대량 정리해고가 있었다. 그때 아는 사람을 통해서나 자유와 생존의 집 홈페이지를 보고 '갈 데가 없다'고 연락해 온 경우가 많았다. 프리터노조 활동을 했던 사람이 여기서 살게 되는 경우도 많고 NPO자립지원센터 모야이에서 소개도 해주었고, 다른 곳에서 상담을 받고 오는 경우도 있다. 가장 많은 케이스는 파견업체 소속이었다가 해고당한 사람들이다. 사원 기숙사에서 사는 경우가 많기 때문에 일과 주거가 세트다. 그런데 해고되면 그 집에서 쫓겨나니까, 해고되는 순간 주거 문제도 생긴다. 이런 경우도 있다. 도쿄에서 취직은 됐는데 초임이 워낙 낮으니까 주거 비용을 가능한 한 줄이고 싶어서 들어오는 경우다.

입주자들이 자유와 생존의 집에서 가장 만족하는 부분은 가격인가?

에베 가즈히데 물론 결과적으론 가격 측면이 크다. 그러나 홈리스들에겐 '안정감'도 중요한 부분이다. 그리고 신주쿠와 여기가 가까우니까 일을 찾기가 쉽다. 그런 부분이 오히려 더 큰 만족감을 주는 것 같다.

자유와 생존의 집을 만들 때는 입주자들끼리 연결도 중요하게 생각했다고 들었다. 입주자끼리 커뮤니티가 잘 형성되는지도 궁금하다.

키쿠치 켄 당초 계획만큼 커뮤니티가 잘 살아 있는 것 같지는 않다. 각사 생활이 각박하니까. 무직자도 있기 때문에 주민 교류 활동은 일종의 재활 차원에서 하는 것도 있었고, 외부에 어필하려는 목적도 있었다. 지금은 약간 형식화되는 것 같다. 여기 입주하려면 주민자치회에 가입을 해야 한다. 월세가 싸니까 관리자가 따로 있는 게 아니라 스스로 관리하고 자치를 하는 식이다. 처음에는 당번을 정해서 청소를 하기도 하고, 여기

입주한 사람에게 일정액을 주고 청소하게도 했다. 그런데 잘 안 돼서
운영위원이 관리비를 걷어서 청소업체를 쓰고 있다.

원래 자유와 생존의 집에서 노동 관련 상담도 하려고 했다고 들었다
키쿠치 켄　　여기 사는 사람들 상담을 해주고 밖에서 온 사람에게도
상담해주려고 시작했는데 거기까지는 못 했고, 여기 사는 사람들 상담은
받고 있다. 주 1회 여기에 스태프가 와 상담한다. 상담 시간만큼 일종의
인건비를 지급한다. 주거만을 생각하면 여기 조건이 나쁠 수 있다. 그러나
여긴 '프리터가 살 수 있는 공간을 만들자'는 것이니까 싸게 공급하기 위해
조건이 안 좋은 부분들이 있다. 여기 사람들에겐 또 다른 지원이 필요하다.
그러려면 월세 플러스알파를 걷어야 하지만 그러기도 힘들고. 전문 단체도
아니라서 어려운 면이 있다.

청년 주거 문제를 취재하면서 많이 들었던 이야기가, 주거에 문제가 있으
면 도쿄나 서울 말고 다른 곳에 가서 살라는 말이었다. 대도시로 일자리를
찾아서 오는 청년이 많은데 이런 부분에 대한 고려는 부족한 것 같다
키쿠치 켄　　도시에서 멀리 떨어져 살면 일단 교통비가 문제다. 회사에서
교통비 보조가 안 되는 경우도 많고. 그리고 비정규직이라는 게 정해진
시간에 딱 맞춰 일하는 경우가 드물다. 새벽에 일하는 때도 있다. 그러니
직장 가까운 곳에 사는 게 좋다. 도쿄에 일이 많은 것도 사실이고. 여기
사는 사람 중에도 다른 현에선 살기가 힘들어 연락해 온 사람이 있다.
거기선 '생활보호대상자가 되어도 직장을 구하기 어렵다'고 했다. 월세가
아무리 싸도 일을 해야 사는 것이니까, 일하는 곳과 한 시간 이상 떨어진
곳에서 사는 게 간단한 일은 아니다.

한국 청년들이 볼 때 일본 청년들은 그래도 시급이 높으니까 프리터로도 생활이 가능한 게 아닐까 생각한다. 아르바이트로 충분히 돈을 벌 수 있다면 주거비가 높아도 감당할 수 있지 않을까 예상했는데

키쿠치 켄　타당성 있는 말이지만, 일이 없을 때가 문제다. 일이 있으면 다달이 월세를 낼 수는 있다. 하지만 시급이 높은 만큼 월세도 비싸다. 도쿄의 경우 최저 7, 8만 엔이다. 그리고 일본의 주택 제도에 있는 보증인 제도가 많이 붕괴되고 있다. 가족이 보증인이 되는 일이 많이 없어지고, 법인 같은 데서 보증인이 되는 경우가 늘었다. 그런데 보증회사에서 거절당하는 경우도 있고, 월세가 조금만 밀려도 집에서 바로 쫓겨나는 상황도 생긴다. 그런 차원에서 주거 문제가 있다.

7년째 운영하고 있다. 어려웠던 적은 언제였는가

키쿠치 켄　처음 맞은 위기는 프리터전반노조 안의 위기였다. 조합 내에서도 조합원마다 다들 생각이 다양하기 때문에……. 경영을 생각할 때 프리터를 대상으로 하는 아파트는 성공할 수 없다며 하지 말자고 한 사람들이 있었다. 또 일본에는 '빈곤 비즈니스'라는 표현이 있다. 주로 폭력배들이 간이시설을 만들어놓고 홈리스들을 잡아다 거기 수용하고 돈을 갈취하는, 즉 국가에서 지급하는 생활보호지원금을 뺏는 사업이다. 주소가 없으면 생활보호지원금을 신청할 수 없다는 걸 악용한다. 우리도 그렇게 되는 게 아니냐고 비판한 사람도 있었다. 그런데 어차피 조합에 돈이 많은 것도 아니고, 조합비를 써서 하는 것도 아니고, 조합 내에서 여러 가지 이견이 있었기 때문에 조합을 나와서 이 사업을 지속하게 되었다.

에베 가즈히데　운동단체가 사업을 경영하는 것이 말이 되느냐는 부분도 있었다. 비영리라면서 결국은 사업 아니냐는 지적이었다. 자유와 생존의 집 활동은 운동이라기보다 사업체란 의견이 있었다.

그런 비판을 어떻게 생각하는가

키쿠치 켄　그 지적이 일면 맞다고 생각하는 부분도 있다. 중요한 것은 이때까지 노동조합은 노동 문제만 다뤄왔다는 거다. 프리터 전반노조는 프리터에 대한 전반을 다루자는 것인데, 쉽게 얘기하면 지금까지는 고용 관계나 계약 같은 얘기만 해왔다. 결국 그 친구들의 생활이 문제고, 그 생활을 문제로 다루자는 측면이다.

일본 정부는 '빈집 활용'을 잘하면 된다고 강조한다. 자유와 생존의 집 또한 원래 비어 있던 집을 수리, 임대한 것으로 안다. 빈집을 활용해 주거 문제를 해결하겠다는 방안을 어떻게 생각하는지 궁금하다

키쿠치 켄　빈집이 나는 데는 이유가 있다. 일단 접근성이 좋지 않다. 교통이 아주 불편하기 때문에 빌려 살려는 사람이 없어서 빈집이 되는 것이다. 그런 곳을 수리해서 싸게 공급한들 오겠는가 하는 의문은 있다. 이곳을 운영하려고 여러 집을 알아봤는데 교통이 편한 곳에는 물건이 거의 없었다. 그리고 부동산 문제는 재산권과 관련이 있어서 임대하면 최소 2년은 팔고 싶어도 팔 수가 없다. 그래서 집주인이 재산권 행사하는 데 문제가 되니까 잘 빌려주려고 하지 않는다. 이 집도 우연히 얻게 된 것이다. 원래 다 부수고 새로 지으려던 집이었는데 경기가 좋지 않아 보류된 상태였다. 언제든 부술 가능성이 있는 집이다. 이미 주택 수명이 40년이 넘어서 앞으로 10년 이상 더 버티긴 어렵다. 그 전에 대책을 세워야 한다.

정책적인 차원의 해결도 중요하지만 생활방식을 바꿔야 한다고 이야기한 걸 봤다. 어떤 의미인가

키쿠치 켄　원룸에서 시작해서 늘려가다가 집을 사고, 자기만의 집을 짓고, 이런 것이 당연히 우리가 살아가면서 해야 하는 단계라고 들어왔다. 아버지 세대까지는 그렇게 살아왔지만, 우리는 그럴 수 없다는 것을 알고 있고, 포기했다. 그런 측면에서 삶의 방식을 바꿔야 한다. 노인 세대는 젊을 때 대출로 집을 가졌다가 퇴직할 때쯤 완전한 자기 집을 갖게 되었다. 그러나 35년 동안 일할 수 있는 직장이란 게 이제 사라졌다. 가족 체계도 바뀌었다. 옛날에는 가족이 다 같이 살아서 큰 집이 필요했지만, 이제는 다 나가고 독거 노인으로, 독신으로 사는 경우 많다. 이 지역 주변에도 그런 집이 엄청나게 많다. 또 하나 이야기하고 싶은 것은 독신 노인들도 살 만한 공간이 별로 없다는 사실이다. 아무래도 의료나 간병 같은 서비스가 붙어야 하는 공간이 필요한데, 도쿄 내에서도 그런 공간이 많이 부족하다.

주택 공급 형태가 인구 구조 변화에 맞춰 바뀔 필요가 있다고 생각한다. 일본도 한국도 마찬가지다. 마지막으로 한 가지 묻고 싶다. 집이란 어떤 의미여야 한다고 생각하나?

에베 가즈히데　집이란 생활의 기반이다. 아무리 좁아도 집이라는 게 있어야 '시작'할 수 있기 때문에.

키쿠치 켄　집이라는 것은 안식처 같은 공간이다. 밖에서 아무리 힘든 일이 있어도 돌아와서 안정감과 휴식을 줄 수 있어야 한다. 그런 면에서 집이라는 것은 최후의 보루다.

chapter 4   **일본2**

"일본에 살고 있으면 연금이나 세금, 그런 걸 떼는데
그게 매년 늘어나니까 그걸 내가 다 낼 수 있을까, 그런 게 불안해.
대학도 사실 한 달에 13만 엔씩 빌려서 다녔어.
형제가 넷이라서 대학 등록금을 부모님에게 못 받고 빌릴 수밖에 없었어.
잘사는 집안이 아니라서. 보통 다들 부모님에게 받지만 나는 내가 빌려서 냈어.
그게 6백만 엔……. 그걸 갚지 않으면 안 돼. 그게 좀 불안하지."

일본에서 만난 청년들

정현, 영서, 소담, 우리 셋은 일본에 오면서 각자의 질문을 마음에 품었다.
나는 '임시의' 삶과 주거를 가질 수밖에 없는 청춘에 대해 묻고 싶었다.
영서는 대안을 다루면서 '같이 살기'에 대한 이야기를 풀고 싶어 했다.
정현의 화두는 '행복'이었다.

우리는 일본의 사회초년생, 대학생의 삶에 깊게 들어가서 그들의
집과 삶, 행복에 대해 물었다. 모두 위아래로 우리와 몇 살 차이나지
않는 또래였다. 곧 졸업반이 되는 유학생, 이제 막 사회에 발을 내딛고
'너덜너덜해지도록' 일하는 공무원. '엄친아'에 '금수저'인 대학원생도
있었고, 독립을 꿈꾸는 회사원도 있었다.

재석의 기숙사

재석은 흔쾌히 우리에게 기숙사로 와도 좋다고 이야기했다. 와세다
대학교에서 유학 중인 그는 학교 생활을 1년 남짓 남겨두었다. 우리는

학교에서 10분 거리에 있는 그의 기숙사로 쫄래쫄래 따라갔다. 그가 사는 곳은 학교가 운영하는 기숙사가 아니라 와케주쿠 민자 기숙사다. 와세다뿐만 아니라 도쿄 안에 있는 도쿄 대학교, 게이오 대학교 등 여러 대학의 학생 450명이 모여 산다.

재석이 처음 유학 생활을 시작했을 때 머문 학교 기숙사는 학교와 한 시간 거리에 있었다고 한다. 방세는 6~7만 엔으로 지금 사는 와케주쿠 기숙사보다 2만 엔 저렴했다. 하지만 통학 시간이 오래 걸리고 교통이 불편한 것이 큰 문제였다. 등하교 때마다 매번 겪어야 했던 지옥철은 유학에 회의를 느끼게 할 만큼 고역이었다.

"학교에서 기숙사가 정말 너무 머니까, 화가 나더라고. 내가 이 학비를 내고 일본까지 왔는데 통학에 진이 빠져 다른 것을 할 에너지를 잃어버리는 게 말이 되나 하는 생각이 들었으니까."

학생들은 교육을 받기 위해 학교를 찾아온다. 다른 도시에서 이주해 오기도 하고 다른 나라에서 이주해 오기도 한다. 이런 학생들을 위한 교육권을 보장하기 위해서 사실 학교는 학생들이 적정한 집에서 살 수 있는 권리 또한 함께 보장해야 한다. 그렇지만 기숙사를 '우등생은 우대해서' '유학생은 더 우대해서' 배분하는 건 어떻게 생각해야 할까?

우리는 네 평 남짓한 재석의 기숙사 방에 앉아 이야기를 나눴다. 경이와 정현, 영서, 내가 바닥에 앉으니 바닥이 꽉 찼다. 재석은 침대에 앉았다. 정현은 방 이곳저곳을 둘러보며 꼼꼼히 방의 견적을 물었다. 그가 살고 있는 기숙사 방의 견적은 다음과 같다.

한 달 이용료: 9만 3천 엔
학교에서 10분 거리

11.25제곱미터 (약 7조)

아침, 저녁 제공

1인 1실

화장실, 샤워실 공유

재석은 유학 생활을 하면서 부모님 지원을 받고 있다. 그는 부모님 지원이 없었으면 유학 올 엄두도 내지 못했을 거라고 말했다. 밤에는 일하고 낮에는 공부하고. 도쿄에서의 생활은 비싸니까, 그렇게 스스로 생활을 감당하려 애쓰는 사람들도 이 기숙사 안에 분명히 있을 것이다. 재석은 그런 친구들은 아르바이트로 감당하거나, 아니면 학업을 그만두고 지방으로 간다고 이야기했다. "자세히는 잘 몰라. 그냥 '나 나갈지도 모르겠다' 이런 식으로만 이야기하지." 식당에서 그렇게 이야기를 나눈 친구 하나가 사라졌다고 했다. 정말, 정말로 돈을 아낀다면 얼마면 도쿄에서 공부를 하고 살 수 있을까?

"(도심에서) 좀 떨어진 데 가면 싸. 내가 살던 기숙사 근처에서 자취한다면 월세방 4, 5만 엔짜리도 찾을 수 있을 것 같아. 그리고 밥 먹는 돈을 엄청 아껴. 그러면 7만 엔에서 거의 다 끝낼 수도 있겠지."

일본 취재 내내 통역을 맡아준 경이도 고베 대학교에서 건축을 배우는 유학생이다. 그는 재석의 말에 지인의 이야기를 덧붙였다.

"내가 아는 분은 외곽에 살아서 밥은 한 달에 2만 엔으로 해결하고, 방은 3조(4.8제곱미터) 정도 되는 데서 두 명이 살았대."

재석은 자신도 아르바이트를 해서 생활을 꾸려야 했다면 이런 기숙사에 살 수 없었을 거라고 말했다.

"이런 데 안 살지. 자취를 하겠지. 진짜 작은 데. 둘이 살고 막."

우리는 꿈과 기회를 위해 얼마만큼 생활을 희생할 수 있을까. 도시의
작은 방을 같은 처지의 사람들과 둘로 셋으로 쪼개 공유하면서. 꿈과
생활의 등가교환. 나는 그의 방을 둘러보다가 여러 생각에 잠겼다.
이 방을 한국 돈으론 매달 90만 원 가까이 주고 살게 되는 건가? 침대
하나를 가로로 두고 냉장고, 책상, 옷장이 넉넉하게 들어가는 가로로 긴
공간이었다. 나는 재석에게 물었다.

"혹시 여기 너무 넓다고는 생각 안 해?"

"너무 넓다고?"

"나는 뭔가, 이 방, 90만 원이라고 생각하면서 보니까, 방을 반으로
잘랐으면 좋겠다고 생각했어. 반으로 나누고 45만 원만 내면 좋겠다,
이렇게."

내 말에 재석은 웃으면서 대답했다.

"그럴 수 있으면 45만 원에 하겠다."

"그걸 다시 반으로 쪼개서 22만 5천 원을 내면 된다고 하면?"

"거래하려고 하지 마. 그러면 어떻게 자? 방에 들어오면 잠만 자는데."

재석은 손사래를 치고 웃다가 다시 생각에 잠겼다. 그러고는 곧 고개를
내저었다.

"아니야. 그냥 2만 엔 더 낼게. 행복이 급감하잖아."

"행복이 급감해?"

"지금 방에서 반으로 줄인다면 돈을 아껴 느끼는 행복이 더 크겠지.
그런데 4분의 1로 줄어드는 건…… 차라리 2만 엔을 더 내는 게…….."

우리는 방을 반으로 접고, 또 접으면서 집에서 얻는 행복과 돈의
상관관계에 대해 생각했다. 마치 게임 같았다. 미래를 위해 지금의
열악함을 얼마나 견딜 수 있는가. 부엌을 빼고, 방을 반으로 접고, 개인

화장실을 빼고. 그리고 옆방 소리를 막아주는 방음재를 벽에서 빼고.
그다음엔 햇빛이 드는 창문을 빼고. 그렇게 한 단계 한 단계 나아간다고 할
때 우리는 얼마만큼 행복과 돈을 맞교환할 수 있을까? 나는 재석의 방을
보면서 이 방을 반으로 접어 월세도 반으로 접힌다면 신발장 따위 생략해도
충분히 좋다고 생각했다. 집이 주는 행복을 두고 나는 자연스럽게 계산기를
두드리고 있구나 싶었다.

검은 정장이 늘어선 타쿠야의 방

우리는 재석의 소개를 받아 사회초년생 타쿠야를 만났다. 재석이 그의
원룸까지 동행해주었다. 타쿠야는 재석의 대학 동창이다. 2014년 3월에
졸업하자마자 공무원으로 취직했다. 그리고 원룸을 얻어서 혼자 살기
시작했다. 원래 고향은 이바라키 현이다. 학창시절엔 집에서 학교까지
한 시간 반을 통학했다고 한다. 타쿠야는 자신처럼 장거리 통학을 했던
친구들이 꽤 있었다고 이야기했다.

"후지 산 쪽에 있는 시즈오카까지 통학하는 사람도 봤어. 신칸센 타고.
통학비가 장난 아니긴 한데, 그래도 자취하는 것 보다는 낫지. 그 안에서
도시락 먹으면서 숙제도 할 수 있고"

그 경우에 신칸센을 타고 통학해도 한 시간 정도는 걸리고, 게다가
통학비도 한 달에 4~5만 엔이 든다. 타쿠야는 긍정형 인간인 건지, 그것도
나쁘지 않다고 말했다. 이런 긍정적인 타쿠야가 독립을 결심한 건 일하는
환경 때문이다. 이바라키 현에서도 출퇴근에 한 시간이면 충분하긴 하지만,
그가 담당하는 공무가 너무 불규칙한 일이기 때문에 어쩔 수가 없었단다.

"야근수당은 시급으로 계산하면 한 시간에 천 엔 정도밖에 못 받아. 야근 시간이 너무 많아서 수당을 다 계산하면 한 시간에 천 엔 정도라는 거지. 외무성 안에 패밀리마트에서 알바하는 게 더 많이 받을 수 있어."

그런데 야근을 하도 많이 해서 야근수당이 월급의 반 이상일 때가 많단다. 재석이 타쿠야 집에 놀러와 같이 자던 날에는 새벽 여섯 시에 상사 전화를 받고 뛰쳐나간 일도 있었다고 한다. 이러니 자취를 선택할 수밖에 없었다. 택시를 타면 되지 않나 물었더니 타쿠야는 절레절레 고개를 저으면서 일본은 택시비가 비싸서 밤늦게 직장에서 이바라키 현까지 가려면 5천 엔은 필요하다고 한다. 타쿠야는 직장으로 가는 전철 노선 근처에 집을 얻었다. 이곳을 고른 이유는 딱 하나다.

"역에서 가까운 거. 조건이 그거밖에 없었어. 역에서 가까워서 바로 와서 잘 수 있고 아침에 바로 나갈 수 있는 거."

우리는 신발을 벗고 타쿠야의 방으로 들어갔다. 정현은 꼼꼼히 이곳저곳을 살피며 타쿠야가 사는 원룸의 견적을 냈다.

월세 7만 엔.
회사 지원 주거 보조금 2만 7천 엔 .
통근 거리 19분(메트로 이용)
월 교통비 7천 엔(메트로 정기권 구매)
로프트에 자는 공간 있음.
개인 화장실, 욕실, 주방기구 있음.

타쿠야는 2층짜리 맨션에 산다. 1층 두 번째 집. 그의 집에서 가장 먼저 눈에 띈 것은 사다리였다. 마치 드라마에서 본 소방사다리처럼 방 한

"역에서 가까운 곳. 바로 와서 잘 수 있고,
아침에 바로 나갈 수 있는 곳. 여기는 그냥
잠자러 들어오는 장소 같은 느낌이야."

가운데에 솟아 있었다. 분리된 복층 공간에 오르내릴 수 있게 한 시설이다. 그 뒤로 걸린 검은 양복들이 보였다. 멋 부린 세미 양복은 한 벌도 없었고, 모두 경조사에 차려입고 갈 만한 새까만 양복이다.

"일본에서 신입사원들은 모두 검은 정장을 입어야 해."

올해 입사했다는 그의 신분을 정장이 보여주었다. 타쿠야가 집에 있는 시간은 거의 없다. 일이 바빠서 못 들어오기도 하지만, 쉬는 날에도 집에 있는 것을 좋아하지는 않는다.

"가족과 살았을 때는 집에 있는 시간이 많았던 것 같아. 그때는 집에 가면 가족이 있고 대화도 하고 그랬으니까. 말하자면 집에 가는 이유가 있었던 건데, 지금은 그렇지 않잖아. 여기는 그냥 잠자러 들어오는 장소 같은 느낌이야."

그래도 자러 들어와서 쉴 수 있는 공간으로서 이곳은 그에게 안식처다. 그는 집이 재충전의 장소라고 말했다. 아무리 아침까지 밤을 새워 일해도 30분이라도 집에 들러 '리셋(reset)'을 하고 간다고 했다.

"일주일 동안 쭉 공적인 공간에만 있다 보면 하루하루가 끊어지지 않잖아. 심리적으로도 끊어지지 않고 쉴 수도 없고. 이렇게 하루가 지나가는데 중간중간에 나만의 공간이라는 게 있어야 하루가 끝나고 리셋하고 다음 날 열심히 할 수 있고 그런 거."

타쿠야의 이야기를 들으면서 나는 우리의 통역을 도와준 주과 언니가 생각났다. 그리고 자유와 생존의 집에서 만났던 키쿠치 켄 씨도 생각났다. 당신에게 집은 어떤 의미냐고 물었을 때 사람들은 각기 다른 대답을 했다. 주과 언니와 타쿠야는 자신을 '충전'하는 곳 그리고 하루를 '리셋'할 수 있는 공간이라고 답했다. 키쿠치 켄 씨는 집을 '최후의 보루'라고 말했다. 이 두 가지 의미 사이엔 분명히 간극이 있었다.

생각에 빠져 있는 사이 타쿠야가 주스를 내왔다. 타쿠야의 집은 맨션에서도 가운데 낀 위치에 있었는데, 이웃과는 사이가 어떤지 물어봤다. 타쿠야는 이웃한 두 집 중 한 집에서 매일 음악이 들린다고 푸념했다.

"옆집에 사는 사람이 밤마다 같은 음악을 틀어. 진짜 맨날 똑같은 음악 그거 하나만 트는 걸 보면 뭔가 좀 이상한 사람이 사는 게 아닐까 해서 그냥 두고 있어. 그런데 정말 같은 음악만 계속 들리니까 좀 미칠 거 같긴 해."

넉살 좋은 그가 머리를 싸매며 그런 이야기를 하니 우습기도 했다. 그는 한국에서 1년을 산 적이 있다고 했다. 고려대에 교환학생으로 왔었단다. 한 달에 50만 원 월세를 내는 원룸에 살았다. 지금 사는 도쿄 주변이 훨씬 조용하고 깨끗하고 마트도 가깝지만 그때는 그때 나름으로 '공동 생활'의 묘미가 있었다고 한다. 친구들이랑 왁자지껄 술을 먹고 집으로 향하는 길도 즐거웠다고 기억한다. 타쿠야가 한국에 살았던 이야기를 나누면서 창피했던 건 '자유'에 관해 이야기할 때였다. 지금 사는 집에서 자유롭게 자기 집이라고 생각하고 여러 가지를 누리느냐고 물었다가 나온 얘기다.

"자유? 여기서? 아, 자유는 괜찮아. 한국에 있었을 때는 집주인 아줌마가 내 원룸 열쇠도 갖고 있었고, 나도 모르게 집 공사를 할 때가 있었어. 아줌마는 '공사한다고 그랬잖아' 그러시고 나는 '오늘이라곤 말씀 안 하셨잖아요' 그러고. 집주인이 내 방에 가끔 들어오거나 해서 자유는 없었던 것 같아. 지금은 그런 거 하나도 없으니까 자유로운 거지?"

집주인이 제 안방 드나들 듯 함부로 세입자의 공간을 침범하는 곳. 나는 한국의 대학가 원룸촌에 대해 익히 들어 잘 알고 있었지만 타쿠야에게 그 얘기를 들으니 창피했다. 우리는 이 취재에서 주거 문제와 여섯 가지 질문을 연결해서 묻고자 했다. 자유, 재생산, 사랑과 섹스, 공동체 등등이었다. 그리고 난 그중 '자유'라는 항목이 타쿠야의 말처럼 '내 집에 집주인이 함부로 들어오지 않을 권리'에 해당한다는 걸 새삼 되새겼다. 당연하게 권리를 침해당하면 사람들은 점점 그게 권리인 줄도 잊는다.

사토리 세대 다이키

다이키 야마구치 씨는 2014년 요코하마 시립대학을 졸업했다. 그는 자신의 대학을 '노멀 레벨', 평범한 수준이라고 표현했다. 졸업 후 도쿄에서 프리터로 일한다. 원래는 졸업 후에 바로 정규직 일자리로 갈 예정이었다. 그런데 투자회사에 합격하고 입사를 기다리던 중 회사의 불법 행위로 업무정지 명령이 떨어졌다. 채용 시즌도 끝난 마당에 날벼락이 떨어져서 그는 입사도 하기 전에 회사를 관둬야 했다. 일을 찾다가 작은 신생 기업에 들어갔다.

"사무실에 도시락을 배달하는 곳이었어. 시부야에 정말 괜찮은 음식점이 많은데 그런 음식점에서 도시락을 배달해주는 거였어."

그런데 그마저도 1년 만에 서비스가 종료되면서 회사를 나와야 했다. 그 후 시부야에서 카페 같은 자습실 감독으로도 일했다. 지금 다이키 씨는 투잡을 뛴다. 일주일에 3일은 비정규직으로 영양음료 회사에서 영업 일을 한다. 정식 취업이라고 하기는 어렵다. 그러나 만족한다고 했다. 그가 파견회사를 통해 취업했다고 하니 '안 좋은 노동 조건이 있다거나, 주 3일만 일해서 월급을 후려치려고 했다거나 한 건 아닌가' 하고 나는 생각했다. 그런 건 아니라고 했다. 오히려 다이키 씨는 '자발적으로' 주 3일 일하고 15만 엔만 벌고 살자는 프로젝트에 참여한 것이라 말했다. 나머지 시간엔

워드프레스 교육기획 일을 한다.

그는 시부야의 셰어하우스에 산다. 셰어하우스가 좋은 건 무엇보다 주거비를 아낄 수 있다는 점이란다. 홈즈에 따르면 시부야 구의 월세는 1DK, 1K 기준 평균 10.5만 엔, 도쿄 23구 평균 월세는 8.35만 엔인데 그는 그보다 싼 곳에서 살고 있었다.

"월세 3만 2천 엔이 들어. 만들어 먹으면 식비가 만 엔으로도 충분하지만 아니면 3만 엔까지 들고. 음식점에서 일하면 식사는 해결되고, 편의점에서 일하고 남은 도시락을 받아서 식비를 줄일 수도 있지."

셰어하우스에 같이 사는 그의 친구 유이치 씨도 월세 6만 엔, 식비 4만 엔 정도를 평균적으로 지출한다고 한다. 그는 지방에선 10만 엔으로도 충분히 살아갈 수 있지만, 도쿄에선 그건 무리라고 말한다. 월세가 '세기' 때문이다. 도쿄에선 그 돈이면 겨우겨우 사는 정도다. 셰어하우스에 산다는 것은 망망대해 같은 도시에서 인적 네트워크를 얻을 수 있다는 장점도 있다. 다이키 씨는 '함께 사는 즐거움'과 '유용함'에 대해 여러 번 이야기했다. 창업한 사람, 프리터 모임을 새로 만드는 사람 등 일에 대해 다양한 고민을 하는 사람들이 함께 살기 때문에, 여러 도움을 받는다고 했다. 이런 네트워크에 연결되지 못했다면 다이키 씨가 도쿄에 사는 것은 힘들었을 것이다. 다이키 씨는 지금처럼 자유롭게 일하고, 여러 사람과 어우러져 사는 삶이 좋다고 말했다. 나는 저축도 안 한다면서 득의양양한 그의 모습이 신기해서 물었다.

"너 백 살까지 살 텐데 진짜 안 불안해?"

"사실 불안하기도 해. 그렇지만 지금 재밌으면 되지 않나? 지금 저금도 안 해." "진짜 하나도 안 해?" "음. 조금씩은 해. 난 그렇게 살고 있어." "그럼 불안할 땐 언젠데?"

"일본에 살고 있으면 연금이나 세금, 그런 걸 떼는데 그게 매년 늘어나니까 그걸 내가 다 낼 수 있을까, 그런 게 불안해. 대학도 사실 한 달에 13만 엔씩 빌려서 다녔어. 형제가 넷이라서 대학 등록금을 부모님에게 못 받고 빌릴 수밖에 없었어. 잘사는 집안이 아니라서. 보통 다들 부모님에게 받지만 나는 내가 빌려서 냈어. 그게 6백만 엔……. 그걸 갚지 않으면 안 돼. 그게 좀 불안하지……."

다이키 씨는 올해 말부터 대학 등록금 대출금을 상환해야 한다고 말했다. 월 2만 엔씩 등록금을 갚으면 마흔을 넘어갈 때쯤에야 다 갚을 수 있다고 한다.

학자금 대출, 불안한 고용시장, 고령화 사회, 저성장 기조. 우리는 수많은 접점을 가지고 있었다. 그래도 아마 일본 청년 중에서 다이키 씨는 사정이 나은 편일 것이다. 그는 대졸자에, 고수입 아르바이트를 택할 수 있다는 선택지도 있다. 그는 고용시장에서 쫓겨났다기보다 스스로 제 삶의 고삐를 쥐기를 택한 사람이었다.

그는 한 달에 약 25만 엔은 번다. 상상했던 돈 없고 가난한 프리터의 모습과는 달랐다. 그는 어떤 의미에서는 진짜 '프리'한 프리터로 살고 있었다. 90년대에 처음 프리터라는 말이 등장했을 때는 다이키처럼 진짜 자유롭게 일하는 청년들을 가리킨 말이었다. 그러다 점점 '알바생 탈출'을 꿈꿔도 다른 방도가 없는 프리터들이 생겨났다. 일자리는 없고 정규직 채용 문은 너무 너무 좁으니까. 다이키 씨는 요즘 일본에서는 프리터가 꿈을 이루기 전까지 다른 일을 하고 있는 사람이란 의미로 쓰인다고 했다. 진짜 알바만 하고 사는 친구들도 있지만, 도쿄에 와서 알바하는 친구들은 꿈을 이루기까지 유예 기간을 채우고 있는 것이라고 말이다. 그의 친구 여럿도 그렇게 꿈을 좇는 프리터 생활을 하고 있다고 했다. 하지만 그가 일본에서 보편적인 케이스는 아니다. 다이키 씨에게 모두들 너처럼 살 수 있느냐고 묻자 그는 이렇게 대답했다.

"전체적으로 보면 보편적이지 않아. 특수해. 지방은 거의 없어."

다이키는 대학을 나왔고, 고용되지 않고도 스스로 뭔가를 기획해서 돈을 벌기도 하며, 인터넷으로 많은 사람들을 알고 있고 도쿄에 인적 네트워크도 있다. 일에 대한 고민을 하는 사람들과 함께 한다는 콘셉트의 셰어하우스에서 살고 있기 때문이다. 그에겐 자원이 있고, 꿈도 있고, 현재로서는 충분한 봉급도 있다. 미래에 대한 불안이 없는 건 아니지만 낙관할 만한 근거가 있다.

"아마도 5퍼센트, 10퍼센트 정도?"

다이키는 그 비율이 더 늘어날 거라고 이야기했다. 프리랜서에 가까운 프리터가 늘어날 것이라고 말이다. 그는 아마추어에서 벗어나 전문적인 '프로' 레벨의 일을 할 수 있도록 노력해서, 그런 프리랜서가 되고 싶다고 이야기했다. 다이키 씨는 '사토리 세대'의 인간형에 가까운 편이지만, 그가 모든 것에 달관한 것은 아니다. 자유롭지 않다. 연금도 내야 하고 등록금도 갚아야 하니 이미 '부자유'한 몸이다. 하지만 그는 능동적으로 이 시대의 불안을 헤쳐나가고 있는 편이었다. 모두가 불안한 시대. 하지만 우린 각자 불안에 다르게 대처하고 있다.

시장이 변하고 일하는 방식도 변한다. 예전처럼 한 직장에서 30년을 다닐 것도 아니고, 전문성이 없으면 마흔에도 회사에서 '팽'당한다. 다이키는 '달관'했기 때문이 아니라 누군가에게 고삐 잡히지 않고 스스로 인생을 컨트롤하고 있기 때문에 행복한 것이었다. '덜 벌어도 덜 일하니까' 행복한 게 아니라, 진짜 원하는 일을 찾는 유예 기간이라고 생각하고 다양한 일을 하고 있어서 '덜 벌고 덜 일하는' 것이고, 기본적으로 다른 사람들은 자기 삶이 없을 정도로 너무 많은 시간을 일하고 있기 때문에 '덜 일하고' 싶다고 생각하는 것이었다.

우리는 불안에 어떻게 대처하며 살아가야 할까. 한 달만 일하지 못해도 신용불량자가 되고, 월세를 못 내서 집에서 쫓겨나는 처지가 된다면 불안은 그저 마음의 문제만이 아닐 것이다. 다이키 씨를 만나고 돌아오는 길. 나는 '청춘의 집'에 대해 이야기해보자고 처음 마음먹은 때를 떠올렸다. 우리가 찾고자 했던 '청춘의 집'은 어떤 모습이었을까? 그리고 우리가 꿈꾸는 '청춘의 집'은 어떤 모습일까?

슈퍼리치 초와 중산층의 꿈을 간직한 니시

와세다 대학교를 찾았다. 정문 앞에서 대학원에 재학 중인 90년생 초, 학부생 94년생 니시를 만났다. 재석과 둘은 같은 토론 동아리에서 활동한다. 그들은 우리를 학교 안으로 안내했다. 와세다 입성! 문학부 캠퍼스 건물 안은 학생들로 붐볐다. 와세다대는 서클 활동이 활발한 학교다. 서클이 2천 개가 넘는다. 우리는 붐비는 학교를 벗어나 카페로 자리를 옮겼다.

초는 도쿄에서 나고 자랐다. 초는 서울로 치면 강남이라고 할 수 있는 도쿄의 에비수에 산다. 니시는 초를 가리키며 '슈퍼 리치(super rich)'라고 말했다. 금수저 물고 태어난 친구였다. 초에게 집이 어떤 의미냐고 물었더니 "집 따위엔 흥미가 없다"고 말해 우리를 당황시켰다.

초는 부자다. 집 걱정은 해본 적이 없다. 도쿄에서 태어나 지금까지 살았다. 아주 어릴 때는 롯폰기 근처 히로오라는 곳에 살았다. 방이 크진 않았지만 집값이 비싼 아파트였다고 한다. 집 따위에 흥미가 없다는 초와 달리, 그의 부모님은 흥미가 많으셨던 모양이다. 초가 어릴 때 도쿄에서 비싸기로 소문난 에비수에 대출을 껴서 1억 엔 값어치의 새집을 샀다. 가족에겐 각자의 방이 생겼다. 그는 부모님과 지금도 함께 살고 있다. 그 때문에 불편한 점도 많다고 했다. 자유롭게 친구를 부를 수 없고 여자 친구를 집에서 만날 수도 없다. 그는 매주 5천 엔씩 호텔비를 쓰면서 집 밖에서 여자 친구를 만나야 하는데 그 돈이 부담이고 비싸다고 생각한다. 그래서 부모님 집을 나온다면 여자 친구랑 살 수도 있겠단다. 독립한 후에 원하는 '드림하우스' 같은 건 딱히 없다. 아르바이트를 해서 번 돈이나 여자 친구 돈으로 여자 친구 회사에서 가까운 곳이나 중간쯤으로 독립할 거라고 했다. 초는 여자 친구가 돈을 잘 번다고 자랑했다. 집 크기는 별로 상관이 없단다.

"아기 낳고 나면 그게 중요한 요소가 되겠지만 지금은 별로 생각이 없어. 어차피 집에도 별로 없을 걸? 회사에 가 있을 테니까. 부엌이랑 거실만 있으면, 뭐."

우리는 고정 질문 중 하나를 그에게 던졌다. 부모 세대의 집을 가질 수 있을 것 같은가. 하지만 그는 굳이 그런 곳에 살아야겠다는 꿈이 없다.

"론을 받아서 살려고만 하면 살 수는 있겠지. 단 외국계 은행이나 컨설팅, 주식 이런 쪽 직업을 가진 다음에 저축을 엄청 해야지. 집이 유복하니까, 성공해야겠다거나 그런 건 없어. 이미 편하고 (부모님 재산을) 물려받을 거니까. 물질적인 데는 별로 흥미가 없다."

초는 그가 일본의 미래에 대해 가진 생각을 이야기했다.

"전체적으로 가난해질 거야. 마켓이 점점 작아지고 있고, 일본 회사들이 전반적으로 내수 지향인 곳이 많기 때문에. 지금은 인구도 줄고

"보통 사람들은 일본 사회가 추락한다면 점점 더 불행해질 거야."

"어쩔 수 없어. 일본에서 집을 빌리는 건 까다로운 일이니까."

경제 상황도 안 좋아지고 있어서 전체적으로는 다운될 거 같아. 젊은 사람들이 돈이 없어. 세대 간 격차도 있고. 노인들이 돈이 진짜 많은데 돈을 안 써."

초는 처음부터 가진 게 많은 사람이다. 그는 어디든 택해서 살 수 있다. 부모가 가진 물질적 자산과 자신의 능력 덕에 그는 장소에 구애받지 않고 '자유롭게' 살 수 있다. 그러나 일반적인 사례가 아니다. 초는 일본을 꿈을 가지고 살아갈 수 있는 사회가 아니라고 말했다.

"경제적으로도 추락하고 있고, 개인들도 일을 너무 많이 해. 나는 영어도 하고 중국어도 하고, 일본이 망한다면 외국 가서 살면 돼. 나는 외국어도 하고 재산도 있으니 괜찮지만, 보통 사람들은 일본 사회가 추락한다면 점점 더 불행해질 거야."

그런데 초는 이런저런 사회문제를 생각하면 자신도 행복하지 않다고 말했다. 그리고 니시는 초와 달리 행복하다고 말했다. 니시는 '노력하면 성공할 수 있다'는 성공 신화가 일본 사회에서 유효하다고 생각하고 있었다. 그는 살면서 크게 절망해본 경험이 없다고 말했다. 나는 그런 그가 신기해서 '실패한 경험도 없느냐'고 물었다.

"실패한 경험은 있는데, 그 경험을 살리고 반성해서 성공으로 만들었기 때문에 절망했던 적은 없는 것 같아. 와세다에 온 것도, 내가 공부를 잘하는 학생이 아니었는데 노력을 많이 해서 들어온 거야."

니시는 부러운 '엄마 친구 아들'의 전형으로도 볼 수 있겠다. 그는 시골의 평범한 중산층 가정에서 자랐다. 19년간 야마가타 현에 살았는데, 그는 "굉장히 시골"이라고 했다. 50년 된 목조주택에서 열 살까지 가족과 함께 살았다. 월 만 5천 엔에 임대한 2층집에 1층에 부엌, 거실이 있었고, 다다미방이 세 개 있었다. 2층에도 다다미방이 두 개 더 있었다. 열 살 때 이사한 집에서 가족들은 10년 넘도록 계속 살고 있다. 니시는 프라이버시가 없는 기숙사가 싫어서 2014년 봄부터 자취를 시작했다. 와세다 역에서 두 정거장 떨어진 오치아이라는 곳이다. 월세는 7만 엔이다. 다달이 부모님 통장에서 자동이체로 빠져나간다. 와세다 대학교는 부자인 애들이 많이 오는 대학이라고 그는 덧붙였다.

"나같이 시골에서 온 경우엔 학비랑 생활비랑 다 합쳐서 4년간 한국 돈 1억, 그러니까 일본 돈으론 천만 엔 정도가 드는 것 같아. 내 경우엔 부모님이 저축을 열심히 하셨어. 그래서 부담이 안 되는 편이야. 친구들 중에 월세를 자기가 내는 사람은 역시 힘들어. 부담이 돼. 나는 장학금도 받고 있고…….. 와세다에서 학비를 자기가 벌어서 (부담)하는 애들은 별로 없어."

와세다 대학은 사립대라 도쿄대나 여느 국립대와는 사정이 다르다. 그는 대학 진학이 힘들 정도로 경제적 사정이 어려운 경우 보통 국립대를 지원한다고 이야기했다. 그리고 니시는 일본 대학생들에게 주거 문제가 "없는 것 같다"고 답했다.

"그냥 순응하고 살든지 아니면 엄청 싼 기숙사가 있어서 거기 들어가서 살아. 대학에서 하는 건 아니고 NPO단체에서 주선하는 엄청 싼 기숙사들이 있어."

그들에게 넷카페 난민에 대해 물었다. 니시와 초는 서로를 번갈아 쳐다봤다. 니시가 먼저 말을 꺼냈다.

"넷카페 난민? (초를 쳐다보면서) 어떤 사람들이지? 음, 워킹 푸어가 아닐까?"

"어쩔 수 없어. 일본에서 집을 빌리는 건 까다로운 일이니까. 신용도가 없으면 집을 못 빌려. 넷카페 난민을 도와주려고 NPO단체가 많기도 하고.

NPO 중에서는 넷카페에서 하룻밤에 1000~1500엔이면 그 가격대로 침대에서 잘 수 있게 해주는 단체들도 있을 거야."

니시는 졸업 후 경영 컨설팅 일을 하기를 원한다. 정규직으로 일하기를 바라고, 그럴 수 있을 것이라 믿으며, 안정적인 봉급을 받고 정착해 살기를 원한다. 그는 주변에 문과를 전공으로 택한 친구 열에 여덟은 졸업 후에 취직이 잘 되는 것 같다고 말했다.

〈요미우리신문〉 8월 6일자 보도에 따르면 2014년 봄 일본 대졸자 취업률은 72.6퍼센트로 5년 연속 상승세를 보이고 있다. 일본 경제가 얼어붙었던 시기를 지나 21년 만에 70퍼센트대를 회복했다.

"연대 나오면 뭐하냐. 백순데."

2015년 2월 연세대학교 졸업식엔 이런 현수막이 걸렸다. 이 현수막 한 장이 한국 대졸자의 현실을 말해준다. 한국은행이 2015년 7월 20일 발간한 '주요국과 우리나라 청년층 고용상황 비교' 보고서를 보면 청년 고용률은 2015년 4월 기준 41.1퍼센트를 기록했다. 청년 실업률은 10.2퍼센트다. 2014년 기준 청년 실업자 중 52.2퍼센트는 학력이 대졸 이상이다. 12만 명이 대졸 이상 학력을 가지고도 실업 상태에 놓여 있다.

한일 양국 청년층은 고용시장 양극화, 블랙기업의 횡포 같은 노동시장 악화를 공통적으로 경험하고 있다. 90년대 중반 이래 노동시장 유연화로 비정규, 저임금, 불안정 노동이 청년 일자리의 대명사가 되었고 청년은 88만 원 세대로 호명되었다. 한국의 가족은 교육이 마법의 독단지라고 생각하고 가계의 돈을 쏟아 부었는데, 이제 고학력자도 '백수'의 길을 피할 수가 없다.

일본의 젊은 사회학자 후루이치 노리토시는《절망의 나라의 행복한 젊은이들》에서 일본 청년에 관한 통찰을 보여준다. 2010년 조사에 따르면 불황 속에서도 일본 젊은 세대는 70퍼센트가 '행복하다'고 말했다. 지금 당장 누릴 수 있는 즐거움에 집중하고 미래에 대한 생각을 유예한다. 기성세대가 이야기하던 소통의 방식, 행복의 기준, 삶의 과업은 낡은 것으로 생각한다. 결혼은 왜 해야 하는가? 집은 왜 사야 하는가? 왜 좋은 대학에 가야 하는가? 왜 미래를 위해 저축해야 하는가? 이런 질문 속에서 '현재의 만족'이 1순위가 되는 삶을 택한다.

나는 우리 세대의 수많은 청년이 '둥지로서의 집'을 열망하지 않는다고 생각한다. 집의 의미가 변했다. 집에 담는 가치가 달라졌기 때문이다. 집을 소유하기보다는 빌리기를 택한다. 무리하게 대출을 받아 집을 사고 평생 갚는 삶을 택하려 하지 않는다. 내 친구는 주택 마련 자금을 저축하느니 "건담을 한 대 더 사겠다"고 말했다. 행복을 유예하지 않고 살기를 바라는 청년들이 많다. 열망하지 못하는 이유도 분명 있다. 90년 치 월세를 모아도 집을 살 수 없는 타이완 청년들. 불안정 주거에 놓일까 봐 부모님 집을 떠나지 못하는 일본 청년들. 감당할 수 없이 높아진 삶의 비용과 싼 사람 값. 그러나 집도, 직업도, 삶도 분명 새로운 세대에서 새로운 모습을 찾을 필요가 있고, 그런 변화를 조금씩 청년들이 찾고, 만들어나가고 있다. 새로운 청춘의 집. 긱하우스에 사는 사람들을 만났다.

삶을 담는 새로운 그릇을 빚는 사람들

새로운 청춘의 집은 어떤 모습일까. 사칙연산 셈법으로 그 모습을 상상해본다. 일단 높은 월세는 빼기. 집주인의 무례와 재계약 걱정도 빼기. 방음벽 더하고, 창문 더하고, 집까지 오는 길에 가로등도 서넛쯤 더하면 좋겠다. 이렇게 하나둘 더하고 뺄 것들을 생각하다 얼마나 '주거의 조건'을 단순하게 생각하고 있는지 깨닫게 된다. '최소한'의 요건만 갖추면 언제든 그곳을 집이라고 받아들일 준비가 되어버린 것 같다. 더 나은 상상은 없을까?

우리가 찾아간 긱하우스와 K2인터내셔널은 '곱셈'의 셈법으로 상상한 청춘의 집이라고 할 수 있을 듯하다. 사람과 사람이 만나 집의 의미가 배가된다. 잃어버린 집의 의미를 새롭게 꽉꽉 채워넣은 민능 상자. 관계를 엮어주는 곳이면서, 뒹굴뒹굴, 내일을 위한 에너지를 충전하며 새로운 작당을 꾸려나가는 곳. 뜻밖에도 이런 새로운 청춘의 집으로 우리를 이끈 키워드는 오히려 힘든 현실을 반영하는 말들이었다. 긱(geek), 니트, 히키코모리. 각각 괴짜, 자발적 실업자, 은둔형 외톨이를 가리키는 말이다. 먼저 긱들의 셰어하우스, 긱하우스를 소개한다.

트위터 식 인간관계

우리가 긱하우스를 찾은 것은 니트족이라는 키워드를 통해서였다. 긱하우스 창립자 파(Pha)는 한국에서도 출간된 《빈둥빈둥 당당하게 니트족으로 사는 법》이란 책을 냈다. 일본으로 떠나기 전에 일본 청년들의 삶을 조사하다가 이 책을 찾고는 제목을 보자마자 꽂혔다. 프리터를 사회문제로 보고 주구장창 손가락질해대는 글만 읽다가 이 책을 보니 숨통이 트였다. 왜 빈둥빈둥, 다르게 살아서는 안 되는가. 파는 이 책에서 '빈둥빈둥 살아도 된다'고 설파한다. 그는 트위터에서 사람을 만나고 아마존에서 생필품을 해결하고 블로그와 개발로 돈을 버는 생활을 한다. 새로운 시대의 유목민으로 새로운 생존법을 말한다.

긱하우스(Geek House)는 그런 파가 만든 셰어하우스다. 그는 누구든 이 이름을 따서 만들어도 좋다고 말했다. 그리고 그 취지대로 긱하우스는 여기저기 잘 퍼지고 있다. 그가 설파한 '함께 사는 삶'이 꽤 재밌었던 모양이다. 나는 한국에서 그의 블로그를 염탐하면서 긱하우스에 사는 사람들에게 블로그와 페이스북으로 쪽지를 보냈다. '나는 한국의 작은 온라인 미디어에 글을 쓰는 대학생인데, 혹시 당신들의 삶을 취재해도 되겠느냐.' 온라인으로 연락을 취한 모든 이를 통틀어 긱하우스에서 가장 빠르게 답이 왔다. '너무, 너무, 너무 환영한다.'

우리가 처음 만난 사람은 마사유키 타네노부 씨였다. 그는 회사를 때려치우고 2014년 12월 15일부터 모토스미요시(元住吉)의 긱하우스에 살고 있다고 했다. 시부야의 한 까페에서 우리는 서로에게 연신 고개를 숙이며 첫 인사를 나눴다. 그는 어깨 한쪽에 '대포' 카메라를 매고 맥북을 들고 있었다. '페이커'라는 한국의 롤(온라인 게임 '리그 오브 레전드(League of Legend)'의 줄임말) 게이머를 좋아한다며 한국 사람들을 만나게 되어 영광이라고 했다. 88년생 마사유키 씨에게 직업을 묻자 생글생글 웃으며 니트라고 대답해 우리는 흠칫 놀랐다. 그에게 자기소개를 부탁했다.

"대학을 졸업하고 고향 히로시마에 있는 식품 관련 업체에서 일했습니다. 그런데 이게 제 지향과 달랐고, 하고 싶은 일을 하려면 일단 도쿄로 오자고 생각했습니다. 그래서 긱하우스를 찾아왔습니다. 지금은 긱오피스(Geek Office)에서 프로그래밍 스터디도 하고, 그걸 바탕으로 웹 관련 회사에서 일을 받아 아르바이트도 합니다. 긱오피스는 긱하우스에서 인터넷을 좋아하거나 인터넷 컴퓨터에 관심 있는 사람들끼리 연락을 주고받아서 만든 코워킹 오피스입니다."

마사유키 씨는 엄밀히 말해선 니트라고 할 수 없다. 니트(Not in Education, Employment or Training)란 교육이나 취업에 관여되지 않은 상태를 말하기 때문이다. 그에게 니트라고 소개해 놀랐다고 하니 "내가 니트라고 스스로 소개했을 때 일본 사람들은 '어 그래?' 하며 웃기게 받아들인다"고 말했다. 그의 자기소개는 새로운 형태의 삶을 낯설게 받아들이는 사람들을 위한 농담 같은 것이었다. 그는 적성에 맞는 일을 찾는 것뿐만 아니라 일하는 방식, 삶의 방식에서도 새로운 시도를 해보고 싶었다고 한다. 그는 '싫은 걸 꾹 참고' 살아가는 게 훌륭한 게 아니라고 말했다. 나는 그런 그의 말이 마음에 쏙 들었다.

"하고 싶은 일은 웹 쪽인데 그것뿐만 아니라 일하는 방식에서도 다른 걸 찾고 싶었습니다. 무슨 일이 있어도 아무리 힘든 일이 있어도 참고서 계속 진행하는 걸 훌륭한 사람이라고들 사람들은 얘기하는데, 그건 내가 생각하기에는 극소수일 뿐입니다. 모든 것을 잘하는 사람, 그릇이 커서 그것마저도 괜찮은 사람이 그걸 견디는 건데 나는 그런 것에 적합하지 않은

"하고 싶은 일을 하는 것뿐 아니라 일하는 방식에서도

새로운 걸 찾고 싶었어요. '어떻게 살아야 하고 무엇을 할 수 있을까.'

지금은 내가 하고 싶은 것, 할 수 있는 것을 하고 있습니다."

것 같습니다. 그렇다면 내가 '어떻게 살아야 하고 무엇을 할 수 있을까' 했을 때 웹이나 프로그래밍이 맞고 이런 방식으로 일하는 게 맞는 것 같았습니다. 지금은 내가 하고 싶은 것, 할 수 있는 것을 하고 있습니다."

긱하우스는 창립자인 파가 오픈소스로 '누구든 이런 식의 셰어하우스를 만들어도 좋다'고 말했기 때문에, 지역마다 다른 콘셉트로 퍼져 있다. 예를 들어 모토스미요시에는 조용한 사람들이 많이 산다. 시내에 있는 긱하우스엔 회사를 다니는 사람들이 많고, 신주쿠엔 여성만을 위한 긱하우스도 있다. 미나미센주에는 고등전문학교 학생이 만든 긱하우스도 있다. 원래 이 학교는 학생 기숙사가 따로 있는데, 이 기숙사에 못 들어가는 친구들을 위해서 주택을 빌려 기숙사 느낌의 긱하우스를 만들었단다. 긱하우스 지점별로 성향은 다르지만 그래도 긱하우스 어딘가에 소속되어 있으면 연결고리가 있어서 커뮤니티 성격이 강하다. 온라인에서 연결망을 만들고 각 하우스에서 오프라인 모임도 자주 한다.

긱하우스는 부동산을 통해서는 입주할 수 없다. 긱하우스 공식 사이트에 빈방 상황이 계속 올라오고, 트위터와 페이스북으로 인연을 맺을 수 있다. 마사유키 씨는 트위터나 페이스북 계정이 있으면 방을 보러 가서 그걸 보여주면서 나는 이런 사람이고 이런 생각을 가지고 있다고 이야기하고, 그 집과 성향이 잘 맞겠다 싶으면 입주하게 되는 것이라 설명했다. 트위터나 페이스북에 남긴 흔적으로 자신을 설명한다는 이야기가 흥미로웠다. 일본 방송에서 긱하우스를 소개하면서 '트위터 같다' 라고 표현한 걸 봤다고 하자 마사유키 씨가 격하게 동의했다.

"그 말이 정말 딱이에요."

가족이나 연인이 아니어도 좋지 않은가. 그는 이런 '느슨한 관계' 를 긱하우스에서 살면서 얻을 수 있는 가장 큰 이점이라고 말했다.

긱하우스는 그 자체가 재밌는 사람들을 끌어들이는 성격이 있어서 긱하우스 입주민뿐만 아니라 긱하우스에 관심을 가지는 흥미로운 사람들도 만날 수 있다. 신주쿠의 긱하우스는 에어비앤비 운영을 겸하니까 외국인 개발자도 만날 수 있고, 입주민이 아닌 사람도 놀고 가기도 하니까 입주민의 다른 친구와도 만날 수 있다. 긱하우스 신년회엔 50명 정도가 모이기도 했단다. 마사유키 씨가 만약 혼자 도쿄에 올라와서 아무 원룸이나 구해서 살았다면 이런 네트워크를 만들 순 없었을 거다. 타지에서 온 그에게 긱하우스는 든든한 '백'이다. 함께 살면서 '동료'와 '친구'를 동시에 만들고 있다니 그의 삶이 정말로 부러웠다. 셰어하우스의 장점을 공용 부엌과 거실 정도로만 생각했는데, 그 이상이고 또 그 이상이라는 걸 알게 되었다. 같이 산다는 건 단순히 공간을 공유하는 것만이 아니다.

긱은 좀 이상한 사람, 보통과는 다른 사람이란 이미지가 있다. 그런데 이렇게 개성 넘치는 입주자들이 모여 싸우지 않는 게 더 신기한 일 아닌가. 마사유키 씨는 곰곰 생각하더니 이렇게 답했다.

"긱하우스의 최하위의 조건이 컴퓨터 관련 일을 하는 건데 그런 사람들은 적극적이고 외향적인 사람들이 아니에요. 그래서 소극적일 수는 있어도 오히려 이상한 사람은 없는 것 같아요. 게임이나 애니메이션 좋아하는 사람도 있고 영상 좋아하는 사람도 있고 그냥 프로그래밍만 좋아하는 사람도 있어요. 반대로 스포츠를 좋아해서 주말에 야구하러 나가는 사람도 있고요. 많은 것을 포용할 수 있는 집이에요."

긱하우스는 최소한의 기본적인 성향을 공유하고 있었다. 그렇기 때문에 그 안에 이질성을 갖고 있으면서도 온라인을 기반으로 느슨한 커뮤니티를 계속 유지할 수 있는 듯했다. 우리 세대는 오프라인과 온라인에 정체성을 반반씩 걸치고 있는 경우도 많다. 그러니 이런 종류의 커뮤니티가 가능해진 것이 아닐까. 오프라인과 온라인을 자유롭게 오가며 만드는 트위터 식 인간관계다.

언제까지 긱하우스에 살 거냐는 질문에 그는 굳이 나갈 생각은 없다고 말했다. 어쩔 수 없이 나가게 된다고 해도 옮기게 된 지역의 긱하우스에 들어가거나 본인이 긱하우스를 만들 생각이라고 한다. 그는 함께 사는 집을 통해 재밌는 발견했고, 이 새로운 연결은 그의 삶에 깊이 영향을 미치고 있었다.

긱하우스를 찾아가다

마사유키 씨를 만나고 우리는 실제로 그들이 살고 있는 집이 궁금해졌다. 그는 일곱 개의 긱하우스를 운영하고 있는 '슈퍼 운영자' 기타무라 나오키 씨를 소개해주겠다고 했다. 우리는 요요기 긱하우스에 초대받았다.

현관문 앞에는 상징처럼 긱하우스라고 써놓은 여행 가방이 놓여 있었다. 가방 옆엔 아마존에서 배달 온 택배 박스가 수북했다. 4층짜리 건물 1층은 신발장과 세탁실, 2층은 공용 공간, 3층과 4층이 입주자 생활공간이었다. 기타무라 나오키 씨는 우리를 2층 거실로 안내했다. 직접 만들었다는 커다란 토토로 인형이 놓여 있었고 벽면 한쪽은 프로그래밍 책이나 가면, 피규어를 진열해놓았다. 구석에 먹고 난 맥주병이 있는 박스에도 눈길이 갔다. 긱하우스에 긱한 사람만 모이는 것은 아니라지만 그는 확실히 긱한 사람 같았다.

기타무라 씨가 긱하우스를 운영한 것은 서른세 살 때부터다. 원래는 고양이랑 동거하며 혼자 살다가 여행을 떠났다고 한다. 일본을 떠나 있는

동안 고양이를 돌볼 사람이 필요해 셰어하우스에 들어가기로 결심했다고
한다. '덕후'로서 답답함도 있었다. 프로그래머니까 프로그래밍이나 IT
관련 이야기를 하고 싶은데, 다른 셰어하우스의 '일반인'들은 아무도 그의
말을 이해하지 못했다. 그래서 긱들의 하우스를 직접 만들었다. 그가 처음
자리 잡은 곳은 도쿄 시부야다. 프로그래머들은 대개 시부야에 직장이
있는데, 그때 시부야엔 긱하우스가 없었기 때문이다. 그게 3년 전인데 지금
그가 운영하는 긱하우스는 시부야점을 포함해 일곱 개로 늘었다.

"같이 사는 건 중요해요. 특히 시골에서 상경해서 혼자 도쿄에서 살기
시작하는 건 그 누구도 득을 보지 못하는 상황이 되죠. 외롭고, 돈도 더
들어요. 긱하우스나 셰어하우스에 들어가면 편하고 재밌기도 하구요."

그는 블랙기업에 대한 이야기도 했다.

"일에서 생기는 곤란한 점도 함께 해결할 수 있어요. 하는 일이 다
관련이 있는 사람들이니까. 대학을 갓 졸업한 사람은 취업하고자 하는
회사가 '블랙'인지 아닌지 알 수 없죠. 긱하우스 같이 사는 이들과 회사
정보도 공유해서 '그거 안 좋은 회사야' 하면 본인이 대응을 할 수 있고 다른
어떤 곤란한 일이 있어도 해결할 수 있어요."

그는 이런 여러 장점보다 서로 이해할 수 있는 '동료'가 생기는 것이
가장 큰 장점이라고 말했다.

"긱하우스에서 살고 있는 사람 대부분은 부모님에게 이해받기가
힘들어요. 컴퓨터 프로그래머 일을 하는데 부모가 보면 노는 건지 일하는
건지 알 수가 없으니 잔소리하기도 하고……. 자녀와 부모의 삶의 방식이
다른데 말이죠. 그렇게 구박을 받다가 나와서 긱하우스에 들어오면
'너 이런 것도 할 줄 아느냐'고 이해해주는 동료를 만나요. 그게 가장
중요합니다. 가족이냐 개인이냐 그런 것보다는 서로 이해할 수 있는 사이인

"긱하우스에서는 이해해주는 동료들을 만나요.
그게 가장 중요합니다. 서로 이해할 수 있는 사이인 사람을 만나는 것."

사람들을 만나는 게 중요하니까요."

기타무라 씨는 나중에 결혼해서 가족이 생겨도 긱하우스 같은 곳에 살고 싶다고 꿈꾸게 되었다. 그렇지만 가족 단위의 셰어하우스인 컬렉티브 하우스를 만드는 것엔 현실적으로 여러 어려움이 따른다.

"컬렉티브 하우스를 만들려면 엄청 넓은 부지와 건물이 필요하고, 그러면 돈도 많이 들고, 그런 곳을 찾기도 힘들어서 머릿속으로 생각해본 정도입니다. 도쿄에서는 힘들 거라고 생각합니다. 그렇지만 도쿄에서도 신주쿠나 시부야 같은 중심지가 아닌 외곽은 집세가 싸기도 하고, 점점 일본에서 빈집 문제가 대두되고 있기 때문에 잘 찾아보면 될 수도 있을 거라고 생각합니다. 최근에 사람들 사이에서 한번 해볼까 얘기하는 게 나가노 현이나 후쿠이 현에 있는 한 마을을 긱 마을로 만들자는 건데요. 시골 마을들이 죽어가니까 우리가 들어가서 살아보자는 겁니다. 굳이 가족 단위가 아니라도 살고 싶은 사람들이 다 들어가서 마을을 형성할까 생각하고 있습니다. 긱하우스 들어가는 사람은 인터넷과 아마존닷컴만 있으면 살아갈 수 있으니까 굳이 도쿄가 아니어도 상관없어요. IT 계열 사람들은 장소를 옮겨도 인터넷이 되면 일을 할 수 있으니 굳이 도쿄에 있어야 한다는 생각은 없습니다."

디지털 노마드로서 그들이 생각하는 '집'의 의미는 전혀 다른 것이었다. 앞으로 재택 근무가 보편화된다면 이런 식의 삶도 충분히 보편화될 수 있지 않을까. 함께 살며 함께 이야기하고, 함께 마을을 만들 꿈을 꾸는 '새로운 공동체'를 찾는 그들이 진심으로 부러웠다. 긱이라는 정체성이 그들을 묶어주었다는 것이 흥미롭다. 일반적이지 않다는 걸 전제로 모인 그들은 가장 넓게, 깊게 서로를 향해 관계를 열어두고 있었다. 이런 연결은 새로운 '청춘의 집'에서 가능해질 것이다.

K2인터내셔널, 집은 관계 회복의 도구

"원래 20년 전에 히키코모리란 한 반에 40명이 있으면 한두 명 정도가 해당하는 소수였습니다. 빈곤층이라고 한정적으로 말할 수는 없고 오히려 부모가 교육이나 공부에 열을 올리기 때문인 경우가 많았습니다. 최근에는 젊은이들의 히키코모리 문제나 니트 문제도 많이 바뀌었죠. 열 명에 한 명 정도로 많은 사람이 이 문제에 노출돼요. 그 안에는 빈곤층도 있고 20년 전처럼 과한 교육열 때문에 힘들어하며 히키코모리가 되는 사람도 있습니다. 그러나 사회현상으로 중하류층이 점점 늘어나면서 개중에 하류층이 눈에 띄게 된 거죠."

우리가 K2를 찾아간 날은 비가 내려 땅이 축축하게 젖었다. K2인터내셔널은 1988년에 시작된 단체로 히키코모리, 니트족이 자립할 수 있도록 도와주는 일을 한다. 이들이 학교에 돌아가지 않고도 사회에 적응할 수 있는 힘을 기르는 것을 목표로 한다. 마사토 야마모토 씨는 우리를 봉고차에 태우고 운전해 K2에서 운영하는 기숙사와 일터를 돌며 이런저런 이야기를 들려줬다. 그에게 청년이 고립되는 상황이 가난과 연관이 크냐고 물었다.

"처음에는 10대 히키코모리만 지원했다가 점점 취업난으로 청년들이 취업을 못 해서 20대, 30대까지 (지원) 연령대가 올라갔어요."

K2인터내셔널에 상담하러 오는 청년들은 인간관계의 어려움, 정신적인 어려움을 겪는 경우가 많다. 학교에서 왕따를 당했거나, 회사를 그만둔 경험이 있거나, 히키코모리 생활을 했거나, 직장이나 학교에서 인간관계 문제를 겪는 경우다.

사회적으로 고립되는 상황에 처하는 것은 단순히 개인의 문제가 아니다. 경쟁 사회에서 받는 정신적 압박과 경쟁에서 탈락했을 때 어디로도 갈 수 없다는 공백 상황에서 고립된다. 요코하마의 K2에서 일하는 이와모토 마미 씨는 젊은이들이 무기력해지고 일하지 않으려 하는 건 그들이 겪는 어려움 중 하나일 뿐이라고 말한다. 그리고 표면적인 노동 문제만 붙잡고 해결하려 하니 어려움이 사라지지 않는 것이라고 덧붙인다. K2는 요코하마 지역 안에서 이런 문제를 해결하려 노력하고 있다. K2인터내셔널은 누군가와 함께 사는 집을 '자립의 기반'으로 본다. 이곳에서 집은 동료를 연결하고 누군가와 소통하는 삶을 담는 그릇이다. 일을 잃고 니트가 되거나 히키코모리 생활을 하면 집 밖은 물론이고 집 안에서 관계를 회복하기도 어렵다. 가족과도 문제를 겪기 때문이다. 그래서 이와모토 씨는 집과 멀어지는 것만으로도 어느 정도 문제가 해결된다고 말한다. 집에만 틀어박혀 있는 경우는 집을 나가봤자 잘 수 있는 곳도 없고 일할 곳도 없다. 그러나 물리적으로 새로운 환경을 만들면 일하고자 하는 의지도 생길 수 있다.

30분 정도 차를 타고 들어가니 마사토 씨는 봉고차를 세우고 이곳이 팜하우스라고 이야기했다. 차에서 내리자 눈앞에 초록의 아담한 2층 주택이 보였다. 팜하우스는 K2가 운영하는 자립을 위한 공동 주거 공간이다. 마당에 작업복을 입고 무언가를 망치로 뚝딱뚝딱 만들고 있는 두 사람이 보였다.

K2요코하마의 마사이 사토 씨는 5년 전 요코하마 청년 자립 지원 사업으로 오게 되었다. 그는 대학을 중퇴하고 일을 하지 않고 있었는데 부모가 직접 인터넷을 검색해 그에게 상담을 권유했다고 했다. 그는 팜하우스에서 다른 K2 프로그램 참여자와 공동 생활을 하며 일을 하는 스태프다.

6시 40분이면 팜하우스의 1층으로 내려간다. 그리고 팜하우스 동료들과 한 시간 동안 집 앞 텃밭에서 아침 농사를 짓는다. 아침을 먹고 청소 시간이 끝나면 각자 취로활동을 나가거나 하며 시간을 보낸다. 텃밭엔 가까운 K2 시설과 기숙사의 위치를 알리는 표지판이 꽂혀 있다. 한 구석 화덕은 마을 사람들과 피자를 구워먹거나 할 때 쓰는 것이다.

마사이 씨의 동료인 이시이 류타 씨는 2014년 8월, 서른두 살에 K2인터내셔널에 들어왔다고 한다.

"원래는 대학 졸업하고 2008년에서 2009년까지 1년 정도 영화관 매니저로 일했습니다. 하지만 직장과 집이 너무 멀었고 이동이 많은 직업이었는데 한곳에서 적응하면 다음 곳으로, 혼자 이리저리 왔다 갔다 하는 게 힘들어서 퇴사했습니다. 그러고 나서는 아르바이트는 했지만 진짜 구직 활동은 안 했어요. 그러던 중 작년 7월 부모님이 저를 K2인터내셔널에 처음 상담을 보냈고, 서포트생으로 쭉 있다가 2월부터는 스태프 견습생으로 K2인터내셔널의 '파머스하우스'에서 지내고 있습니다."

K2인터내셔널의 청년 자립 지원 프로그램은 총 세 단계로 이뤄져 있다. 일하기 위한 전제가 되는 생활 주거 만들기, 직장 만들어주기, 동료를 만들어서 커뮤니티 회복하기. 이와모토 마미 씨는 무엇보다 주거가 일을 위한 전제가 된다고 말했다.

"삶에서 가장 중요한 것은 주거 환경입니다. 이게 틀어지면 삶 자체가 모두 무너진다고 생각해요. 물질적인 집만 준다기보다 같이 생활한다는 게 좋은 점이 많기 때문에 공동 생활을 위한 주거 환경을 만드는 겁니다."

집은 '생활'을 연습하는 공간이고 동료를 만드는 공간이다. 사람이 똑바로 서기 위해선 어디든 '비빌 언덕', 마음 둘 곳 하나쯤은 필요한 법이다. 무너진 관계망을 다시 엮고, 흩어진 개인을 모아서 다시 일으키는

"삶에서 가장 중요한 것은 주거 환경입니다.
이게 틀어지면 삶 자체가 모두 무너진다고 생각해요."

곳. 일과 커뮤니티가 있는 집에서 청년들은 다시 일어서고 있었다.

'청춘의 집'을 뜯어보면 처음엔 '집' 문제가 먼저 눈에 보이지만 가만 살펴보면 그 안에서 '청춘'이 겪는 수많은 문제가 함께 보인다. K2에선 이 복합적인 문제들을 함께 본다. 불안정한 노동, 일하고 싶지 않은 마음 그리고 단절된 관계망. 이 문제들을 엮고 푸는 커다란 그릇으로 집을 사용하고 있는 것이다. K2인터내셔널의 디렉터 이와모토 씨에게 왜 공동 생활을 중요하게 생각하는지 물었다.

"일본은 고도 성장기 때부터 아이들이 제대로 된 자기 방을 하나씩 갖고 많은 교육을 받았습니다. 그것이 오히려 안 좋게 작용한 것 같습니다. 타인에게 상처를 주거나, 집에서 서로에게 양보하지 않게 된 거죠. 그래서 공동 생활로 타인과 올바르게 거리 두는 법 혹은 재미있게 함께 사는 법을 배우도록 하고 있습니다. 타인과 생활하면서 문제가 생기면 해결 방법을 모색해서 문제 해결 능력을 키울 수도 있고요. 기본적으로 나 혼자 사는 것이 아니라 누군가와 함께 살면서 생활의 기술을 더 많이 얻을 수 있는 것 같아요."

이와모토 씨는 한국도 일본의 상황과 닮은 것 같다고 말했다.

"경쟁 사회고 좋은 학교, 좋은 직장을 다녀야 한다고 생각하는데 행복이나 충실감이 느껴지는 삶은 마음가짐이라든지 가족 관계, 내가 어떤 곳에 살고 있는지와 연결되어 있어요. 이런 것들이 같이 좋아지지 않으면 안 돼요. 사실 지금 일본 정부는 '경기를 좋게 해서 일자리를 만들고 젊은이들이 일하게 되면 이런 현상(청년의 자립 문제)이 없어질 것'이라고 생각하는데, 전혀 그렇지 않아요. 삶의 방식이라든가 주거, 이런 것까지 세심하게 보지 않으면 안 됩니다."

《무중력 사회를 사는 우리 유유자적 피플》이라는 책에는 사회와 연결점이 끊어진 이들을 지원하는 사회적 기업인 유자살롱 이야기가 등장한다.[1] 이 책에는 혼자서 고립되길 바라는 사람들이 찾아들어가는 '버뮤다 삼각지대'에 관한 이야기가 나온다. 버뮤다 삼각지대의 세 축을 이루는 것은 관계적 고립감, 정서적 우울함, 일과 일상에서 느끼는 무력함이다. 한 발만 잘못 디뎌도 중심을 잃고 '표류'하게 되는 세상. 과중력의 노동과 무중력의 소외가 겹친 곳이 지금 한국사회다.

　나는 동네 도서관에서 이런 느낌을 받은 적이 있다. 동네 도서관에는 어학 자격증을 준비하거나 공무원 시험 노트를 옆구리에 끼고 돌아다니는 청년들이 종종 보인다. 지하식당에 3500원짜리 볶음밥을 시켜놓고 주변을 둘러보면 다들 약속이라도 한 듯 한 방향으로 앉아 있다. TV를 보면서 일렬로 앉아서 밥을 먹는다. 서로 마주 보고 앉으면 불편해지기 때문에 서로 등이 보이게 돌아 앉아 밥을 먹는다. 지하 복도엔 숟가락이 식판에 부딪치는 소리와 TV 소리만 울려 퍼진다. 묘한 공기가 흐른다. 재수학원을 다닐 때 아는 언니 고시원에 놀러갔던 일도 기억난다. 여자애 둘이 몸을 구기고 한 명은 책상 밑에 다리를 넣고, 한 명은 침대에서 자야 하는 작은 방이었다. 문을 열면 건넛방 살림이 한눈에 보이기 때문에 여름에도 문을 닫아뒀다. 나는 이 긴 복도 칸칸이 방마다 사람이 들어 있을 것이라 상상하니 집이 서랍 같아 보였다. 잘못해서 다른 방 사람과 눈이 마주치면 서로 못 본 척, 안 본 척 하고 경계하는 곳. 나는 많은 청년이 '버뮤다 삼각지대' 바로 옆에서 위태롭게 살고 있다고 생각했다.

　K2를 찾아가 들은 이야기 중 머릿속을 떠나지 않았던 건 아이들이 자립하지 못한 채 시간이 흘러 10대가 되고 20대가 되더니, 이제는 30대까지 지원 대상이 되었다는 이야기였다. 일이든 결혼이든 시작점을 기다리지만 너무 오래 유예할 수밖에 없는 세대. 나는 우리 세대가

기다리다 미쳐가거나 기다리다 지쳐가고 있다고 생각했다.

삶의 과업을 진행할 수 없는 '이행 불가 세대.' 무기력은 과연 우리 잘못일까. 벼랑 끝에 몰린 삶은 미디어에서 반복해서 소비된다. 학자금 대출에 신음하고 지하방 옥탑방에서 '공부하는 노동자'로 살아가는 청년들. 그렇지만 그 벼랑 끝이 다가 아니라 다 같이 벼랑으로 기울어지는 시소 위에 있는 느낌이다. 한국에 돌아와 서울 살이 7년 차 친구들을 인터뷰하면서 나는 그 친구들이 '소진되었다'는 느낌을 받았다.

세대를 그 세대가 공유하는 문제 그리고 그 문제를 대하는 마음 방식에 따라 '명명'해야 한다는 이야기가 있다. 김홍중 서울대 사회학과 교수는 청년 세대의 마음 방식을 '생존주의'로 이야기한다. 지금의 불안정과 위험이 '지나가는 것'이 아닐지도 모른다는 생각. 임시의 시기가 아니라 이대로 고착되어 20년 30년이 흐를지도 모른다는 불안감. 그런 것이 우리 세대가 공유하는 '마음'이라고 했다.[2]

우리가 꿈꾸는 집이라는 것

일이 모두 끝난 밤늦은 시각. 우리는 편의점에서 호빵과 맥주 몇 캔을 사들고 달랑달랑 아카사카의 숙소로 돌아왔다. 통역을 도와준 경이기 고베로 돌아가기 전 함께 하는 마지막 밤이었다. 우리는 각자가 꿈꾸는 집에 관해 이야기를 나눠보자 했다. 식탁에 두런두런 둘러앉아 정현, 영서, 경, 소담이 각자의 이야기를 꺼냈다.

정현은 경기도 안양시에 산다. 대학 생활 대부분을 안양에서 서울 신촌까지 통학했다. 다녔던 고등학교는 집에서 가까웠는데 대학을 서울로 오면서 처음으로 아침저녁 시간을 길거리에서 버리는 경험을 하게 됐다. 서울에 방 한 칸이라도 얻자니 돈이 너무 많이 들어서 어쩔 수 없었다. 정현은 1학년 때 이야기를 꺼냈다.

"그나마 집보다 학교랑 조금 더 가까운 이모 집에서 한 학기를 살았는데 너무 불편한 거야. 장난 아니야. 친척집은 진짜 못 살아. 결국 30분 정도 더 걸리더라도 집이 훨씬 낫겠다 싶어서 집으로 돌아왔어."

서울에서 약속을 잡으면 적어도 한 시간 반은 일찍 집에서 나와야 했다. 친구들과 놀 때는 항상 막차 시간 때문에 전전긍긍했다.

"모든 역사는 새벽에 이루어진다고 하잖아. 그런데 나는 남으면 밤을 새야 하니까 '이걸 남아야 하나 말아야 하나' 계속 고민하는 거야."

정현은 서울에 사는 친구네 집에 몇 번 놀러가보곤 '아, 이렇게 나오면 시내가 가깝고, 편한 삶이 있구나' 생각했다. 정현이 꿈꾸는 집은 서울의 '내 방 한 칸'이다. 빨리 돈을 모아 엄마 집도 마련해드리고 싶다고 했다.

"우리 집은 자가가 있는데 굉장히 작아서 전세로 살고 있어. 전세 계약을 2년마다 갱신해야 돼. 엄마가 주기를 두고 되게 나를 쪼는 기간이 있어. 가만히 보면 딱 전세 재계약할 때야. 엄마가 스트레스를 많이 받을 거 아냐. 그러니까 모든 곳으로 그 화가 분출되는데 나한테도 불똥이 튀는 거지. 그래서 내 드림하우스는 빨리 돈을 모아서 엄마 집을 마련해드리고, 그다음에는 안양에선 살고 싶지 않으니까 회사 주변에 방 한 칸이 있었으면 좋겠다는 거."

영서는 어떤 집을 꿈꾸는지가 현실적으로 돈과 얼마나 현실적으로 연결되는지 깨달았다고 말했다.

"내가 꿈꾸는 집은, 최근에는 별로 생각을 안 했는데 홈시어터를 둘 수 있는 공간. 홈시어터, 정말 사운드도 좋고 출력도 좋은 거. 그거랑 DVD나

음반으로 가득 찬 방이 있으면 좋겠어."

영상을 전공한 영서는 자신의 취향을 누릴 수 있는 공간이 집에 있기를 바란다. 우리는 그 이야기를 듣고 깔깔대면서 원하는 걸 하려면 역시 돈이 많아야 한다며 웃었다.

"일본에서 느낀 것도 공간의 문제뿐만 아니라 집이 다른 재산, 노동이랑 다 연결된 거잖아. 그래서 나의 드림하우스도 사실 그런 공간뿐만 아니라 거기를 채울 수 있는 나의 재력, 능력, 이런 게 있었으면 좋겠다는 게 포함된 거 같아."

유유자적하며 살고 싶다고 해도 그 유유자적을 계산하기 시작하면 얼마나 많은 것을 우리가 갖춰야 하는지. 홈시어터를 둘 수 있는 집을 사려면 우리는 어떤 일을 하고 얼마나 벌어야 할까. 영서는 아파트는 싫다고 했다. 공중에 떠 있는 딱 요만큼의 내 것, 공중의 구멍 같다고 말했다. 그래서 영서는 땅에 뿌리내린 주택을 사고 싶다고 말했다.

"내 땅에 나만 뿌리내리고 있는 느낌. 그런 거."

경이는 건축학과 졸업 작품을 이번 해에 냈는데 그 작품의 주제가 '공유주택'이었다고 했다. 경이는 후에, 사람들이 연결되어 있으면서 또 떨어져 있을 수도 있는 공유주택을 건축하는 게 꿈이다. 나중에 같이 살기로 한 친구들도 있다고 했다. 1층엔 부엌이 연결되어 있고 쉴 수 있는 각자의 공간은 분리되어 있는 집. 따로 쉬다가 함께 밥도 해먹고 수다도 떠는 저녁 시간. 상상만 해도 좋다. 경이는 일본으로 혼자 유학을 와서 고생을 많이 했다.

"고베에서 집을 구할 때 필요 조건을 쓰잖아. 이름을 쓰는데 내 이름이 일본인이 아니잖아. 처음에는 중국인이냐고 물어봐. 내 이름이 두 글자니까. 그래서 '아뇨, 한국인인데요' 그러면 집 보여주는 게 달라져.

내가 봤던 것보다 훨씬 비싸지고. 일본인 아니면 집에 받지 말라고도
하고. 나한테 '다행인 줄 알라고' 이야기하더라. '네가 중국인이었으면 더
나갔을 거'라고. 그러면 나는 이걸 웃어야 돼, 울어야 돼? 이 얘기를 가는
부동산마다 들었어. 다행인 줄 알라는 말. 가는 집마다 집주인한테 부동산
주인이 '얘는 중국인 아니고 한국인이에요' 이러는 거야."

나는 집주인 권리가 세고 세입자 권리가 없는 곳에서는 그런 일이
더 많이 일어나는 것 같다고 말했다. 어디부터 어디까지 내가 주거권을
요구할 수 있는지, 공공의 영역에서 제대로 정해지지 않았기 때문에 돈줄
쥔 집주인은 갑, 세입자는 소심한 을이 된다. 정현은 그냥 놔두면 다 그럴
수밖에 없다고 했다. 정치적으로 세입자 커뮤니티가 목소리를 적극적으로
내야 더 많은 것이 달라질 것이다.

내 차례였다. 나는 드림하우스가 뭐냐는 질문에 골똘히 생각에
잠겼다가 물었다. "그런데 우리가 보통 드림하우스라는 걸 생각을 하나?"

답이 쏟아졌다.

"생각하지." "어렴풋이 하지 않아?" "해. 이거는 할 수밖에 없어."

나는 동네에 대한 개념도 별로 없었고, 내 공간을 어떻게 꾸미고
싶다는 생각도 별로 없었다. 내 의지에 따라 결정되는 게 아니었기 때문에,
그냥 이사 가면 이사 간 동네에서 살았다. 태어나서 지금까지 스물여섯
해 동안 서울 변두리를 떠돌면서 일곱 번 이사했다. 동네 지리가 눈에
익을 만하면 이사를 갔다. 내가 살았던 동네들을 나는 일련의 이미지로
기억한다. 경기도 부천시에 상가가 오밀조밀 모여 있던 모습. 서울 구로동
근처 철물점을 지나면서 봤던 셔터 닫힌 가게들. 굳이 꼽는다면 지금 사는
경기도 고양시가 가장 좋은 것 같다고 했다. 주말에 장도 서고 노인, 아이,
젊은 부부, 학생들이 돌아다니는 풍경이 좋아서다. 밤이면 사람이 모두

빠져나가는 서울이란 도시를 벗어나고 싶다고 생각한다. 집 자체보다도 마을이 있는 곳에 살고 싶다고 생각한다. 영서는 집 자체에 내가 별 생각이 없다고 말하자 그러면 청춘의 집 기획을 하게 된 연유가 뭔지 물었다.

"지방에서 올라와서 미술 공부를 하는 친구가 있어. 그 친구는 항상 집 때문에 고민해. 학기마다 어디에서 살아야 할지 엄청 스트레스를 받는 거야. 다른 친구는 자취하는 곳이 위험해서 고민하고. 반지하방인데 창문 사이로 누가 정액 뿌리고 도망가는 일도 있고 그렇대."

"어우 씨, 미친." "들은 게 한두 번이 아냐. 정액 뿌리고 도망간 거."

우리는 '변태 한 놈이 아마 신촌에 있나 보네' 하며 씁쓸하게 웃었다.

"집은 기본적으로 쉬는 곳이어야 하잖아. 누군가에겐 당연히 쉬는 곳이고, 그게 당연해서 따로 생각을 하지 않아도 되는 문젠데 누군가한테는 항상 고민해야 하는 문제라는 거."

"방금 내가 그걸 물어본 이유가, 집이라는 게 원래 자기 일이 아니면 관심이 안 생기는 곳이라고 해야 하나? 그런 거 같아. 사회 문제로 끌어내기 힘든 거라고 생각해. 우리가 이걸 쓰면서도 반응이 차가운 이유[3]가 자기가 만족스러우면 별로 다른 사람에 신경을 안 쓰기도 하고, 자기가 만족스럽지 않아도 만족스럽지 않다는 걸 잘 깨닫지 못해서라고 생각해. 경이는 만날 물이 흐르는 집에 살았어도 그냥 바지 걷고 빨래하고 했잖아. 나도 프랑스에서 유학할 때 엄마가 보고 눈물을 흘릴 만큼 구린 기숙사에 살았는데도 '원래 그런 거지' 하고 살게 되더라고. 홈리스도 어딘가엔 몸을 누이니까 사실 자는 곳이 없는 사람은 없잖아. 근데 자기가 자는 곳이 어떤 곳인지 사람들은 별로 생각을 안 하니까."

나는 고개를 끄덕였다. 사실 '집'을 주제로 이야기한다고 했을 때 사람들 반응은 차가웠다. 젊었을 때는 사서 고생한다는 꼰대 같은 반응도 있었지만 근본적으로 집의 의미 때문이었다. 우리는 집을 선택하거나 새롭게 만들어나가는 곳이라고 생각하지 않고 그냥 살아가는 공간이라고만 생각한다. 그래서 적응하고, 견디고, 그냥 지낸다. 혹은 집을 집이 아니라 부동산으로만 본다. 재산. 평수. 그렇지만 정말 그뿐인가.

반지하방에 살던 친구가 햇빛 드는 2층으로 이사를 했을 때 생활 패턴도 달라지고 우울도 나아졌다는 이야기를 들은 적이 있다. 취직 준비 기간에 신림동을 떠돌면서 이사 다녔다는 친구 이야기를 들었을 땐 그 친구의 삶이 집이나 어떤 구체적인 동네를 중심으로 떠돌고 있는 모습이 그려졌다. 만족과 불만족의 맥락에서 집이란 공간을 볼 수 있는 게 아니라 온 삶에 '주거'의 조건이 영향을 미친다. 청춘의 집 프로젝트는 그런 맥락을 짚고 더 많은 우리의 이야기를 꺼내고 싶어서 시작한 프로젝트였다.

일본에서 불안정한 고용이 어떻게 자립의 기반을 없애는지 발견했다. '집이 있다/없다' 문제를 고민하는 게 아니라 집이 사람들의 삶에 어떻게 영향을 미치고 있는지, 영향을 받은 삶이 또 어떤 집을 만들어내는지 생각하게 되었다. 88만 원 세대의 삶은 고시원을 만들어냈고, 사토리 세대의 삶은 자유와 생존의 집, 한 평짜리 탈법 하우스를 만들어냈다. 불안에 대처하는 새로운 방법을 상상하면서 긱하우스와 K2인터내셔널 팜하우스가 만들어졌다. 그리고 그 안에서 우리는 사람, 삶을 발견했다. 그리고 이 발견이 더 나은 청춘의 집을 위한 상상으로 이어지길 바란다. '청춘의 집'은 어떤 모습일 수 있을까? 나는 이 고민이 여러 가지 이야기를 담고 있다고 생각한다. 그 모습은 단순히 복층 원룸이라거나, 이케아 가구를 들여놓은 인테리어 공간을 말하는 건 아니다. 우리가 찾고 싶은 '청춘의 집'은 삶을 담는 그릇, 온전한 그릇으로서의 집이다.

히츠지 부동산 기타가와 다이스케

기타가와 다이스케 씨는 셰어하우스를 전문으로 중개하는 히츠지(羊) 부동산의 대표다. 셰어하우스는 일본에서 인기를 얻고 있는 주거 형태로 하나의 집을 여러 명이 공유하는 것이다. 물론 크기도 형태도 생활 공간을 분리, 공유하는 방식도 매우 다양하다.

히츠지 부동산은 2005년 설립된 이래 총 15만 7천 건 상담을 진행했다. 현재 합법성과 안전성을 인정받은 일본 셰어하우스 중 90퍼센트가 히츠지 부동산의 매물로 들어와 있다. 그를 히츠지 부동산의 사무실에서 만났다. 히츠지 부동산은 코워킹 공간을 쓰고 있다. 다른 회사 사람들까지 약 백 명이 함께 일하는 공간이다. 일하는 중간중간 우연히 다른 회사 사람을 만나 이야기하며 업무 스트레스를 줄일 수 있는 자유로운 공간을 추구했다고 한다. 사무실 이곳저곳에 양 장식물이 달랑거린다.

기타가와 씨는 우리를 독립된 사무실 공간으로 안내했다. 영서는 취재를 준비하면서 자주 '같이 사는 것'이 대안이 될 수 있을지를 이야기했다. 우리는 함께 살면서 더 행복해질 수 있을까. 그는 그럴 수 있다고 말했다. 함께 사는 집을 중개하는 부동산, 히츠지 부동산의 이야기를 들어보았다.

히츠지라는 말이 일본어로 양이라는 뜻이라고 하는데, 어떤 의미에서 이런 이름을 짓게 되었나

아름다울 미(美) 자가 양이란 글자에서 유래됐다고 중국에서 이야기한다. 그게 풍부함을 뜻하는데, 양의 털로는 몸을 따뜻하게 할 수 있고 고기는 먹을 수 있어서 '풍부해서 아름다운 존재'를 말한다고 한다. 그 유래처럼 집은 '풍부하고 풍요로운 것'이 될 필요가 있다고 생각해서 지은 이름이다.

히츠지 부동산은 셰어하우스를 처음으로 본격적으로 중개하는 부동산이라고 했다. 어떻게 셰어하우스 중개업을 시작하게 되었나

일단 '처음'이라고 이야기한 것에 대해서 설명하고 싶다. 셰어하우스라는 주거 형태는 예부터 있었고 그걸 다루는 매체도 있었다. 히츠지 부동산을 처음에 하려고 마음먹은 건 셰어하우스 자체가 사실 오래전부터 있긴 했지만 제대로 된 정체성이 확립되지 않고 언제든 없어져도 이상하지 않은 문화로 자리를 잡았는데, 좀 더 확실하게 좋은 셰어하우스 문화를 자리 잡게 하고 싶었다.

지금까지 히츠지에서 중개한 매물은 얼마나 되나

히츠지 부동산은 일반적인 부동산 회사와는 다르다. 물론 부동산 중개 자격증을 갖고는 있지만 이 사업의 명칭은 '플랫폼 사업'이다. 히츠지에서 중개해서 실제 몇 명이 주택에 입주했는지는 알 수가 없고, 입주를 문의해서 각 셰어하우스 사람들과 상담한 건수는 2005년 설립 후 지금까지 총 15만 7천 건이다. 지금 플랫폼에 올라와 있는 매물은 2천여 건 정도. 일본 셰어하우스 중에서 안전이나 모든 면을 다 따져서 올라온 물건의 90퍼센트 정도는 히츠지에 매물로 들어와 있다.

셰어하우스를 운영하는 사람이 물건을 올려두면 입주를 원하는 사람이 히츠지에서 물건을 찾는 방식으로 이해했다. 탈법 셰어하우스 문제도 불거지고 있는데, '나쁜' 매물은 어떻게 차단하나

심사가 까다롭다. 법적인 것, 안전성, 업자가 어떤 사람인지도 심사한다. 그래서 위험한 매물은 히츠지에 게재하지 않는다.

2천여 건 정도가 올라와 있다니 생각보다 셰어하우스 물건이 많아 보인다. 보통 어떤 사람들이 셰어하우스 입주를 문의하는가

히츠지에서 분석한 자료에 따르면 연령대로는 스물아홉 살 정도가 가장 많다. 이용자 연령대는 점점 오르는데, 여성이 훨씬 많다. 가장 많은 직업은 일반 회사원이고 파견사원, 프리터, 전문대생 등 직종은 다양하다.

매물을 평가하는 기본적인 룰이 있는가

히츠지의 룰은 입주자들이 공동으로 사용하는 시설이 꼭 있어야 한다는 것이다. 복도, 화장실, 세탁실 등이 여기 포함된다. 돈을 얼마 내면 거실을 사용할 수 있다거나 이런 게 아니라 정말 거실이나 부엌이 있어야만 소개한다. 두 번째가 가격이다. 집이 싸다는 것만 장점으로 내세우는 매물은 게재하지 않는다.

히츠지가 강조하고 싶은 셰어하우스의 이점이 궁금하다

사실 일본 미디어에서도 셰어하우스가 왜 좋은지 많이 묻는다. 그런데 대답하기가 참 어렵다. 좋은 점이 많기 때문이다. 셰어하우스의 좋은 점을 말하는 건 2G폰을 쓰는 사람한테 스마트폰의 좋은 점을 설명하는 것과 같다. 스마트폰이 왜 좋은지 물으면 대답할 말이 별로 없고 그냥 좋은 게

많다고 할 수만 있지 않은가. 타자기 쓰는 사람한테 노트북이 왜 좋은지 물어보면 그냥 다 좋다고 할 수밖에 없는 것과도 마찬가지다. 집을 통해서 굉장히 많은 것이 가능한데 그중 셰어하우스가 그 가능성을 넓게 활용할 수 있는 형태이기 때문이다. 그래서 셰어하우스에 있는 거다. 활용 범위라는 건 무한대다. 사람이 많고 공간이 넓을수록 활용 가능성 많으니까 특징짓기 어렵지만, 그래서 오히려 해보지 않은 사업을 더 상상할 수 있다.

여러 형태의 셰어하우스가 있는데, 특히 취미를 중심으로 한 셰어하우스가 언론에서 주목을 많이 받는다. 이런 경향을 어떻게 생각하는가

3년간 여러 매체에 '취미를 통해 모이는 셰어하우스는 한계가 있다'고 말해왔다. 일본엔 셰어하우스 붐이 일어난 지 오래되었다. 그 안에서 취미로 모여서 살 수 있지 않을까 하는 사람들이 많이 있었다. 그리고 실패 경험을 갖게 된 사람들이 더 많다. 그런 경향의 셰어하우스는 좋지 않다고 계속 말하고 있는데 일본 매스컴에서는 그런 걸 제대로 다뤄주지 않는다.

그렇다면 왜 '콘셉트 셰어하우스'가 나오게 되었을까

취미가 맞는 사람들이 같이 모여보자는 게 왜 나왔을까. 생각해보면 길거리 돌아다니는 사람들 아무나 셰어하우스에서 함께 살게 하는 건 좀 아니지 않을까 하는 전제에서 시작한 것이다. 그래서 취미를 중심으로 셰어하우스 입주자를 모은 것인데 그런 전제가 틀렸다고 생각한다.

모집하는 기준이 확실하게 있다고 하는데, 그건 어떤 기준인가

여러 가지가 있다. 셰어하우스는 소프트웨어, 하드웨어, 스킬 세 가지가 중요하다. 어느 것 하나도 빠지면 안 된다. 여러 가지 측면에서 잘 맞는 동지를 모으지 않으면 안 되고, 그렇게 모은 사람을 잘 관리하거나 아니면 시스템을 정비해서 다른 곳에서 히츠지의 방식을 흉내 낼 수 있도록 해주지 않으면 안 되기 때문이다. 모집하는 방법 중 하나는, 예를 들면, 매물을 보여주는 방법에서 드러난다. 어떤 한 가지 메시지를 보여줄 필요가 있다. 집 이름을 짓는 방법, 그런 것도 메시지를 보여주는 방법이다. 혹은 설비의 스펙도 메시지의 한 방법이다. 입주 심사도 당연히 있기 때문에 심사할 때 판단하는 것도 있다. 심사하는 것에 있어 애시당초 상업회사가 가진 임차인 혼합(tenant mix) 전략이라고 하는 것이 여기에 포함된다. 입주 시 계약 조건도 있다. 친구를 데려온다면 어느 정도까지 괜찮은 건지, 친구를 그냥 데려와도 되는 건지. 어떤 것까지 내가 할 수 있고 할 수 없는지 알아야 한다. 매물을 만드는 것과 매물을 보여주는 방식 등 총체적인 것이 메시지가 되어서 집을 찾는 사람에게 날아가 보여진다. 거기 맞는 사람이 히츠지 부동산에 신청하게 된다. 심사에서도 제대로 조절해야만 한다.

흐름이라는 것이 섬세하고 여러 가지 기술이 그 안에 많이 들어 있다. 이러한 것들을 기본적으로 잘 행해야 결과적으로 셰어하우스 사람들끼리 함께 잘 살아갈 수 있게 된다. 지금까지의 부동산 중개업처럼 돈을 주면 집을 보여주는 시스템은 셰어하우스에는 당연히 성립이 안 된다.

셰어하우스를 중개하는 일은 상당히 섬세함이 필요한 일이지 싶다. 한 가지 더 궁금하다. 히츠지 부동산에서 상상하는 새로운 영역은 뭔가

새로운 사업 중 하나는 작년부터 시작한 가족을 위한 셰어하우스 중개다. 또 회사로서 부동산 업자들이 빌딩을 세우고 셰어하우스를 시작을 하는 경우가 많은데 그걸 서포트하는 것도 생각하고 있다. 아니면 개인들이 만든 셰어하우스의 재밌는 공간을 소개하고, 일본의 재밌는 도시마다 특성을 살려서 문화와 특색을 살린 셰어하우스를 만드는 것도 재밌을 것 같다.

마지막으로 묻고 싶다. 히츠지 부동산에서 생각하는 '집'은 어떤 의미인가

집은 뒹굴거리고 쉴 수 있는 공간이라고 생각한다. 그런데 혼자서만 계속 뒹굴거리면 어느 순간 외로워진다. 성향이 맞는 사람들과 함께 쉴 수 있으면 좋지 않겠는가. '세상을 바꾸려고, 누군가를 교육시키려고' 만드는 셰어하우스는 말이 안 된다. 셰어하우스가 경제적 사회적으로 파급 효과를 일으킨다고 하는데 그건 결과일 뿐이다. 집의 목적은 사람들이 그 안에서 떠들고 놀고 하면서 생기는 거다. 예를 들어서 셰어하우스 중에 '너희가 이 집에서 공동 생활을 하면 사회에서 분위기 파악도 잘하고 남을 배려하게 될 거야'라고 써 붙인 집이 있다. 그런 집은 어떻게 보면 좋지 못한 시설을 그럴싸한 말로 변명하는 것뿐이다. 삶의 풍부함은 편안하고 성향이 맞는 사람들끼리 만나는 데서 나오고, 그게 파급 효과를 일으킨다고 생각한다.

그런데 나는 사실 혼자 있는 공간이 굉장히 필요한 사람이다. 과연 나 같은 사람에게도 셰어하우스가 '쉬는 공간'으로서 적합할까

일본에는 여러 종류의 셰어하우스가 있다. 방의 구성이라든지 함께 사는 사람들의 성격, 성향까지. 자기 성격에 맞는 방을 선택하면 된다. 어떤 곳은 굉장히 조용하고 가끔 거실에서 만나서 얘기하는 곳도 있고, 매일 밤 같이 술 마시고 노는 곳도 있다. 어디가 더 좋고 더 나쁘다고 말할 수 없다. 취향 차이다. 부동산 입장에서는 많은 매물을 소개해서 각자 성향에 맞는 셰어하우스를 찾게 해야 할 것 같다. 그렇게 된다면 일본 대다수가 셰어하우스를 사용하게 될 것이다.

chapter 5　한국의 청년 난민

"보통 조모임을 금요일에 많이들 해서, 모든 조모임을 금요일에 몰아넣었어요.
주말에 계속 아르바이트를 했죠. 주말에 조모임이 생기면 대신 평일에
아르바이트를 하고요. 정말 바쁠 때는 금요일 여덟 시부터
일요일 밤 열두 시까지 잠을 제대로 못 잤어요.
아르바이트, 조모임, 공부, 모든 게 겹치면 그때는 그렇게 되는 거죠.
그렇게 하면 힘드니깐 다음 학기에는 학점을 적게 신청했어요.
집에 빚지지 않고 살기 위해서 아르바이트를 한 건데,
아르바이트가 제 자취방과 학교를 삼킨 셈이죠."

내게 관 같은 원룸

원룸형 하숙

스물네 살 배태웅 씨는 어김없이 매일 자정 즈음에야 집 앞 골목길에 들어선다. 근처 가게는 모두 문을 닫았고 또래의 아르바이트생이 지키고 있는 편의점에만 불이 들어와 있다. 고개를 떨어뜨린 그의 목을 비추는 가로등이 유난히 밝아 보인다. 배태웅 씨가 사는 곳은 '원룸형 하숙' 3층이다. 이미 신발장은 다른 자취생들이 차지한 상태라, 신발을 벗어 복도 구석자리에 밀어넣는다. 오후 다섯 시에 수업을 마치고, 학교 근처 카페에서 마감 때까지 일하고 집에 오면 벌써 열두 시다. 그때부터 노트북을 펼치고 과제를 시작한다. 학교 수업과 아르바이트를 병행하려면 어쩔 수 없는 일이다. 오늘도 밤을 새워야 겨우 과제를 제출할 수 있을 것이다.

배태웅 씨는 대구에서 올라와 학교 근처에서 자취 중이다. 작년부터 학업과 아르바이트를 병행했다. 군대를 다녀온 후로는 등록금은 몰라도 용돈까지 부모님에게 타 쓰는 생활이 너무 죄송했기 때문이다. 발품을 팔아 보증금 백만 원, 월세 30만 원짜리 방을 구했다. 대학가에 흔한 '원룸형 하숙'이다. 층마다 복도식으로 빼곡하게 들어찬 방 한 칸 한 칸마다 학생들이 들어가 산다. 하숙은 공용 시설이 많다. 공용 화장실, 공용 샤워실, 공용 냉장고까지. 하숙과 자취의 가장 큰 차이점은 식사 제공 여부다. 하숙은 밥을 준다. 그러나 요즘엔 '원룸형 하숙'이라는 전단지를 붙이고도 식사를 제공하지 않는 경우가 있다. 이런 집들에는 보통 취사시설이 설치되어 있다. 원룸형 하숙이라는 이름을 달고 있지만 자취와 별반 다를 바가 없다. 다만 샤워 시설이 공용이고, 예전부터 부르던 관성에 따라 하숙이라 부를 뿐이다.

배태웅 씨가 처음부터 카페 알바를 한 것은 아니었다. 과외를 찾아봤다. 하지만 남자 문과생에게 과외 시장은 너무나 가혹했다. 미적분을 배우지 못한 문과생은 수학 과외를 할 수가 없다. 그러면 영어, 언어, 사회탐구, 논술이 남는다. 남은 과외시장에서도 남자 선생은 여자 선생을 이기지 못한다. 아들을 둔 학부모, 딸을 둔 학부모 모두 남자보다 여자를 과외 선생으로 선호한다. 남자 문과 대학생이 할 수 있는 과외는 극히 소수다. 태웅 씨는 결국 과외는 포기하고 카페 알바를 시작했다. 주당 평균 19시간에 초과 근무도 했다. 한 달 노동시간은 쉬이 80시간은 넘겼다. 사장이 좋은 사람이라 주휴수당과 야간수당까지 '챙겨주셨다.' 천 원 단위는 올림해서 만 원짜리로 맞춰준 것이다. 아르바이트를 해본 사람이라면 알겠지만 이런 사장님 찾기 힘들다. "과외는 솔직히 아르바이트라고 치면 안 돼. 그건 너무 좋은 일이야." 그는 조용히 구시렁댔다.

나는 그날 배태웅 씨의 좁은 원룸형 하숙방에서 하룻밤을 잤다. 신발로 꽉 차 번잡한 입구를 지나니 왼쪽에 공용 화장실이 있었다. 남자와 여자가 섞여 사는 층에 화장실이 공용이라 민망했던 적이 많다고 했다(대학내일

20대연구소 보고서에 따르면 태웅 씨처럼 고시원이나 하숙집에서 생활하는 학생의 65퍼센트가 공용 화장실 등에 어려움을 겪는다고 한다.[1] 화장실을 지나니 좁은 복도가 나타난다. 두 사람이 지나려면 한 사람이 완전히 벽에 붙지 않는 한 어깨를 부딪힐 수밖에 없을 만큼 좁다. 그런 복도 양쪽으로 녹슨 손잡이가 달린 문들이 다닥다닥 붙어 있다. 한 칸에 한 명 이상이 산다. 상상하기 싫지만 불이 나면 참사가 일어날 가능성이 크다. 불이 나면 사람들이 뛰쳐나올 텐데……. 소방차 역시 길이 좁은 원룸촌에 진입하기가 쉽지 않을 것이다.

녹슨 문고리를 잡고 문을 열었다. 낡은 스프링 삐그덕거리는 소리가 나는 침대에 태웅 씨가 눕고 나는 바닥에 누웠다. 의자를 책상 아래로 바싹 밀어 넣었지만 대한민국 남자 평균 키에 약간 비만인 내가 눕자 바닥이 꽉 찼다. 침대 바로 옆 책상에서 서랍을 쭉 빼보니 침대까지 닿는다.

군대 훈련소만 겨울엔 춥고 여름엔 더운 곳인 줄 알았다. 태웅 씨 방은 밤이 될수록 으스스해졌다. 아무리 초여름 날씨가 이상하다지만 방에서 느껴지는 기운은 더 이상했다. 싸늘한 기운 말고도 그의 숙면을 괴롭힌 요소가 또 있다고 했다. 소음이었다. 대학가 근처 자취방이 대부분 그러하듯 태웅 씨의 방 역시 소음에 취약했다. 층간소음은 없었지만 '방간소음'이 강력한 적이었다. 자다가 내 이 가는 소리에 잠에서 깬 태웅 씨가 곧 나를 깨웠다. 눈을 부비고 일어나서 귀를 기울여보니 옆방에서 연인의 민망한 소리가 들렸다. 모니터 밖에서 연인들의 소리를 듣는 건 처음이었다. 색다른 경험이었다.

"하루이틀이면 모르겠는데, 너무 자주 들으니까 수면에 방해가 돼. 방이 아니라 무슨 공동체 동굴 같아."

태웅 씨는 이렇게 말하며 벽을 두 번 치고는 다시 이불을 뒤집어썼다.

해가 뜨자 좁은 방에 햇빛이 꽉 들어찼다. 아침을 먹으러 공용 냉장고가 있는 4층으로 갔다. 공용 냉장고는 중국 유학생의 중국 식재료, 한국 유학생의 식재료가 뒤섞인 또 하나의 '비정상회담'이었다. 이렇게 말하자 태웅 씨는 더욱 비정상인 점은 가끔씩 도난이 일어난다는 점이라고 말을 보탰다. 공용 주방에는 우리보다 먼저 아침을 먹고 간 사람들이 남긴 흔적이 보였다. 다행히 설거지는 한 모양이다. 그래도 깨끗하진 않았다.

"오늘은 양반인데, 평소에는 뭐 만들어 먹고 프라이팬 안 씻어놓고 툭 버리고 도망가는 사람이 진짜 많아. 또 저번엔 내 달걀 다섯 개가 없어졌더라고. 두 개밖에 못 먹었는데……."

태웅 씨는 익숙하다는 표정으로 샌드위치를 만들었다.

대통령 직속 청년위원회의 '대학생 원룸 실태조사'에 따르면 수도권 원룸 세입자 대학생의 평균 보증금은 1418만 원, 월세는 평균 42만 원이다. 민달팽이유니온과 대학생주거권네트워크 조사 결과에 따르면 (주거 조건이 가장 열악하다고 할 만한) 고시원의 평당 임대료는 월 15만 2천 원이다.[2] 초고가 아파트의 상징 타워팰리스의 평당 임대료가 월 11만 8천 원이었다. 이런 임대료를 대학생 스스로 감당하기는 어렵다. 청년위원회 조사 결과에 따르면 응답자의 80퍼센트가 월세를 부모가 부담한다고 답했고, 70퍼센트가 대학가 전·월세 비용에 부담을 느낀다고 답했다.

우리나라 월급쟁이 평균 연봉은 3172만 원. 평균 월급은 264만 원이었다. 소득에 따라 줄을 세워보면 딱 중간에 선 사람의 임금(중위소득)은 월 191만 원이다. 수도권 대학가의 월세 평균이 42만 원이다. 중간쯤 되는 소득을 버는 사람도 대학가에서 월세로 살려면 소득의 20퍼센트 이상을 내놓아야 한다.[3] 비정규직, 아르바이트생을 포함하면 20대, 30대 청년의 근로소득은 더 낮은 수준일 것이고 그에 따라 주거비 부담은 더 높아질 것이다. 서울시가 지난 4월에 발표한 보고서에 따르면 소득의 30퍼센트 이상이 주거비에 쓰이면 정상적으로 소비생활을 하지 못할 가능성이 크다.[4] 소득 대비 임차료 비율(RIR. Rent to Income Ratio)이 25~30퍼센트면 선진국에선 정책으로 개입해야 할 대상으로 간주한다.

고시원, 월세 난민의 피난처

서울 시내 주요 대학 근처에 고시원은 수두룩하다. 형태는 가지각색이다. 서울 성북구 고려대학교 앞의 한 고시원. 이 고시원에는 빛이 들어오지 않는다. 조신 씨는 이 고시원에서 두 학기를 살았다. 창이 없고 빛이 없고, 공용 부엌과 공용 화장실은 곰팡이 때문에 제 구실을 하지 못했다. 그나마 다행인 건 그가 고등학교 때부터 기숙사 생활을 해서 이런 생활에 익숙하단 점이었다.

고시원에서 살고자 한 이유는 단순했다. 집에서 나오고 싶었다. 집에서 학교까지는 한 시간이 좀 넘게 걸렸다. 길에서 보내는 시간의 비용, 나오고 싶은 욕망이 합쳐지니 나올 수밖에 없었다. 집에서 나오면서 용돈을 끊었다. 과외로 돈은 벌기는 했지만 방값을 아끼고 싶었다. 어차피 서울 출신이라 기숙사는 물 건너갔다. 민간주택 중에서 주거비용을 최소화하려니 어쩔 수 없이 고시원을 선택했다.

조신 씨가 살던 고시원은 커다란 건물에 방이 사각의 미로 형태로 '박혀 있었다.' 그 미로 한 칸에 한 달 사는 가격은 월 17만 원. 조 씨의 방은 그 미로의 한가운데였다. 햇빛도 바람도 기대할 수 없는 방. 문을 닫으면 문자 그대로 '철저한 어둠'이었다.

"집이라기 보단 방이었지, 그야말로 잠만 자는 방이었어. 24시간 중에 열일곱 시간은 학교든 어디든 집 밖에서 보내고 고시원에 오면 잠만 잤는데, 신입생이라 정신없이 놀기도 했지만 고시원에서 할 게 없어서 일부러 그런 것도 있어. 고시원 내 방을 보면 사람들이 여기서 어떻게 살았는지 놀라. 나도 처음엔 어떻게 살까 막막했는데 결국은 살아지더라. 문 닫으면 진짜 어둠밖에 없는 그곳에서도 나름 생활이 되더란 거지. 근데 다시 생각하면 아찔해. 진짜 거기 불나면 답도 없을 것 같았거든."

열악한 고시원만 있는 건 아니다. '원룸텔' '리빙텔' '고시텔' 등 여러 가지 유사 고시원이 있다. 기존 고시원보다 쾌적한 시설을 내세운다. 부엌이 있어 요리도 할 수 있고, 독립된 샤워 시설이 있거나, 라면 등을 끼니로 제공하는 고시원이다. 물론 돈을 더 내야 한다. 대학 근처에 있는 이런 고시원에서 한 달 지내는 가격은 월 30~50만 원이다. '전통적인' 고시원보다 비싸다. 고시원의 주요 고객이 공부를 하는 고시생이 아니라 그저 싼 방을 찾는 학생으로 바뀌어서 그런 것이 아닐까 싶다. 또 판교, 상암 근처에는 직장인을 대상으로 하는 고시원이 있다. 멀리서 그곳까지 통근하는 직장인을 대상으로 한다. 보증금은 없고 월 40~50만 원 수준이라 전월세 대란 탓에 방을 구하지 못한 직장인이 들어간다.

사회초년생과 대학생은 저렴한 임차료를 이유로 고시원을 선택한다. 국회 국토교통위원회 소속 김성태 의원은 전월세난의 장기화로 대학생과 취업준비생이 고시원으로 옮겨가고 있다고 주장했다. 국토교통부 자료를 검토한 결과 2015년 8월까지 준공된 고시원은 1100여 동. 2014년에 260여 동이 지어진 것에 비하면 네 배나 늘어난 수치다. 상대적으로 값이 더 나가는 다가구주택과 오피스텔 등 '원룸형 주택'은 2만 5천여 동 늘었다. 수치로 따지면 고시원보다 많지만 이전 년도에 준공된 물량에 비해선

39퍼센트 줄어든 수치다.[5]

1984년 5월 5일자 〈동아일보〉에는 '지방 출신들의 서울 유학 이모저모'
라는 기사가 실렸다. 고향을 떠나 서울에서 공부하는 대학생들의 어려움을
설명한 기사다. 신촌, 제기동, 명륜동 근처에서 자취하는 학생들의 상황을
설명했다. 기사 속에서도 대학생들은 기숙사가 부족해 고통받았고, 시설이
빈약한 고시원과 독서실에서 잠을 잤다. 이 기사가 난 지 30여 년이
지났지만 근본적인 상황은 변하지 않았다. 현재 전국의 신고된 고시원은 만
1457개다. 이 중 54퍼센트가 서울에 몰려 있다. 전체 고시원 거주자 33만
명 중 25만 명이 서울에 산다.

고시원은 1980년대 초에 서울대 인근 위주로 생겨났다고 한다.
시험을 보진 않지만 타지에서 서울로 '유학' 온 대학생들이 이런 고시원에
들어갔다. 서울 도심에서도 고시원만큼 싼 방을 찾기 힘들었다. 많은
대학생이 고시원을 찾았고, 곳곳에 고시원이 생겼다.

박민규의 소설 〈갑을 고시원 체류기〉[6]엔 고시원에 사는 주인공이
등장한다. 때는 1991년도로 당시 고시원은 독서실이 아닌 집으로 변모하고
있었다. "일용직 노무자들이나 유흥업소의 종업원들이 갓 고시원을 숙소로
쓰기 시작한 무렵"이었다. 1990년대 중반이 되자 고시원은 '고시텔'로
변신했다. 앞서 말한 '시험 공부를 위한 장소'의 성격보단 그야말로 '1인
가구가 살기 위한 장소'라는 성격이 강해졌다.

겨우 한 명이 누울 만한 한 평짜리 방 안에 책상 한 개를 두고
생활하는 곳이니, 같이 사는 사람들끼리 교류가 있을 리 만무하다.
극빈층과 의지할 곳 없는 청년이 들어가는 고시원은 그들을 각각의 방에만
머물게 한다. 박원순 서울시장은 지난 2012년 2월 '반값 고시원 운동'과
관련해 극빈 주거층을 위한 대책 마련 간담회에 참여했다. 이 자리에서

반값고시원운동본부 박철수 대표는 "20만 명에 달하는 고시원 거주자들은 사회적 관계망으로부터 단절돼 살고 있다"고 말했다. 조신 씨 말대로 먹고, 자고, 먹고, 자는 삶이 반복되는 곳이 고시원이다. 월세 난민의 '피난처'란 이야기가 나오는 이유다. 피난처. 이 비유는 얇은 벽으로 공간을 구분해둔 원룸형 하숙이나 고시원에 사는 처지를 자조하기 위한 것은 아니다. 피난처는 생존을 위해 필요한 기능만을 최소한으로 갖춘다. 모든 것을 경제적으로 측정한다. 사람이 누울 수 있는 최소한의 공간을 재고, 방에 창을 내는 것이 경제적인지 저울질한다. 얇은 벽과 좁은 복도로 빼곡히 나뉜 사각의 거처들. 조감도를 상상해보라. 그 경제적이고도 기괴한 박스 안에 사람이 산다. 효율의 논리로 삶을 생략해버리는 그 안에서 수많은 우리가 산다. 그것도 부담스러운 돈을 내면서.

고시원에 사는 조신 씨는 창문이 없는 방에서 눈을 뜬다. 원룸형 하숙에 사는 배태웅 씨는 주인 모를 신발 더미 사이에 자신의 신발을 벗고 들어가 옆방의 소음 속에 잠을 청한다. 고시원과 원룸텔, 원룸형 하숙의 작은 방에서 눈 붙이는 하룻밤, 서른 밤 혹은 몇 년의 밤. 그렇게 청하는 하룻밤 수면은 마치 편의점에서 삼각김밥으로 때우는 한 끼 밥 같다.

기숙사 전쟁

정말 좁은 나라 한국의 수도 서울이지만, 집이 있는 김포에서 서울 중심지에 있는 학교까지 통학하는 대학생 A씨에게는 서울이 너무나 넓어 보인다. 올림픽대로가 막히는 날이면 아침 여섯 시 반에 집을 나서도 아홉 시에 시작하는 1교시 수업에 지각할 수밖에 없다. 도로에서 하루 대여섯 시간을 버리는 생활에 지친 나머지 결국 대상포진에 걸리기도 했다. 그런 그에게 학교 기숙사는 녹록지 않았다. 서울 내 대부분의 사립대에서는 경기도 거주자에게 기숙사 입주 신청 자격을 주지 않는다. 그가 사는 김포는 명목상 '통학권'이었기 때문에 신청자 중 후순위로 밀릴 수밖에 없었다. 서울과 가까운 경기도에 살아서 그럴까. 제주도에 산다고 해도 예외는 아니다. 제주특별자치도민인 스물네 살 임선희 씨는 3년 전 신입생 때 기숙사 추첨에서 떨어졌다.

"제주도민인데 기숙사 추첨 떨어져봤어요? 미아 된 기분."

전국 4년제 대학 재학생 대비 기숙사 수용률은 18.2퍼센트, 수도권 대학만 기준으로 하면 이보다 더 낮은 14.3퍼센트다. 주거난이 심각한 서울에 있는 대학들은 기숙사 수용률이 평균 10.4퍼센트밖에 되지 않는다.

수용할 수 있는 인원 자체가 워낙 적어서 아무리 먼 지역에 사는 학생도 기숙사에 떨어질 수 있다. 전국 대학생 219만 명 중 약 40퍼센트인 88만 5천여 명이 대학교 소재지와 다른 지역에서 들어왔다.[7] 그러나 기숙사 수용 인원은 35만 7천 명밖에 되지 않아 53만 명은 민간 시장에서 방을 구할 수밖에 없다. 바늘구멍을 뚫고 서울권 대학에 입학해도 기숙사라는 또 다른 관문이 학생들을 옥죈다.

기숙사를 원치 않는 사람들

고질적인 기숙사 수용 인원 부족 문제를 해결하기 위해서는 기숙사를 늘려야 한다. 하지만 그것도 쉽지 않다. 주변 하숙집, 월세 수입자들의 반발 탓이다. 고려대, 연세대, 이화여대, 경희대 등 곳곳에서 이들의 항의로 기숙사 건축이 중단되었다. 학생들에게 저렴한 기숙사에 들어가지 말고 자신들에게 비싼 돈을 내고 하숙이나 자취를 하라고 강요하는 것과 마찬가지다.

이화여대 인근 주민들은 기숙사 신축 인허가 문제를 감사하라고 감사원에 청구할 정도로 극렬하게 반대했다. 경관보전지구협의회장은 대학 기숙사 건립에도 주민들의 동의가 필요하다며 이화여대의 기숙사 설립 시도를 '밀실 추진'이라고 비난했다. 원룸 임대 사업자들은 도덕적 명분이 없다. 어쨌거나 기숙사는 학생들을 위한 것이고, 대학은 학생을 위할 의무가 있으니까. 그러자 원룸 주인들은 환경 문제를 끌고 왔다. 이화여대 신축 기숙사가 들어설 북아현숲이 서울시가 지정한 생물군집 서식 공간이었다는 사실을 무기로 삼았다. 원룸 사업자들은 신촌민회라는 시민단체의 입을 빌려 대학이 기숙사를 확장하려고 해 피로감을 느낀다고 말했다. 기껏 시공식까지 했는데 인근 임대업자들이 시민단체라는 명목으로, 환경 파괴라는 명목으로 건설을 막는다. 학생들은 훼방이라고 느낄 수밖에 없다. 이화여대의 기숙사 수용률은 8퍼센트다.

고려대학교도 비슷한 경우다. 2013년 12월 종암동 개운산 일대 학교 부지에 학생 1110명을 수용할 수 있는 기숙사를 신축하기로 했다. 그러나 성북구의회에서 개운산 녹지 훼손을 이유로 반대했다. "성북구민과 인근 주민들이 새벽부터 밤늦게까지 자유롭게 산책하는 곳이자 서민들의 만남의 장소로서 그 가치는 무엇과도 바꿀 수 없다"는 이유를 들었다. 학교 인근 주민들도 "임대업자에게 큰 타격"이라거나 "환경에 해가 된다"며 반대한다. 전자는 당연히 임대업자들 의견이고 후자는 개운산배드민턴협의회, 개운산사랑협회 같은 단체 명의의 주민 의견이다. 학교는 CCTV 설치, 훼손된 녹지 복원 계획 등을 내세워 나름의 타협점을 찾으려 했다. 개운산배드민턴협의회와는 합의를 봤지만 다른 단체들과 여전히 갈등 중이다.

시간은 이렇게 흘러가고, 시간이 흘러도 기숙사가 더 지어질지 알 수가 없다. 부담은 학생 몫이다. 학교 기숙사 입주에 떨어진 A씨는 정부의 도움을 얻으려 했다. LH공사에서 지원하는 대학생전세임대주택을 신청했다. 이 정책은 2011년부터 대학생 주거난을 해소하고자 시행되었다. 기숙사 비용 수준인 연 2~3퍼센트 이자(월 7~18만 원)만 부담하면 정부가 전세 보증금을 최대 7500만 원까지 빌려준다. 입주 대상자로 선정된 대학생이 거주를 원하는 주택을 골라오면 LH공사가 집주인과 대신 전세 계약을 체결한 뒤 대학생에게 임대해준다. 하지만 대학생이 구비해야 할 서류가 너무 많았다. 사정은 집주인도 마찬가지다. 더 큰 문제는 아무리 세입자가 원한다고 해도, 집주인이 거절하면 말짱 도루묵이 될 수밖에 없다는 것이다. 세입자나 집주인이나 구비해야 할 서류가 많고, 한 다리 건너서 계약하는 만큼 집주인은 굳이 수고를 감당하며 참여할 이유가 없다. 아파트도 전세가 없어지고 월세로 바뀌는데, 공급자가 갑인 대학 원룸촌에서 전세 찾기란 하늘에 별 따기다. 민달팽이유니온이 3년 차 LH대학생전세임대주택을 분석한 결과, 대학생들은 임대인의 담합으로 인한 주거비 부담 증가, 신규 주택 공급에 대한 선정과 발표 지연으로 인한 계약 실패 등 여러 문제를 꼬집었다.

결국 A씨는 민간 임대시장으로 내몰렸다. 부모의 지원 없이 자취를 하고 싶었다. 통신비, 주거비, 공과금, 기타 생활비를 모두 내려면 한 달 최소 90만 원이 필요했다. 55만 원에 달하는 집값을 빼면 한 달에 35만 원으로 모든 생활을 처리해야 한다는 결론이 나왔다. 그래도 어떻게든 버텨보겠다며 일을 시작했다.

노동의 첫 시작은 중학생 과외였다. 하지만 학부모의 등쌀과 학생에 대한 책임감 때문에 스트레스가 너무나 컸다. 몇 달 과외 후, 그는 호프집에서 일했다. 낮에는 학교, 밤에는 호프집에서 생활했다. 알바 주제에 꽤나 높았던 시급 8천 원에 그는 만족했다. 야속하게도 그의 몸은 현실에 만족하지 못했다. 학교 수업을 듣다가, 과제를 하다가, 심지어 중간고사를 치르다가 시험지에 코피를 쏟기까지 하자 그는 아르바이트를 그만둘 수밖에 없었다.

학교 생활과 아르바이트를 병행하면서 자취를 하려면 결국 시급이 높은 알바를 택해야 한다. 그는 '토킹바'를 골랐다. 시급 만 5천 원은 거절하기에 너무 매력적이었다. 학교 근처라 불건전하지도 않았다. 매일 술을 먹어야 하고 온갖 진상 손님과 대화를 해야 했지만 부모의 지원 없이 방값을 내려면 어쩔 수 없었다. 아무리 술을 많이 먹는 일이라지만, 당장 다음 달 방값을 생각하면 할 수밖에 없었다. 일은 곧잘 해냈다. 그러나 결국 그는 일을 그만두었다.

"학교 근처에서 하는 건전한 일이라지만, 속으로 화류계랑 다를 바가 없다고 생각했어요. 게다가 밤낮이 바뀌니까 몸이 버티질 못하고 마지막에는 저를 스토킹하는 손님까지 생겨서 그만둘 수밖에 없었죠."

그는 현재 부모님의 경제적 지원을 받고 있다. 살 만한 집. 그곳을 찾아 여러 집을 전전한 A의 이야기를 들으면 그 수난의 고리를 끊을 수 있었을 수많은 '만약'이란 질문이 떠오른다.

'만약 A에게 기숙사에 들어갈 기회가 있었더라면 혹은 그가 대학생이 이용할 수 있는 적절한 주거 정책의 대상자가 되었더라면, 그도 아니고 민간 임대시장에서 '부담 가능한' 수준의 집을 얻을 수 있었더라면.'

A는 교육을 받기 위해 대학에 왔고, 낯선 지역으로 이주한 평범한 대학생이다. 세계에서도 손꼽히는 대학 진학률을 자랑하는 이곳에서, 수많은 대학생에게 A의 이야기는 남의 이야기로만 들리지 않을 것이다.

돈이 되는 기숙사 비즈니스

양적인 부족도 문제지만 기숙사의 고비용 구조 또한 문제다. 기숙사가 '방 장사'가 되어가고 있다. 정부는 대학이 기숙사를 짓지 않자 특단의 대책으로 기숙사 사업을 시장에 내놨다. 지난 2005년 일자리 창출과 경제 활성화를 명목으로 등장한 '민자 유치 교육시설 관리 지침'이다. 이에 따라 기숙사와 문화시설 등 직접 교육 시설이 아닌 공간에 기업이 투자할 수 있는 길이 열렸다. 정부는 건물 부지를 제공하거나 건물에 세제 혜택을 주는 등 민자 기숙사 유치를 장려했고, 이에 힘입어 많은 대학이 민자 기숙사를 유치했다. '사업'의 관점으로 주거 문제를 해결하려는 시도였다.

민자 기숙사는 말 그대로 민간의 투자를 받아 기숙사를 '경제적 이익'을 창출하는 사업으로 보고 경영한다. 두 가지 방식이 있다. BTO(Build-Transfer-Operate) 방식과 BTL(Build-Transfer-Lease) 방식이다. BTO 방식은 건국대학교 쿨하우스가 대표적이다. 건국대 쿨하우스는 대우건설이 짓고 건국대에 건물을 기부채납한 후 15년간 관리운영권을 서브원이 받았다. BTL 방식은 민간 사업자가 건설 후 학교에 건물을 임대한다. 임대료로 투자자금을 회수한다. 기숙사의 존재 이유, 운영 원리는 이윤 창출이 된다. 기숙사비는 '투자금 회수'의 관점에서 책정된다. 대학은 기숙사 건립에 드는 재정 부담을 줄일 수 있어 점점 더 많이 민자 기숙사를 도입하는 추세다. 민간은 투자처를 찾고 학교는 재정 부담을 덜어 얼핏 보면 윈-윈 할 수 있는 방법이다. 문제는 줄어든 학교의 부담이 학생에게 전가되는 데 있다.

2015년 5월 새정치민주연합 을지로위원회와 민달팽이유니온, 대학생주거권네트워크 주최로 열린 20대 주거 문제 개선을 위한 토론회에 참석한 임경지 민달팽이유니온 위원장은 "대부분의 학교는 최종 이용자가 그 건물의 비용을 책임지는 BTO로 건립해, 건물에 대한 비용을 고스란히 학생들이 지는 구조"라고 밝혔다. 2013년 기준 민자 기숙사 비용의 평균은 1인실 월 52만 1000원, 2인실 32만 1900원, 3인실 31만 4800원, 4인실 24만 6400원이다.[8] 게다가 민자 기숙사가 높은 기숙사비를 책정하면, 학교가 운영하던 기존 직영 기숙사도 가격이 오르게 마련이다.

연세대학교 우정원 기숙사의 사례를 보면 학생의 주거권을 두고 대학이 '방 장사'를 한다는 비판이 더 설득력 있게 다가온다. 연세대 우정원 기숙사는 민간 '투자'로 지은 것이 아니라 기업에서 기숙사를 '기부'한 사례다. 2013년 4월 부영그룹은 기숙사 건축을 위해 연세대학교에 백억 원을 기부했다. 이 훈훈했던 사례가 논란이 된 것은 이듬해 연세대가 우정원 기숙사비를 발표하면서부터다. 우정원은 2인실 기숙사비가 1인당 36만 원 꼴로, 학교 돈으로 지은 무악학사의 1인당 기숙사비 25만 원에 비해 40퍼센트 비쌌다. '기부 받은 기숙사'가 학교가 지은 기숙사보다 비싼 이유는 무엇일까?

대학 기숙사비의 중요한 책정 기준은 건축비, 금융비, 관리운영비다.[9] 관리운영비는 수도비, 전기비, 가스비 등 기숙사 생활비용을 포함한다. 필수적인 비용이다. 건축비와 금융비는 묶어서 볼 수 있다. 기숙사 건축을 위한 비용을 대출한 경우 대출금과 이자를 장기간에 걸쳐 상환해야 한다. 여기 들어가는 원금이 건축비고, 이자가 금융비다. 일반적으로 이 비용을 20년에 걸쳐 상환하는데, 금융비를 포함해 원금의 170퍼센트를 상환한다.

이제 다시 우정원 기숙사비를 보자. 우정원은 기업이 대학에 기숙사를 '기부'한 사례라는 것을 상기하고 말이다. 기부 받았으니 건축비, 금융비용을 제하고, 관리운영비만 반영된다면 오히려 기숙사비가 내려가야 한다. 이것이 우정원 기숙사비의 미스터리다. 회계장부를 잘 살펴봐야 한다. 눈에 띄는 항목이 있다. '감가상각비'다. 연세대학교 총학생회는 "우정원 기숙사비 책정이 과다해진 원인 중 큰 명목은 감가상각비"라고 주장한다. 연세대학교는 우정원 최종 건축비 151억 원을 책정하고, 학교의 감가상각 연수 40년을 적용했다. 한 해 동안 3억 7500만 원(총학생회 추정치)의 가치가 닳는다고 보고 이를 회계에 적용한다. 우정원의 경우 이렇게 책정된 감가상각비가 전체 회계의 약 40퍼센트를 차지한다. 더욱이

151억 원 중 약 50억 원은 가구, 임시 설비 대여료, 조경비 등에 해당한다. 실제 건축비는 약 백억 원이었다. 총학생회는 "학생들의 기숙사비 부담을 고려하여 백억으로 감가상각비를 책정할 수 있음에도 수입 극대화를 위해" 추가 책정되었다고 비판한다. 감가상각비로 인한 부담을 학교가 충분히 '덜어줄 수 있지만 그러지 않는 것'이기 때문이다. 학교 측이 우정원 기숙사 수입으로 직영 기숙사인 무악학사 회계의 적자분을 메꾸고 있다는 것이다. 결국 기숙사와 가장 밀접한 관계에 있는 대학생들은 소외된다.

이런 문제를 교육부가 모르는 건 아니다. 2013년 교육부는 대학생 주거안정 5개년 계획을 발표했다.[10] 2018년까지 2조 3천억 원을 들여 기숙사 수용 인원을 8만 명 늘린다는 계획이다. 기숙사뿐 아니라 전세임대주택 등 다방면에 투자하는 계획이다. 이 계획에 따라 만들어진 기숙사가 '월 19만 원의 행복'으로 유명한 홍제동 행복기숙사다. 하지만 이 계획은 전체적으로 성공적이라는 평가는 받지 못한다. 기숙사 수용률을 2017년까지 25퍼센트로 올린다는 계획이었지만 2014년 4년제 대학의 기숙사 수용률은 18.2퍼센트에 머물고 있기 때문이다.

또 2014년 3월에는 약 7천억 원을 들여 대학의 기숙사 신축을 지원하겠다는 계획을 발표하기도 했다. 기숙사 건축에 쓰인 외부 자금을 사학진흥기금으로 저리 대출을 바꿔주는 지원 등이 포함되었다. 기존 7~9퍼센트 금리로 외부 대출을 받은 대학교는 3.34퍼센트 수준으로 금리가 낮은 사학진흥기금 대출로 바꿀 수 있다.

한편 대학에 관한 정보를 공개할 때 기숙사 운영 결과와 정보를 공시하도록 해 대학 간 경쟁이 붙게끔 유도하는 방안도 내놓았다. 공개 항목은 기숙사비, 기숙사 이자수익 등이다. 성공 여부는 불확실하다. 학생은 대학의 기숙사를 보고 입시 원서를 쓰지 않는다. 학부모와 학생들은 점수를 보고 대학을 쓰는데, 시민들에게 운영 결과를 공지하는 것이 어떤 의미가 있을까.

현재 대학에는 기숙사와 관련된 어떠한 의무 사항도 없다. 대학인증평가 때 기숙사 수용률이 10퍼센트를 넘어야 한다는 '임의 권고' 기준은 강하지 않다. 행정권고와 의무는 별개다. 강제 기준이 필요하다. 기숙사와 관련된 강제 규정이 있어야만 한다. 실제로 민달팽이유니온, 대학생주거권네트워크, 새정치민주연합 을지로위원회가 주관한 토론에서 한국사학진흥재단은 대학의 기숙사 공공성을 회복하는 방안으로 현재의 임의적 권고 기준을 대학설립운영규정에 반영하는 강제적 기준으로 강화해야 한다고 강화를 제언한 바 있다.

2012년 기준 4년제 사립대의 건축적립금은 3조 6천억 원에 달한다.[11] 건축적립금은 시설의 개보수, 증축, 건립에 쓰이는 돈이다. 하지만 정작 기숙사 건립엔 투자하지 않는다. 당장 학생들이 들어갈 방이 없어 열악한 주거를 전전하는 마당에 미래를 생각하며 돈을 모아두는 것은 과욕이다. 정부는 용적률을 풀어주는 등 규제를 풀었다. 하지만 대학은 지갑을 닫았고, 기업의 투자를 받아야만 한다. 공급에 대한 법안 말고 다른 법안이 필요하다. 기숙사 수용률을 강제하거나 기숙사 비용을 제한하는 법안이 필요하다. 실제로 '묻지마 식 기숙사비 책정'을 제한하는 법안이 국회에 계류 중이다. 또 대학의 민간 기숙사에 부가가치세를 0퍼센트로 하는 법안도 발의됐다. 대학이 얼마나 기숙사를 지어야 하는지, 어디까지 학생을 챙겨야 하는지 뚜렷하게 정해진 법은 없다. 앞으로도 없을 것 같다. 그렇다고 해도 학교의 책임이 옅어지진 않는다.

기숙사는 '집'이 아니라 '단체 숙소'?

추첨을 뚫고 기숙사에 붙었다고 치자. 그래도 신입생은 기숙사 TO가 많은 편이다. 기숙사에 들어가면 주거비도 절약할 수 있고 통학 시간도 절약할 수 있다. 하지만 대가로 희생해야 하는 것이 있다. 바로 자유다. 기숙사에 사는 대학생은 통제의 대상이다.

　대한민국은 분명 1982년 1월 5일부로 통행금지 제도를 폐지했지만, 대학교 기숙사만큼은 예외다. 많은 대학교 기숙사가 통금 제도를 운영한다. 일반적으로 밤 열한 시부터 새벽 한 시 사이가 통금이 시작되는 시각이다. 군대처럼 점호를 하는 기숙사도 있다. 통행금지가 시대착오적인 건 당연한 이야기다. 게다가 요즘 대학생들은 단군 이래 최고로 바쁘다. 수업 들으랴, 과제하랴, 공부하랴, 아르바이트하랴, 취업에 도움될 인턴십·공모전 등 대외활동하랴, 동아리 활동하랴, 하루가 모자란다. 밤 열한 시 통금은 어불성설이다.

　스물다섯 살 장 모 씨가 다니는 A여대는 벌점 10점이 넘으면 퇴사다. 외박 신청서 제출 안 하고 무단 외박하면 벌점 5점, 통금 시각보다 늦게 도착하면 벌점 3점, 외부인을 기숙사에서 재우면 벌점 5점…… 아니면 바로 퇴사당하기도 한다. 스물여섯 살 정경주 씨는 1학년 때 학교 기숙사 4인 1실에 살았다. 1학년 때는 주 5일 내내 술집에서 늦게까지 아르바이트를 했다. 시급 4500원에 하루 여섯 시간씩 근무하면 일주일에 13만 원 정도를 벌었다. 밤늦게 아르바이트가 끝나면 기숙사 통금이 시작되는 열두 시를 훌쩍 넘는 때가 있었다. 이 시각을 지나 기숙사에 들어가면 벌점을 받고, 이 규정을 서너 번 어기면 벌점이 쌓여 퇴실해야 했다. 그래서 그는 아르바이트가 늦게 끝난 날엔 아예 찜질방으로 향했다. 찜질방 요금을 생각하면 그날 아르바이트 두 시간 치는 공친 게 됐다.

공동체에는 규율이 필요하다는 이야기도 있다. 그렇다면 이런 사례는 어떤가.

"방에서 족발 먹었지? 벌점 3점!"

"이틀 무단 외박했지? 벌점 10점!"

"남녀가 한 방에 있었다고? 벌점 10점!" "저희 조모임 한 건데요?"

"그래도 벌점!"

고등학교 기숙사냐고? 아니다. 2014년 연세대 송도캠퍼스 기숙사다. 연세대 송도캠퍼스에서는 외국 대학과 유사하게 신입생들이 무조건 캠퍼스에서 수업을 듣고 기숙사 생활을 하도록 한다. 가끔 통학하는 경우도 있지만 인천 송도까지 통학하는 경우는 드물다. 결국 모든 학생이 송도캠퍼스에서 주거와 공부를 동시에 한다. 여기에 적용하는 규율과 벌점 제도가 바로 이렇다. 자율적인 제도를 시행하다가 문제가 도출되었다면 모를까, 연세대 기숙사는 한번도 자율 공동체를 시도하지 않았다.

연세대만의 문제는 아니다. 서강대, 덕성여대, 동덕여대, 서울여대, 성신여대 등 기숙사에서는 최소 주 1회, 심지어는 매일 점호를 시행했다. 고려대도 비슷했다가 규율을 하나씩 풀었다. 2014년 9월부로 남학생 기숙사 통금을 해제하고 외박도 허용했다. 여학생 기숙사는 새벽 두 시부터 다섯 시까지 통금이 여전히 있지만 여학생 대상 성범죄를 방지하기 위한 조치라고 한다.

외지에서 와 대학을 다니는 대학생들. 학교는 학생들이 교육받을 권리를 보장하기 위해 기숙사를 건립할 책임이 있다. 일주일에 16~20시간인 대학 교육을 받기 위해 주당 40시간을 일해 주거비를 충당해야 하는 사람은 '학생'인가. 대학생이 겪는 주거 문제는 대학 소재 지역을 제외한 타 지역 출신 학생의 교육권을 침해하는 것과 다름없다.

답은 이미 나와 있다. 학교는 학생을 위해 건축적립금을 기숙사 신축에 사용한다. 기숙사비를 학생이 부담 가능한 수준에서 투명한 과정을 거쳐 책정한다. 주거장학금과 주거 정보 지원 등 복지 서비스를 제공한다. 공적 영역에선 기숙사를 둘러싼 지역 사회와 대학 간 갈등을 중재한다. 공공 차원에서 연합 기숙사를 설립한다. 각 대학에 적용되는 기숙사 설립 관련 의무 조항을 추가한다……. 이런 개선안을 줄줄 꿰면서 드는 생각은 실상 개선안이 없어서 이 문제를 해결하지 못했던 것은 아니라는 것이다. 대학이 기업화되면서 주거와 교육 같은 화두가 뒤로 밀려난 것이 가장 큰 이유다. 캠퍼스 '방 장사.' 기숙사는 '수익형 임대사업'으로서 또 하나의 유혹적인 돈벌이 수단이 되고 있다. 하숙집이나 대학 기숙사 방값이나 비등비등한 이상한 사례들이 쌓이고 있다.

어쩔 수 없는 동거, 셰어하우스

어색하지만 함께 살면서 점점 친해져 가족보다 가까워진 룸메이트, 옆집에 사는 그와의 로맨스, 아웅다웅 다투면서도 함께 둘러앉아 배달 음식을 나누어 먹는 친구들……. 미국 드라마 〈빅뱅 이론〉과 닮은 묘사라고 생각했다면, 정확히 맞다. 흔히들 생각하는 셰어하우스, 혹은 플랫셰어 (flatshare)의 모습이다.

미드와 현실 그 중간쯤에

한창 지상파 방송에서 〈룸메이트〉 같은 제목을 단 방송이 나왔기 때문도, 셰어하우스의 방법론과 이러저러하게 살라는 책들이 범람했기 때문도 아니었다. 교환학생, 인턴, 어학연수 등 각자의 이유로 학교를 쉬다가 우연히 같은 시기에 다시 학교를 다니게 된 동기가 두 명 있었고, 나를 포함해 셋 다 집이 경기권이라 통학에 절대적으로 불리했다. 게다가 셋 다 한국을 떠나 살기 전까지 혼자 살아본 경험이 있었다.

마냥 부정적으로 '생활비 지출도 많고 집주인에게 호구처럼 뜯기면서 사는 1인 가구'라고 불리는 것도 진절머리가 날 지경이었지만, 동시에 그런 수식어가 어느 정도는 맞다는 것을 우리는 알고 있었다. 요리를 해도 해도 도통 줄어들지 않는 채소를 내다버리고, 집에 들어가도 켜진 불 하나 없는 게 싫어 책상 스탠드라도 켜고 다니는 것 같은 사소한 순간들이 혼자 사는 것을 더욱 힘들게 만들었다. 그런 순간들이 쌓이고 쌓여서 '혼자 사는 것은 싫지만, 나와서 살긴 살아야 하는 상태'를 만들었다. 곧 우리 세 명은 의기투합해 집을 찾으러 다니기 시작했다.

결론부터 말하자면, 운 좋게도 급매물로 싸게 나온 보증금 3천에 월세 백, 25평 아파트에 들어와 살게 됐다. 세 룸메이트들은 적절한 공간을 찾기 위해서 2주를 인터넷을 팠고, 사흘을 발품 팔았다. 발품을 겨우 사흘만 판 것은 이렇게 순전히 운이 좋게 급히 내놓은 매물을 발견한 덕이었다. 하지만 2주간의 인터넷 서핑과 사흘간의 짧은 발품으로도 셰어하우스를 위한 공간을 구하기가 얼마나 까다롭고, 무시당하고, 온 우주가 도와주지 않으려고 애를 쓰는 일인지 충분히 실감할 수 있었다.

셰어하우스에 산 지 1년이 넘은 지금까지도 살면서 혹은 함께 사는 것을 준비하면서 가장 불편했던 순간을 꼽아보라면 함께 살 공간을 찾아내는 일 자체를 세 손가락 안에 꼽을 수 있을 것이다. 도대체 알맞은 공간이 없었다. 서울의 주거 옵션은 생각보다 굉장히 한정적이다. 셰어하우스에 살기 전, 자취와 하숙을 전전하며 집을 구해본 경험을 바탕으로 주거용 공간을 최대한 세세하게 나눠보아도 의외로 분류가 여러 가지가 되지 않는다.

보통 갓 상경한 대학 새내기 혹은 독립의 꿈에 부푼 채 마주하는 첫 자취방을 그려보자. 말이 좋아 원룸이지, 사실 방 한 칸에 집의 모든 기능을 구겨 넣은 압축적인 공간이다. 거기에 화장실, 주방, 침실 등을 모두 욱여넣으니 세간들도 '반푼이'가 많다. 차지하는 면적을 도저히 줄일 수 없는 자그마한 세탁기를 하나 놓고 나면(세입자의 건강이나 취향을 고려해서가 아니라 공간을 적게 차지한다는 이유만으로 드럼세탁기를 제공하는 곳이 많다) 이른바 '풀 옵션' '학생용' 원룸에서 제공되는 살림살이는 어딘가 하나씩 이상하다. 가스선은 연결은 돼 있으나 점화하려면 항상 대여섯 번 켜기를 반복해야 하는 2구 가스레인지(관리비에 가스비를 포함시키지 않거나, 아예 가스비를 줄이기 위해서 전기 레인지를 놓는 경우도 요즘은 빈번하다.) 간신히 도마 하나 올려놓을 만한 크기의 아일랜드 식탁. 전자레인지는 있으면 골드스타. 냉장고는 간신히 허리께에 오는 작은 것으로 보통은 냉동 기능이 시원치 않거나 냉동고가 아주 작아, 안 그래도 남는 음식이 많아 냉동해두고 먹는 일이 잦은 1인 가구에 부적절하다. 보통은 그렇게 생긴 주방 바로 옆이나 앞에 침대나 책상이 붙어 있기 마련이다. 화장실은 샤워기와 변기가 간신히 놓인 손바닥만 한 공간이다.

우리는 가족이나 다른 사회적 기제로 묶이지 않은 타인 세 명이 동등하게 나누어 쓸 공용 공간이 있으면서 동시에 독립적인 공간을 확보할 수 있는 집을 찾고 싶었다. 우리의 현재가 불안정하고, 2년 뒤에 어디에 있을지 모른다고 해서 2년 동안 언제 푹 꺼질지 모르는 천장과 얇은 합판으로 벽이 둘러쳐진 불안정한 곳에 살아야 한다는 법은 없으니까. 적어도 어디로 나아갈지 모르는 삶이라면 더더욱 집이라도 견고히 나를 받쳐줘야 할 것 아니겠는가. 처음엔 가족끼리 두세 명이 같이 사는 친구들의 조언을 얻어 각종 빌라와 맨션, 투룸, 스리룸 위주로 탐색했다. 하지만 그 집들은 대부분 다음과 같은 이유로 적절하지 않았다. 먼저 독립 공간의 크기가 천차만별이었다. 무슨 생각으로 설계했는지는 모르겠지만, 지형적인 조건이나 건물 자체의 생김새와는 큰 상관이 없이 투룸은 면적이 크게 차이 나는 큰 방, 작은 방이 하나씩인 구조가 대부분이었다. 스리룸 역시 (아주) 큰 방, 문간방, 작은방 구조였다. 부부의 큰 안방과 아이의 작은방을 그렸겠지만 직계 가족이 아닌 이들이 함께 살 수도 있다는 변수는 전혀 고려되지 않았다. 그러한 구조 탓에, 대부분의 주거 공간은 동등한 권리를 가지고 공간을 나눠 써야 하는 조건에 애초에 들어맞지가 않는다. 어느 정도 차이가 나면 집세 분담을 조정해서 타협했을 텐데 방 넓이 차이는 웬만큼 참고 살 수준이 아닌 경우가 대부분이었다.

방 넓이만 차이가 나고, 다른 시설이라도 어떻게 돼 있으면 꾸역꾸역 살아낼 수 있을 것 같았는데 변변한 거실과 주방이 투룸, 스리룸에 붙어 있기를 바라는 건 거의 사치였다. '방이 여러 개 있으면 그걸로 된 것 아니냐' 식의 태도로 투룸, 스리룸을 이곳저곳 보여주던 부동산 아주머니의 모습이 떠오른다. '셰어하우스'라는 이름이 붙으려면 독립된 각자의 생활 공간만큼이나 중요한 게 서로 삶의 일부라도 공유할 수 있는 공용 공간이다. 적어도 공용 거주인들이 엉덩이를 붙이고 앉아서 요즘 어떻게 사는지, 우리 집에 무엇이 필요한지 정도는 이야기할 수 있는 공간은 있어야 한다. 하지만 대부분의 맨션과 빌라, 투룸과 스리룸에서는 그 공간을 찾을 수 없었다.

무엇보다도 맨션, 빌라, 투룸, 스리룸으로 묶는 '그나마' 공용 주거용의 공간이 몇 개 없었다. 나와 룸메이트들이 모두 대학생이라서 대학가의 특성 정도로 여기고 넘어가려다 찾아봤다. 방 구하기 애플리케이션 '직방'에서 각각 원룸, 투룸/스리룸을 조건으로 넣어 검색했다. 일부 대표적인 거주 지구를 제외하고 20대가 왔다 갔다 할 만한 대학가와 도심 근처에서는 투룸과 스리룸 검색 결과 수가 확연히 줄어든다. 그러니 괜찮은 공용 주거를 원한다면 접근성은 어느 정도는 포기해야 한다.

여튼 이렇다. 독립 공간이 적당히 있고, 동시에 공유 가능한 공간이 있으면서, 입지가 나쁘지 않은 셰어하우스를 갖는 건 꿈이다. 나 역시 이 세 조건을 만족하는 곳을 찾지 못하다 앞서 말한 대학가 주변 작은 아파트에 안착했다. 보증금 3천, 월세 백. 세 명이 나누기에 괜찮아 보였다. 신촌 원룸의 평균 보증금/월세가 새내기 땐 1000/40이었는데 요즘은 또 그게 올라 1000/50 정도라는 이야기를 심심찮게 들었다. 그러니 셋이서 월세 백만 원이면 살짝 이득이다.

아파트는 작았고 새 건물은 아니었지만, 오래된 아파트답게 사람 사는 내가 났다. 휑뎅그렁한 건물, 합판으로 만들어져 누구 취향인지도 모를 이상한 벽지, 덜렁거리는 여러 '옵션' 가구로 채워진 원룸보다는 나았다. 안방으로 쓰이는 큰 방 하나와 작은 방 두 개가 있었다. 큰 방을 쓰는 사람은 월세 40만 원, 다른 두 방은 30만 원씩 내기로 합의를 봤다. 거실은 필요한 것보다는 살짝 크고, 쓰는 시간이 은근히 겹쳐 변기만이라도 어디 하나 더 있었으면 싶은 화장실은 하나뿐이다. 그럼에도 '아파트라서' 넓지는 않아도 정갈하고 있을 건 다 있는 주방을 가지게 됐다. 이 정도면 구한 게 기적이라고 룸메이트 세 명은 서로를 위로하며 정착을 결심했다.

옥탑방 한구석에 20만 원, 그래도 이 정도면 완전 살 만하니까

나와 다르게, 정민은 이미 누군가가 살던 셰어하우스에 나중에 입주했다. 처음에 그 집에 살던 룸메이트 중 두 명이 나가 생긴 공석을 그야말로

'낚아챘다.'

"처음에 아는 누나의 소셜네트워크 계정에 지금 살고 있는 이 집의 룸메이트를 구한다는 포스팅이 공유되었어. 그러니까 이 집에 지금 같이 사는 사람들이랑은 처음에 알지도 못했지. 그 포스팅을 보고 나도 모르게 '오!' 하고 바로 연락했어. 아마 과외 가는 길에 지하철 안에서 연락했을 거야. 룸메이트 두 명을 구한대. 그런데 왠지 당장 연락을 안 하면 다른 누군가가 이 기회를 채갈 것 같은 거야. 그래서 포스팅을 공유해준 누나한테 바로 메시지를 보냈어. 사실 그 포스팅을 보자마자 그냥 꽂힌 이유가 있기는 해. 나는 항상 옥탑에서 살아보고 싶었거든. 그리고 내가 대학에 들어간 이후로 기숙사에서만 살았지 제대로 된 집에서 누군가와 함께 살아본 적이 없었거든. 그래서 셰어하우스에 대한 환상도 어느 정도 있었지."

보증금 없이 한 달에 20만 원이었다. '아니 이럴 수가!' 그의 방값을 들은 나는 거의 탄식에 가까운 탄성을 뱉었다. 그와 내가 사는 대학가 주변에서 한 달에 20만 원 하는 방을 찾는 것은 불가능에 가깝다. 이른바 '잠만 자는 방'으로 전단지가 나부끼는 하숙집의 쪽방도, 너비가 2미터도 안 될 법한 고시원 침대방도 한 달에 30만 원은 넘는다. 물론 그의 방이 하숙집 쪽방이나 고시원 침대방 같은 독방은 아니다. 정민이 사는 옥탑방에는 총 다섯 명이 산다. 큰 방에서 세 명이, 작은 방에서 두 명이 잔다. 정민은 7중 세 명이 사는 큰 방에 들어갔다.

"가격 보고 대충 예상은 했지만 방을 공유할 거라는 생각은 하지 않았어. 그래도 공고를 보고 잠깐만 생각해보자고. 다섯 명이 한 집에 사는데 관리비 합쳐서 한 달에 20만 원이라는 건…… 과장 조금 보태면 다섯 명이 한 집이 아니라 한 방에 사는 수준이라고?(웃음) 그래도, 나는 원래 집이 분당이고 통학을 하면 한 달 교통비가 15만 원 넘게 나오는 상황에서 이 정도면 괜찮다고 생각했어."

메시지를 보내자마자 한 시간 만에 집의 호스트와 연락이 닿았다. 그 주 주말에 그를 만나서 여러 가지 사항들을 들었다. 호스트는 집이 옥탑이라는 얘기부터 시작했다. 그리고 큰 방, 작은 방, 거실, 주방, 화장실이 있는 집의 구조 등등을 설명했다. 정민에게 결정적이었던 한마디는 바로 호스트가 쭈뼛쭈뼛하면서 꺼낸 말이었다. "저희가 좀 깔끔한 사람들이 아니에요." 정민은 그 말을 듣자마자 '내가 당신들보다 더 깔끔할 일은 없을 거다'라고 호탕하게 웃어젖혔다.

"날 잡고 가서 보니까 집도 버스 정류장 바로 뒤에 있고 좋더라고. 딱 집에 들어갔을 때는 솔직히 좀 그랬어. 막, 언제 잡았는지 모를 모기 시체가 널려 있고. 화장실도 환기 안 했을 때 나는 특유의 물 냄새가 나고. 그런데 그 전주에 만나서 설명을 듣고 무슨 콩깍지라도 씌었나 봐. 집이 그 꼴인데, 그 물 냄새 나는 화장실을 보고 '아, 이 집에 들어가면 내가 화장실 청소는 좀 해야겠다'는 생각이 드는 거야. 좀 이성을 되찾고 나서, 지금 생각해보면 그건 좀 이상하긴 했어.(웃음) 그런데 그냥 그땐 '좋다. 여기서 살겠다. 언제 돈 부치면 되냐' 물어봤어. 집에 입주할 때부터 집세를 내면 된다고 했고 나도 모르게 정말 수챗구멍에 물이 호로록 빨려 들어가듯이 그 집에 살고 있더라고."

집세 싸겠다, 입지 좋겠다, 부모님 동의를 손쉽게 얻어낸 정민은 순조롭게 분당에서 서울로 이사했다. 정민에게 대학 주변에서만 세 번째 이사였다. 정민은 옥탑방에 들어가기 전까지 대학가 주변의 기숙사를 4개월, 길면 1년 단위로 전전했다. 지금 사는 아파트에 정착한 나 역시 대학 주변에서만 세 번째 이사였다. 어느덧 둘 다 대학을 다닌 지 5년 차,

반년, 1년 단위로 토막 나는 주거에 대한 불만은 무뎌진 지 오래다. 대학가 주변에서 경제적인 독립 없이 부모님의 손을 빌려서 혼자 사는 것은 이제 눈치가 보일 나이가 되어버렸다. 그렇다고 앞서 보았듯 기숙사도 싼 편이 아니다. 그러니 당연히 정민이 월세 20만 원에 보증금이 없는 대학가의 '셰어하우스'를 보고 탄성을 지를 수밖에. 정민은 지금 사는 집을 구하지 못했다면 아마 조금 넓은 원룸을 구하고 거기에서 같이 살 룸메이트를 한 명 구하지 않았을까 이야기했다.

우리가 사는 곳이 우리에게 집일 수 있을까

하지만 나와 정민이 사는 집에 셰어하우스라는 이름표를 붙일 수 있을까? 사람들이 〈빅뱅 이론〉 〈프렌즈〉 등을 보면서 생각하는 그 셰어하우스 말이다. 여기에는 나도 정민도 둘 다 고개를 갸웃거리며 한참 고민을 거듭해야만 했다.

"나는 지금 사는 신촌의 옥탑방을 집이라고 생각하지 않아."

정민이 운을 뗐다. 어디 사느냐고 물어보면 본가가 있는 분당이 먼저 나오고, 신촌에 산다고 대답하기까지는 시간이 좀 걸린단다. 어떻게 보면 매 학기 거주지를 옮겨 다녀야 했던 상황 때문일 수도 있다고 한다. 하지만 신촌을 집이라 생각하지 않아서 불안하지는 않고, 나중에 '삶을 꾸려야 하는 상황이 되면' 그때 집을 찾을 거라고, 정민은 지금의 주거에 대해 이야기했다.

꾸준히 살아야만 했던 공동 주거 환경도 그에게는 큰 불편이 되지 않았다. 그가 웬만한 환경에서는 동글동글하게 살아갈 수 있는 행복의

역치가 낮은 사람인 때문도 있지만, 그동안 전전한 기숙사 방을 집이라고
생각하지 않았기 때문이기도 하다. 세탁기랑 화장실을 나눠 써야 하고,
때로는 남들 때문에 빨래를 재깍재깍 돌리지 못하고 기다리거나, 화장실 문
앞에서 5분을 기다리는 것 정도가 그에게는 가장 큰 불편이었다.

  "사는 곳에 여자 친구를 못 데려오니까 안 불편하냐고들 자주 묻는데
그거는 애초에 생각도 안 했어."

  정민은 이미 공용 공간의 태생적인 불편함을 충분히 이해하고 있었다.
그러나 나는 나의 셰어하우스가 불안정한 삶을 조금이라도 고정시켜
줄 둥지 비슷한 것이 되기를 원했고, 그렇기 때문에 '함께 사는 삶'에
적응하는 데까지 정민보다 시간이 걸렸다. 아무리 각자의 독립 공간이
있다고 해도 절대로 침해할 수 없는 '절대적인 고독'이 주는 평화는 가질
수 없다는 사실, 프라이버시는 사실상 없다는 사실, 모든 상황을 내가
통제할 수 없다는 사실, 함께 사는 것만으로는 절로 친분과 삶의 공통점이
생기지 않는다는 사실을 받아들이기까지 시간이 좀 걸렸다. 그 과정에서
룸메이트들과 꾸준히 이야기를 하고, (지겨운 이야기지만) 소통할 수 있는
시간이 있었더라면 조금 더 수월하지 않았을까 싶지만, 정민도 자신의
룸메이트들을 '가끔 맥주 한 잔 기울일 수 있는 사이'라고 묘사하듯 나 역시
그렇다. 각자의 삶이 너무나 바쁘게 굴러가기 때문에 같은 곳에서 잠을
잔다고 해도 얼굴 한번 보기가 힘들다.

  얼마 전까지 〈SBS〉에서는 〈룸메이트〉라는 이름을 달아서 연예인들이
셰어하우스에 사는 예능 프로그램을 기획해 방영하기까지 했다. 물론
주거와 예능이라는 장르를 결합시킨 (안 좋은 의미의) 참신성도 놀랍지만,
그 프로그램에 등장했던 셰어하우스는 그야말로 '셰어'를 위해 고안된
혹은 급조된 공간임이 눈에 띌 정도로 보였으며, 함께 사는 '룸메이트'들은

경제적인 이유가 없었기에 한 지붕 아래 모여 룸메이트 서로를 이해하고 '친구'를 만들어나갔다.

하지만 그 모든 환상과 기대보다 지금 여기서 셰어하우스를 택한 가장 큰 이유는 정민도 나도 주거비 때문이었다. 한 가지 이유를 더 꼽자면 언제 송두리째 뿌리 뽑힐지 모르는 불안정한 삶 때문이었다. 〈빅뱅 이론〉의 쉘든과 레너드는 같은 직장에 다니며, 출퇴근을 함께하고 저녁에 언제라도 서로의 '덕후 라이프'에 간섭하면서 저녁을 시켜 먹을 수 있다. 비자발적이든 자발적이든, 우연하게든 계획적으로든 지금 여기 내가 사는 대학가 주변에서 셰어하우스를 실천하는 친구끼리는 아마 절대로 만들 수 없는 광경일 테다. 함께 사는 공동 주거인과의 개연성이 낮다 보니 주거하는 공간을 기준으로 자주 얼굴을 마주하게 본다고 해서 그것이 좋은 유대로 이어지지는 않는다.

그래서 셰어하우스는 장밋빛 대안이라기보다는 우리가 마주한 구린 현실을 더욱 잘 보여주는 거울과 같다. 방값이 이미 너무 올라서 혼자 살기에는 부담스러운 현실, 경제적 독립 시기가 늦어짐에 따라 부모에게서 주거비를 도움 받아야 하는 부담스러운 상황과 적절한 집, 싼 방세가 혼합되면 셰어하우스가 탄생한다. 혼자 사는 것과 여럿이 사는 것에는 분명히 각각의 장점이 있지만, 지금 나나 정민이 마주한 셰어하우스는 그러한 장점이 혼자 살 때의 장점보다 조금 적어 보였다. 포기해야 하는 것은 생각보다 많고, 그 대신 셰어하우스의 삶에서 무엇을 얻어갈 수 있을지, 또 얻어가야 하는지는 스스로 생각해서 알아내야 한다.

주거가 삼킨 현재 그리고 미래

공부하는 노동자

B는 대구에서 올라왔다. 등록금은 외부 재단과 학교의 장학금으로
채웠지만 방값과 생활비를 채우려면 아르바이트와 과외를 쉴 수가 없었다.
하지만 평생 대구에 살다가 올라온 그에게 서울에서 과외 얻기란 하늘의
별을 따는 것만큼이나 어려웠다. 첫 학기는 어찌어찌 과외를 구했지만 방학
때는 과외를 구하지 못하고 아르바이트만 했다.

첫 아르바이트는 전단지 돌리기였다. 한여름 대치동 한복판에서
전단지를 돌렸다. 학원에 가는 고등학생, 그 학생을 데려다주는 학부모,
친구와 약속을 갖는 대학생 등 많은 이가 지나는 길거리에서 열두 시부터
세 시까지 땀을 흘리며 전단지를 나눠줬다. 세 시간짜리 아르바이트였지만
열두 시간 일을 한 것마냥 온몸이 땀으로 범벅이 됐다. 학교 커뮤니티
사이트, 학교 포털 사이트 등을 뒤져 실험 아르바이트도 했다. 말만 들어도
으스스한 신약 실험은 아니었고 심리학 대학원생의 실험 연구에 참가했다.
실험 아르바이트는 노동 대비 시급이 좋았다. 그 아르바이트를 구하기 위해

하루에도 몇 번씩 사이트를 들락날락했다.

"시간을 조정해서 하루에 실험을 세 개 한 적도 있어요. 건물 세 군데를 오가면서 실험을 한 거죠."

B는 자랑인지 자조인지 모를 표정으로 이야기했다. 그리고 다소 씁쓸한 어조로 덧붙였다.

"이렇게 아르바이트하고 과외해도 월세 내고 나면 남는 게 없어요."

B는 돈을 아끼려고 도시락을 싸서 다녔고, 아르바이트와 과외 시간을 맞추느라 밥을 굶는 경우도 많았다.

고려대학교에 재학 중인 스물다섯 살 박병선 씨는 군 제대 후 꾸준히 아르바이트를 했다. 대전 출신 서울 유학생이라 자취를 하려면 방값을 벌어야 했다. 나름 가격이 싼 방을 구했지만, 좁았다. 내가 가본 그의 방에는 책상 하나와 침대 하나가 놓여 있었고, 남은 자리는 한국 평균 체형의 남성이 누우면 꽉 찰 공간밖에 없었다. 그런 방에서라도 살기 위해 그는 집 근처 편의점에서 아르바이트를 했다. 보증금은 부모님이 내주셨지만, 한 달 방값 40만 원은 제 손으로 벌고 싶었다. 한 달에 80시간은 일해야 방값이 나온다. 한 달 수업시간과 거의 맞먹는 시간이다. 대학은 수업만으로 이루어지지 않는다. 4월 중간고사, 5월 조모임과 과제, 6월 기말고사, 박 씨는 각 달 학사일정을 소화하며 주당 22시간을 일했다.

"보통 조모임을 금요일에 많이들 해서, 모든 조모임을 금요일에 몰아넣었어요. 주말에 계속 아르바이트를 했죠. 주말에 조모임이 생기면 대신 평일에 아르바이트를 하고요. 정말 바쁠 때는 금요일 여덟 시부터 일요일 밤 열두 시까지 잠을 제대로 못 잤어요. 아르바이트, 조모임, 공부, 모든 게 겹치면 그때는 그렇게 되는 거죠. 이제 그렇게 하면 힘드니깐 다음 학기에는 학점을 적게 신청했어요. 집에 빚지지 않고 살기 위해서 아르바이트를 한 건데, 아르바이트가 제 자취방과 학교를 삼킨 셈이죠."

이렇게 해서 얻어낸 '자취방'의 삶은 어떨까. 2010년 통계청
인구주택총조사에 따르면 수도권 청년들의 최저주거기준 미달률은 평균
17.8퍼센트다.[12] 전국 평균 14.7퍼센트에 비해 높은 수준이다. 서울시 조사
결과는 좀 더 비참하다. 서울의 주거 빈곤 청년(만 19~34세)은 2010년
기준 52만여 명, 서울 전체 청년의 22.9퍼센트다.[13] 주거 빈곤이란 주택법에
규정된 최저주거기준에 미달하는 주택에 거주하는 상태를 말한다.

그래도 서울

충남 보은에서 올라와 서울에서 취업을 준비 중인 스물다섯 살 김웅민
씨는 자취 비용과 생활비까지, 학생 때보다 더 많은 비용이 든다고 말한다.
하지만 그는 고향으로 내려가지 않기로 결심했다.

"내려가면 정말 할 일이 없어요. 20대가 돼서 본격적으로 삶의 터전이
서울에서 만들어졌고 모든 네트워크가 서울에 있는데, 그걸 다 버리고
고향으로 내려가면 더 복구가 어렵거든요."

희망하는 직종이 교통사 계열인 것도 영향을 미쳤다. 특별시와
광역시를 벗어나면 이 직종 일자리를 찾기가 어렵다. 그는 웃으며 말했다.

"서울이 아니더라도 다른 대도시권도 상관이 없어요. 하지만 고향에는
내가 하고 싶은 일이 없어요. 내 직업이 건물주면 생각해보겠지만."

웅민 씨가 취업 준비를 겸해 추가 학기를 다니기로 결정했을 때, 가장
큰 걱정은 취업과 주거 문제였다. 학생 때는 충청남도에서 운영하는 향토
기숙사에 살았다. 향토학사에서 김 씨가 부담했던 기숙사비는 한 달에 15만

원. 3인 1실로 쓰는 방이었다. 그러나 향토학사는 정규 학기까지만 입사가 가능하기 때문에 추가 학기를 다니는 학생은 기숙사를 나와야 한다. 이렇게 해서 취업 준비 비용에 더해 주거비 부담까지, 김 씨는 걱정거리를 두 배로 떠안게 된 것이다.

취업 준비에는 비용이 얼마나 많이 들까. 스물세 살 한혜진 씨는 얼마 전까지 취업 준비생이었다. 취업 준비생 시절에 그는 옆방에서 주방 환풍기를 틀고 요리를 하면 불고기와 우유가 합쳐져 썩은 듯한 냄새가 환풍구를 타고 넘어 오는 집에 살았다. 건물 정화조 냄새에 주방 음식물 냄새까지. 이 역한 냄새도 그는 '참을 수 있었다'고 말한다. 냄새는 위기도 아니었다. 자취 초보 시절 그는 자취방 화장실에 갇혀 문을 부수고 나온 적도 있었다. 혜진 씨는 그 방에서 살기 위해 하루 여섯 시간씩 주 5일 동안 아르바이트를 했다. 그리고 서울에서 일산을 오가며 과외도 두 탕을 뛰었다. 주거 빈곤은 단순히 좁은 집에 산다는 걸 의미하는 게 아니다. 냄새나는 집에 사는 것만을 의미하는 것도 아니다. 이 집에 바치는 그의 노동, 사라지는 시간 또한 주거 빈곤층의 삶이다. 혜진 씨는 다행히 취업에 성공했다. 그는 자취하는 취업 준비생 시절을 이렇게 회상한다.

"취업 준비생이 되면서 생활비에 토익, 토익 스피킹, 인·적성 검사 준비하는 수험서 비용이 새로 들어가요. 미운 놈한텐 떡 하나를 더 주는데, 불쌍한 취준생들에겐 떡은커녕 짐만 늘어났죠."

〈중앙일보〉 조사에 따르면 외국어 점수, 자격증, 공모전, 어학연수 등 이른바 4대 스펙을 가지려면 일인당 연간 1554만 원이 든다.[14] 여기에 식대와 책값, 교통비를 더하면 1년에 2479만 원이 필요하다. 물론 주거비는 아직 더하지 않은 금액이다. 그러니 방값을 해결하기 위해 주마다 수십 시간 아르바이트를 해야 하는 자취생들은 필연적으로 집에서 통학하는 학생들보다 불리한 환경에서 취업을 준비할 수밖에 없다. 주거 빈곤층인 학생이라면 상황은 더욱 안 좋을 것이다.

김응민 씨는 취업을 준비하는 기간 동안에는 부모님께 월세의 일부를 도움받았다. 비싼 월세가 부담스러웠고, 그렇다 보니 조건에 맞춰 방을 구하기가 어려웠다. 결국 구한 방은 보증금 천만 원에 월세 25만 원짜리 반지하 단칸방이었다. 그는 그 방에 살면서 네 시간짜리 파트타임 알바를 하며 취업 준비와 학업을 병행했다. 그는 그때 생활은 "굴 안에 틀어박혀 있는 느낌"이었다고 회상했다.

"사람이 정말 곰팡이에 물드는 것 같은 느낌. (반지하방이라) 햇빛이 거의 안 드니까 밤인지 낮인지 분간이 안 되고 잠도 원래도 많은데 더 많이 자게 되고, 아예 시간 구분이 안 되니까 퇴근하고 새벽 세 시까지 깨어 있었어요. 출근하기 직전에 오후 네 시에 일어나는 게 일상이 되어버리더라고요."

그 집에서 1년을 살고 집을 옮겼다. 익숙한 학교 근처를 떠나 그나마 방값이 싼 신림동으로 왔다. 돈이 많이 들어가고 언제 취업할지도 모른다는 게 이유였다. 전보다 월세도 싸고 햇빛도 든다. 일터나 학교까지 지하철로 한 시간, 버스로 한 시간 거리지만 그래도 지금 방이 가장 낫다고 한다. "집에 마음의 빚이 덜 해요."

서울 살이 7년 차인 응민 씨는 버스 앞자리가 4, 5, 6, 7인 곳에선 다 살아봤다고 말했다. 서울 시내버스 앞자리는 서울 내 운행 지역에 따라 붙는다. 4번은 강남·서초, 5번은 관악·동작·금천, 6번은 강서·영등포·양천·구로, 7번은 마포·서대문·은평을 다닌다. 택배 박스 몇 개에 온 짐을 담고 서울의 절반쯤 되는 곳을 떠돌았다는 말이다.

그나마 대학생 때는 기숙사에 '당첨'될 운이나, 지자체의 지원을 기대해볼 수 있다. 하지만 월세를 부담할 만큼 소득이 주어지는 일자리를 구하지 못한 경우에는 점점 더 나쁜 방을 찾을 수밖에 없다. 노동시장에 진입하지 못하고, 주거비를 충당하기 어려운 상태가 되면서 대도시에 진입한 청년들은 이중고를 겪는다. 취업을 준비하면서 파트타임 알바로 생활비를 벌고, 월세가 싼 방을 찾아 이사한 응민 씨도 거기 해당한다. 기회를 찾아 서울로 온 청년들은 비정주의 삶과 불안정 노동이라는 두 가지 상황에 놓이게 된다. 특히 노동시장에 진입하지 못하는 기간이 길어지다 보니 불안정한 주거 환경에 놓이는 기간도 같이 길어지고 있다.

지방에 좋은 인프라가 없는 상황에서 청년들에게 무턱대고 서울 살이가 힘들면 '떠나면 그만'이라는 식의 충고는 무책임하다. 인턴직으로 일하면서 취업 준비를 병행하는 스물일곱 살 임태령 씨는 부산 출신이다. 그는 서울에서의 삶은 필수불가결한 선택이라고 답했다.

"(서울에서 사는 삶을) 선택하지 않으면 힘든 건 겪지 않겠지. 하지만 서울을 떠나면 취직부터 시작해서 내가 발전할 수 있는 기회마저 닫히잖아. 그러니 당연한 선택이지."

태령 씨는 월 백만 원 정도 수입을 받으며 기간제 인턴으로 일한다. 부산에서 올라온 지는 8년이 되었다. 대학 교육 과정을 마치고 취직을 준비하다 인턴 일을 구했다. 지금은 대학가 하숙집에 산다. 그는 반듯한 사회인이 돼서 '방' 말고 '집'이라고 말할 수 있는 곳에 살고 싶다고 했다. 그의 '드림하우스'는 거창할 게 없었다. 그저 방 말고 집인 곳이라고 했다. 집과 방은 생활이 구분될 공간이 있는지 여부로 갈린다.

"하숙집에서 우스갯소리로 밥 먹는 책상, 공부 하는 책상, 잡일하는 책상이 달랐으면 좋겠다고 하곤 했어. 책상이 하나니까 밥 먹고 치우고 거기서 공부도 하고."

생활이 구분되는 여유가 있는 공간을 갖는 게 그의 꿈이다. 그는 서울에서 집을 산다는 생각은 한번도 안 해봤다며 어떻게든 전세를 마련하거나 월세 원룸에서 사는 게 목표라고 했다. 더 나은 기회를 위해 서울을 택한 그는 서울 살이를 하면서 자신감과 밝은 성격을 잃은 것 같다고도 했다. 그렇지만 서울을 떠날 생각은 없다. '기회의 땅'에서 뭔가를 뽑지 못하고 돌아가는 게 아깝기 때문이다. 번듯한 직장을 잡고 거기서 월급을 받을 때를 기다리며 버틴다. 버티는 이 기간은 터널을 지나는 기간이라고 스스로 위안한다. 그러나 터널은 언제쯤 끝날까. 수많은 청년이 태령 씨처럼 터널 안에 갇혀, 내일을 위한 투자라는 이름으로 빚을 만들며 버티고 또 버틴다.

'에코세대(베이비부머의 자녀 세대)' 중 보증부 월세 거주자의 월 소득은 평균 182만 원이다.[15] 서울에서 소득에서 임대료를 뺀 금액이 국민기초생활보장법에서 제시하는 최저생계비 이하인 가구는 31만 천 가구다. 이 중 30대 이하 가구주가 30퍼센트에 육박한다. 20대 청년층은 경제적으로 자립하기 전까지 월세 등 주거비를 부모의 도움으로 메우는 경우가 많다. 또 자립 시기가 늦어지고, 태령 씨처럼 '징검다리 노동'으로 스펙을 쌓으면서 저임금으로 버티며 생활하는 사례도 늘고 있다. 전자는 부모의 가계에 부담이 되고, 후자는 청년 개인의 자립이 어려워진다.

취업은 어려워지고, 취업 전선에 나가도 저임금과 비정규직 일자리를 맞닥뜨리게 된다. 자산을 축적할 가능성, 주택 사다리 혹은 주택뿐만 아니라 인생의 다음 단계를 준비하고 대비할 수 있는 가능성 자체가 예전 세대에 비해 낮다. 집에 돈 좀 있는 청년이 아니라면, 선선히 명함을 건넬 만한 번듯한 직장에 다니는 청년이 아니라면 말이다.

스스로 벌어서 아파트 한 채 내 집 마련을 할 수 있을까. 아파트를 사느냐 못 사느냐 하는 문제는 아니다. 아파트에서의 삶이 항상 좋고 그 삶을 따라야만 하는 것도 아니다. 그러나 집은 삶에서 필수불가결의 요소다. 빌려 살든 사서 살든 지어 살든, 같이 살든 혼자 살든 '최소한'의 생활은 가능한 곳이 필요하다. 대도시로 기회를 찾아오는 청년들은 이마저도 포기해야 하는 상황이다. 기회의 땅에서 오히려 탈진해 도시를 탈출한다. 서울이란 도시에 누가 올 수 있는지, 서울에 온다는 것만으로 무엇을 포기해야 하는지 생각해볼 때 '가진 자'와 '못 가진 자'의 차이가 드러난다. 우리는 어떤 삶을 만들 수 있을까.

끊어진 사다리 아래에서

스물여섯 살 강민영 씨는 7년째 서울에 산다. 고등학교 3학년 방학 때
처음으로 입시를 준비하기 위해 상경했다. 그리고 이듬해에 '인(in) 서울'
에 성공한 대학 신입생이 됐다. 그의 고향은 김천. 고향에 남은 친구들은
민영 씨를 부러워했다. 누구나 그때쯤엔 '인 서울' 해서 꿈을 이루란 소리를
귀에 못이 박이도록 듣지 않던가. 청춘에게 수많은 꿈과 기회의 귀결점은
서울이었다. 7년이 지난 지금 민영 씨는 되레 친구들이 부럽다. 이제 보니
고향 친구들은 행복에 더 빨리 안착한 듯 보인다고 했다. 대학원 과정이
끝나면 그는 무조건 '탈서울'을 하겠다고 결심했다. 서울의 삶을 '스탠더드'
로 알고 좇아가려 했지만, 지난 7년의 경험으로 깨달았다. 서울엔 맘
놓고 발붙일 곳이 없다. 언제나 떠도는 임시의 삶. 원치 않아도 '껴껴'
사는 느낌이었다. 민영 씨는 상경 후 7년 간 다섯 번 이사했다. 그 사이
대학생에서 졸업생으로, 졸업생에서 취업 준비자로, 또 대학원생으로
처지도 바뀌었다.

지금 사는 곳은 집이 아니야

이모 집에 들어간 건 대학에 입학한 2009년 1학기였다. 이모네 집은 민영
씨가 다니는 홍익대 입구까지 왕복 네 시간 걸리는 경기도 용인이었다.
민영 씨는 미술대학 학생이라 자주 밤까지 작업을 했다. 작업을 끝내고
용인 집에 도착하면 새벽 한 시. 1교시 수업을 듣는 날이면 두세 시간밖에
자지 못하는 날도 많았다. 2학기에는 이모 집을 나와 고시 공부를 하는
친언니를 찾아 신림동으로 갔다. 공부하느라 예민해진 언니한테서
잔소리도 많이 들었지만 그래도 좋았다. 학교가 더 가까웠으니까. 신림2동
월세 28만 원짜리 단칸방. 화장실 문을 열어야 햇빛이 들었다. 원래 해가
들어야 할 자리에 보일러실이 있어 해를 가렸다. "그래도 뭐, 싱크대도
있었고." 나쁘지 않았단다. 거기서 한 학기를 얹혀살았다. 좁은 방에서
공부하는 첫째와, 둘째 딸을 같이 두는 게 맘에 걸렸던 부모님이 묘안을
찾았다. 둘째만 다른 방을 구해주기엔 상황이 어려웠기 때문에 지인에게
민영 씨를 부탁했다.

　그곳은 가정집을 개조한 식당이었다. 주인 내외는 식당 2층에 살았고,
민영 씨는 식당 한편 칸막이방을 썼다. 영업시간엔 손님을 받고, 영업이
끝나면 뒷정리를 하고 이불을 깔았다. 옷장이 따로 없어 사과 박스를 썼다.
한 박스 분량으로 짐을 줄였다. 손님이 없는 시간에 필요한 것만 꺼내 쓰고
다시 다락방 선반에 올려두는 것이 매일 저녁, 매일 아침의 일상이었다.
그 시기 그에게 집은 '공간'보다는 '시간'의 개념에 가까웠다. 일정 시간만
나타났다 사라지는 것. 밤 열한 시가 되어야 집이 생겼고 집은 아침이면
다시 사라졌다. 사과박스를 다락방에 올리고 나면 다시 그 방은 식당이
됐다. 민영 씨는 그 시기, 반쯤은 학교에서 살았다. 학교에 안 나오는 선배

사물함 하나를 얻어서 세면도구와 책을 잘 쑤셔 박아놨다.

도시에서 공간을 차지한다는 것은 결국 '돈' 문제다. 돈을 충분히 지불할 수 있는 사람은 안정적인 공간에서, 연속적인 기억을 만들어 나갈 수 있다. 그러지 못하는 경우라면 임시의, 비정주의 삶을 반복하게 된다. 전세로 들어갈 목돈이 있으면 그 2년은 맘 놓고 안착해 삶을 꾸릴 수 있다. 다달이 월세를 지불할 능력이 있으면 한 달은 맘 놓고 삶을 꾸릴 수 있다. 그도 어느 정도의 능력이 있느냐에 따라 층위가 갈린다. 집에 지불할 '돈'이 충분하지 못한 사람은 삶을 쪼개서 시간 단위로 공간을 빌릴 수밖에 없다.

언제든 박스 몇 개에 나눠 담을 수 있도록 인생을 정리한다는 것. 원치 않지만 언제든 떠날 준비를 해야 한다는 것. 도시에서 안정적으로 공간을 빌릴 자본이 없는 청년은 잠재적 난민이다. 원치 않는 이동을 반복하고, 안전하지 않고 익숙하지 않은 공간을 떠돌면서 소진된다. 불안과 상실을 대가로 꿈을 좇을 기회를 얻고, 질 낮은 생활을 감수하는 상황이다.

고시원에서 생활한 청년세대에 관한 정민영과 이나영의 연구를 살펴보면 비정주의 질 낮은 주거 환경에 처한 청년들에게 집이 어떤 의미인지 가늠해볼 수 있다.[16] 이 연구에서 고시원에서 살았거나 살고 있는 청년들은 지금 살고 있는 공간과 동떨어진 이미지를 집으로 묘사한다. 그들에게 '집'이란 TV 속에서 그려지는 이상적인 모습 혹은 가족과 함께 있었던 과거의 공간이다. 또는 앞으로 살고 싶다고 생각하는 잡지 속 이상적인 공간이다. 지금 머무는 곳은 그들에게 집이 아니다.

민영 씨는 시간에 따라 나타났다 사라지는 방에서 1년을 버텼다. 그리고 "기적적으로" 기숙사 추첨에 뽑혀서 그 집을 나올 수 있었다. 그는

"집은 내가 아무리 밖에서 매를 맞고 와도 나를 품어줘야 하는 공간"이라며 온전히 쉴 수 있는 공간을 갖게 된 걸 기뻐했다.

2013년에 기숙사를 나와 다시 언니네 집에 들어갔다. 고시를 포기한 언니가 취업하기 전까지 둘이 또 신림동에서 한 방에 세 들어 살았다. 주방 없이 보증금 5백에 월세 45만 원짜리였다. 거기는 방이 나쁘다기보다 사람이 나빴다. 세입자한테 서러운 소리 하고 막 대하는 집주인을 겪었다. 1년 산 그 집 주인 할아버지와 비교하면 지금 주인 할머니는 너무 좋다기에 뭐가 그렇게 좋냐 물었다. 그는 기쁜 표정으로 말했다. "열쇠를 진짜 나만 갖고 있어." 그는 '진짜'라는 단어를 진짜 강조했다. 이전에 살던 집의 집주인은 마음대로 그의 방을 드나들었다고 한다. 그 사실을 알게 된 건 겨울에 그가 닫고 나간 창문이 열려 있던 날이었다.

"단열 안 되는 집은 창문을 닫아놓으면 겨울에도 곰팡이가 슬어. 그래서 (집주인이) 창문을 만날 열어놓으라고 했어. 내가 그날 확실히 기억하거든. 창문을 닫고 나갔어. 단열이 안 되니까 너무 추운 거야."

곰팡이 때문에 추위를 감수할 순 없어 창문을 닫고 나갔다. 그런데 집에 돌아오니 다 열려 있었다. 민영 씨는 집에 곰팡이가 슬까 봐 집주인이 문을 열러 들어왔다는 것을 알게 됐다. 그에게만 그런 것은 아니었다. 옆집 여자들에게도 창문을 열어두지 않으면 곰팡이가 슨다며 훈계하다, 자꾸 닫아두면 본인이 열어두겠다고 하는 소리를 들었다. 소름이 끼쳤다.

집은 엄연히 사적인 영역이다. 사적 영역으로 보호받을 수 있을 때라야 안전하다는 느낌을 받을 수 있고, 온전히 쉬는 공간이 될 수 있다. 그렇지만 우리나라에선 많은 집주인이 이런 룰을 초월하여 지위를 남용한다. 집주인 하나, 세입자 하나, 열쇠가 두 개인 집이 어디 한둘일까. 식겁할 일이지만 흔한 일이다. 국회입법조사처 장경석 박사는 "전체적으로 봤을 때 우리는 임대인의 권리가 뭔지, 임차인의 권리, 임대인과 임차인의 의무가 법에 명확히 규정되어 있지 않다"고 설명했다. 집주인에게 벽지를 바꿔달라고 요구할 수 있을까? 화장실이 고장 나면 누가 수리비를 부담해야 할까? 집에 함부로 집주인이 드나드는 경우 이를 거부할 수 있는가? 이런 질문에 답할 수 있는 기준이 현재는 없다. 현행 주택임대차보호법은 13개 조항으로 이뤄져 있다. 보증금, 주택 임대차 기간, 계약 갱신 등에 대한 권리와 의무 등이다. 그러나 구체적인 분쟁 조정의 기준이 되지 못한다. 계약할 때 특약 사항으로 집주인과 세입자가 '약속'하는 방법도 있다. 하지만 대부분 번거로움을 이유로 특약 사항은 흐지부지 넘어간다. 부동산과 집주인은 귀찮아하고, 세입자는 잘 모르거나, 알아도 요구를 못한다. 교육이나 취업을 목적으로 서울에 있는 저소득 청년의 경우 단기간 월세 세입자가 대부분이다. 부동산 중개인이나 집주인이 "이런 거 안 해줘도 방 보러 오는 사람 많다"며 눈치를 주면 이것저것 따지기가 힘들다. 세입자 조직이 자리 잡지 못하고, 국가가 균형 잡힌 권리 보장에 나서지 않는 상황에서, 많은 경우 승자는 집주인이다.

그 집을 나와 민영 씨가 지금 사는 곳은 연희동에 위치한 보증금 3백에 월세 41만 원짜리 다세대 주택이다. 집을 구할 때 가장 우선으로 고려한 것은 가격이었다. 목돈이 없어 전세는 엄두도 낼 수 없었고 보증금은 5백만 원 안에서 해결해야 했다.

"서울 전셋값 되게 비싸잖아. 부모님한테 무슨 돈이 있겠어. 대학 하나 보내기도 힘든데. 나는 여기저기 옮겨 다닌 거지. 괜찮은 집에 가려고 해도 월세가 싸려면 보증금이 높잖아. 그 와중에 큰 목돈이 없으니까 계속 옮겨 다닌 거야. 큰 돈 없이 당장 해결할 수 있는 집. 악순환이라고 생각했어. 목돈 있으면 좀 더 안정적인 생활 할 수 있는데 목돈이 없으니까 비싼 돈을 지불하게 되고 다른 부분에서 더 쪼들리게 되고."

서울 전세 가격 평균은 2000년 4271만 원이던 것이 2010년엔 1억 1378만 원으로 껑충 뛰었다. 같은 기간 대졸 초봉은 1.9배 상승했다.[17] 똑같이 사회초년생이 집을 구한다 하더라도 전세를 살기는 더 힘들어진 것이다. 서울시 1, 2인 근로 청년의 42.8퍼센트가 더 나은 주거 환경을 준비하지 못하고 있다고 답했는데, 이 중 70퍼센트는 '경제적 능력 부족'을 이유로 꼽았다. '당장 살 수 있는, 목돈이 필요 없는' 월세를 선택하는 경우가 많다. 민영 씨처럼.

월세 살다 전세로, 전세 살다 자가로 옮겨가는 것이 일반적인 때가 있었다. 이를 '주거 사다리'라고 칭한다. 사다리를 타고 올라가 점점 더 나은 주거 환경으로 옮겨가는 것. 그러나 이제 그 사다리는 끊겼고, 전월세 전환 가속화로 전세로 목돈을 묵혀두는 건 꿈이 됐다. 20대, 30대 임차인의 소비지출 대비 주거비는 33퍼센트에 달한다.

정부를 믿을 수 있을까

그러니 젊을 땐 돈 주고 사서라도 고생하는 거라는 충고는 그만했으면 좋겠다. 청년 주거 문제는 단칸방에서 애 여섯 낳아 키우던 옛 시절을 이야기하며 '정신승리'할 수 있는 문제가 아니다. 집에 목숨 건 사람들끼리 한국 경제를 수렁으로 몰고 가는 갈등이다.[18] 그들이 이기적이라서가 아니라 한국 경제가 그렇게 굴러왔다.

베이비부머 세대 7백만이 태어났다. 그들에게 집이 필요했다. 때마침 나라가 발전했다. 아파트도 서고 도시 곳곳에 마천루가 섰다. 그 덕에 저축해서 '내 집 마련'하고 그 집을 잘 간수해서 여기까지 왔다. 그 집 한 채 믿고 대출 받아 가게도 하고 자녀도 기르고 노후자금도 굴리려고 했다. 그런데 금리는 계속 떨어져 오를 생각을 않는다. 집을 팔자니 대출금을 못 갚아서 팔 수가 없다. 판다 해도 손해 보고 팔기는 싫으니 어찌 됐건 부동산에 남은 인생이 걸려 있다. 돈이 많아서 주택 여러 채를 굴리는 강남 큰손들도 있다지만, 가계 부채 1100조를 이고지고 살아가는 서민들과는 먼 이야기일 것이다.

한국은행 경제통계시스템에 따르면 2014년 기준 가계부채 1089조원, 그중 460조가 주택 담보 대출로 절반에 가깝다. 9월 28일 신한· 국민·KEB하나·농협 등 시중은행 네 곳에서 2011년 말부터 2015년 8월말까지 50세 이상 연령층이 받은 주택 담보 대출 잔액을 분석한 결과, 50세 이상 연령층의 주택 담보 대출이 3년 반 만에 21조 원(28퍼센트) 증가했다. 금리 오르고 집값 떨어지면 빚 걱정에 잠 못 이룰 사람이 이렇게나 많다.

다른 쪽 사람들도 잠 못 이룬다. 이쪽은 제 집을 가져본 적이 없다. 가져볼 꿈도 못 꾼다. 집값 떨어지고 다 같이 망할 때까지 기다리면 고공에 뜬 집값이 눈높이까지 내려올지도 모른다고, 솔직히 그렇게 생각하는 사람이 꽤 될 것이다. 서울에서 중간소득자가 집을 사려면 꼬박 8.8년을 한 푼도 안 쓰고 월급을 모아야 한다.[19] 중간소득에 다다르는 것조차 버거운 사람도 부지기수다. 집 살 생각도 없고 사는 것도 무리라면 빌려서 사는 사람이 사람이 맘 놓고 먹고 잘 수 있게 해야 하지 않을까. 전셋값은 2009년 3월 이후 근 7년째 계속해서 오르고 있다. 전월세 대란으로 전세가가 매매가를 뛰어넘은 집도 나왔다. 전세가 오르니 덩달아 월세도 오른다. 집주인과 세입자가 서로에게 '제발 내 사정 좀 봐달라고' 하는 이상한 풍경도 펼쳐진다.

국가가 주거 안정을 보장해주는 몇 가지 방법이 있다. 무엇보다 전월세 시장을 잘 안정시키는 것이 아닐까. 집주인과 세입자가 서로 얼굴 붉히지 않고 '부담 가능한 수준'의 월세를 내면서 좋은 집 임대해서 살 수 있게 하는 방법이다. 독일 같은 국가가 그렇다. 독일 GEWOS 연구소 2009년 통계에 따르면 독일은 세입자 가구가 한 집에서 평균 12.8년을 산다.[20] 2014년 주거실태조사 보면 우리나라 세입자들은 평균 3.5년을 산다. 이사철에 만나는 사람끼리 서로 이삿날 묻는 것이 현실이다. 독일은 세입자 권리를 법이 잘 지켜준다. 월세에 반전세에 허리가 휘는 이때에 우리도 전월세 상한제 도입하고, 세입자가 '이 집 계속 살 수 있게 해주세요' 하고 계약갱신청구권 행사할 수 있도록 제도를 만들면 사정이 나아지리라 제안하는 사람들이 있다.

시장에서 집주인이 잘 못해준다면 아예 정부를 집 주인 삼으면 되지 않을까. 맞다. 그런 방법도 있다. 공공임대주택이다. 그런데 집이 없다. 2014년 기준 우리나라 장기임대주택 비중은 5.8퍼센트다. 모자라다. 정부도 필요성은 안다. 이명박정부는 '보금자리주택', 박근혜정부는 '행복주택'을 대표 정책으로 이야기해왔다. 특히 박근혜정부는 임기 첫 해인 2013년에 공공임대주택을 11만 가구 건설하겠다고 공언했다. 물론 그만큼 못 지었다. 늘어난 공공임대주택 재고량은 5만 2220가구에 그쳤다.

행복주택은 신혼부부와 대학생, 사회초년생을 포함하는 대표적인 공공임대주택이다. 행복주택이 따로 생긴 이유는 기존 국민임대, 영구임대

같은 공공임대주택에는 청년들이 거의 들어가지 못했기 때문이다. 주택 공급에 관한 규칙에 따라서 공공임대주택은 입주 기준이 정해져 있다. 세입자 세대의 가구원 수, 한 지역 거주 기간 등을 본다. 청년 대부분이 1인 가구니 가구원 수에 따른 기준에서 탈락, 여든 넘으신 어르신과 비교하면 한 지역 거주 기간에서 앞설 수가 없으니 또 탈락이다. 그러니 공공임대주택 정책에서 소외되어온 청년층이 이젠 좀 더 '행복'하라고 만든 주택이 행복주택이다.

행복이 그렇게 쉽지가 않다. "행복주택을 20만 가구 짓겠습니다" 했는데 줄어서 14만 가구로 목표치가 줄었다. 공공임대주택 들어오면 '내 목숨 같은 집값 떨어진다'고 안 된다고 주민들이 드러누웠다. 행복주택은 직장과 학교와 가까운 도심, 역세권에 짓는 것이 포인트였는데 주민들은 그런 '알짜배기 땅'을 왜 내줘야 하느냐며 반발했다. 2015년 9월 24일, 서울 강남구 수서동 청소년수련관에서 '수서동 727번지 행복주택 건립을 위한 주민설명회'가 열렸다. 이 자리에서 주민 한 명이 설명이라도 들어보자고 하다가 나머지 50여 명 주민에게 저지당해 돌아갔다. 기세가 엄청나다. 대규모 단지를 짓는 것도 아니고 44가구 규모였는데도 이렇다.

목동, 송파, 잠실, 공릉지구 또한 반발이 심하다. 목동은 주민들의 반대로 결국 지구 지정이 해제되었다. 그러니 이제 다른 곳들에서 더 야단이다. 이렇다 보니 행복주택은 도심에서 청년들이 잘 지내도록 해주겠다던 취지가 무색하게 외곽으로 점점 밀려난다. 서울 지역에서 행복주택사업이 추진되는 22개 지구 대부분이 서울과 경기도의 경세선에 자리한 외곽이다.

그러니 이런 생각이 들 수밖에 없다. '아, 역시 배 째라고 드러누워 목소리 크게 내는 놈이 이기는 게 한국이구나.' 선거로 뽑은 대통령이 이름 걸고 들고 나온 정책이 아닌가. 정책 결정 과정 또한 다 거쳐서 나온 행복주택이 아닌가. 그런데 후퇴는 왜 그렇게 쉬울까.

행복주택이 지지부진한 사이 새 이름이 떴다. 기업형 임대주택 '뉴스테이'다. '중산층을 위한, 전월세 시장 안정에 기여할 임대주택'이다. 2015년 9월 17일 1호 뉴스테이 사업장인 인천 도화지구 e편한세상 착공식이 있었고, 박근혜 대통령도 이 자리에 참석했다. 이 자리에서 박 대통령은 "최근 초저금리 기조가 계속되면서 전세가 월세로 전환되고 세입자들의 부담이 늘어나는 등 임대차 시장의 구조적 변화가 일어나고 있다"며 "뉴스테이는 이러한 시장 변화에 대응해 민간기업이 양질의 임대주택을 공급하는 새로운 주거 모델"이라고 말했다. 2017년까지 6만 호 이상 공급하는 것이 목표다. 입주하면 8년간 안정적으로 살 수 있고, 임대료 상승도 연 3퍼센트로 제한되어 있다.

그러나 잘 따져봐야 한다. 일단 대학생인 나는 여기 못 산다. 나는 뉴스테이 월세를 보고 우리나라 중산층이 이렇게 잘사나 싶어 놀랐다. 25평형, 전용면적 기준 59제곱미터인 서울 신당동 뉴스테이는 보증금 1억에 월세가 100만 원이다. 보증금 1억 원……. 44제곱미터짜리 서울 대림동 뉴스테이는 보증금이 천만 원에 월세가 110만 원이다. 월세 백만 원 내고 살고 싶은 신혼부부가 있을까. 중산층을 위한 공공임대주택이라는데, 이 정도 가격이면 굳이 국가가 보태서 지을 필요가 있을까. 정부는 월세 백만 원짜리 집을 지어서 '중산층 주거 안정'을 꾀하자고 총 3천억 원 규모의 국민주택기금도 출자한다. 임대주택법을 개정해 공공택지를 우선 공급하고 각종 세제 혜택까지 준다. 나는 여기 살 수가 없다. 내가 아는 청년들도 여기서 첫 살림을 차리기는 어려울 것이다.

박근혜정부는 집권 뒤 부동산 대책만 열한 차례 내놨다. 집 살 사람들 좋은 일도 많이 해줬다. 주택 구매자에 대한 세제 혜택 방안, 연 1퍼센트의 금리로 주택을 구매할 수 있는 '수익공유형 모기지' 도입(이건 저금리와 가계부채 우려 속에 취소), 2014년엔 주택담보인정비율(LTV)과 총부채상환비율(DTI) 완화…….

그럼 집 없는 사람, 집값이 고공에 떠봤자 마음만 심란한 사람을 위한 정책은 무엇이 있었을까. 지난 9월 2일 전월세 계층의 주거비 부담을 덜기 위해 서민·중산층 주거 안정 대책을 발표했다. 현재 진행중인 '뉴스테이'와 전세·매입임대 공급 물량을 확대하고, 주거비 융자 지원을 강화하겠다는 계획이다. 주거비 융자 지원은 주거비를 빌렸다가 나중에 갚는 거다. 주거 안정을 위해 멋진 안이라고는 생각할 수가 없다. 한 가지 새롭게 이야기한 건 앞서도 언급했던 '집주인 리모델링 임대사업'이다. 낡은 단독 다가구주택을 가진 집주인에게 연 1.5퍼센트 낮은 이자로 최대 2억 원까지 리모델링 비용을 빌려주고, 독거 노인·대학생 등 저소득 1인 가구를 위한 다가구주택(1가구 30제곱미터 이하)으로 개량하는 사업이다. 조건이 있다. 집주인은 주변 시세의 50~80퍼센트 선에서 임대료를 받아야 한다. 그리고 최장 20년을 의무적으로 임대해야 한다. 집주인으로서 저울질해봤을 때 1.5퍼센트라는 리모델링 비용 대출 이자가 딱히 매력적이지 않다.

세입자를 위한 정책은 소심하고 집주인을 위한 정책은 대범한 느낌이다. 부동산은 정치 재화다. 대한민국에서 어떻게 정치 재화가 아니겠나. 내 집값 올려주는 사람 대통령 시켜주겠다는 게 민심이니까 말이다. 당장 현금이 생기지 않아도 집값 올라 '든든하다'는 것만으로도 그냥 좋은 느낌이다. 실제로 주택을 담보로 잡아 대출 받는 것도 있지만 그냥 '든든하다'는 느낌 자체가 중요한 것도 크다. 그 '든든함' 이 소비심리까지 뒤흔드니 가계 주머니를 열고 닫고, 경제에 찬바람 불고

안 불고 하는 원인이 된다. 정치도, 경제도, 우리 삶도, 온통 집에 저당 잡혀 있다. 그래도 앞으로 나아가야 하는데, 다른 방식의 미래로 나아가야 하는데, 안 그러면 망할지도 모르겠다는 생각이 점점 확실해지는데, 집에 발목이 단단히 잡혀 있다.

chapter 6 해결의 실마리들

"산림청에서는 개인이 가지고 있는 산을 공적 자금을 투자해 매입합니다.
사람들은 이를 보고 '산림청이 좋은 일을 한다'고 칭찬하고요.
이처럼 서울시나 국토부가 청년의 주거를 위해 청년 공공임대주택을
공급하겠다고 말하면 '서울시가, 국토부가 좋은 일을 한다'고 이야기되어야 해요.
그런데 아직은 청년 주거에 예산을 집행하면 수많은 사람이
'왜 그래야 하느냐, 네 노력이 부족한 것이 아니냐' 물어요."

학생 사회에서 내놓은 대안들

대안은 있을까. 대안을 찾으려는 노력은 사회 곳곳에 있다. 특히 학생 사회 위주로 청년 주거 문제를 해결하고자 새로운 연대를 추구하는 움직임이 등장하고 있다. 크게 네 가지 방향이다.

첫 번째는 기숙사 신축 운동이다. 기숙사를 더 지어 학생 수용률을 높이자는 것이다. 가장 궁극적이면서 직접적인 대책이다. 그리고 가장 어렵다. 땅은 부족하고, 비용은 비싸고, 비용을 조달할 길을 찾기 힘들다. 두 번째는 주거 장학금이다. 학교와 총학생회가 연계해 학생들에게 장학금을 주자는 것이다. 기숙사에 살지 않는 학생에게도 경제적 도움을 줄 수 있다는 장점이 있다. 아직까지는 규모가 크지 않다. 세 번째는 주거 상담이다. 기숙사 신축과 주거 장학금 등 직접적 지원이 어렵다면 간접 지원이라도 하자는 것이다. 집을 구하는 학생들에게 주거 상담 교육을 받은 학생이 어떤 방이 좋고 어느 지역이 좋은지, 집주인과 분쟁이 생기면 어떻게 하는지 등을 조언한다. 궁극적 해결은 아니더라도 자발적으로 문제를 해결하려는 시도다. 마지막은 기숙사비 인하 운동이다. 공급을 늘릴 수 없다면 기숙사비라도 낮추자는 것이 목표다. 대학 총학생회를 중심으로

벌이고 있으며 법적으로 제도화하려는 움직임도 있다. 국회를 통한
해결책이기 때문에 가장 강한 대안이다. 그만큼 가장 느리다.

기숙사 신축 운동

기숙사 관련 논의는 그동안 학교-학생 2자 구도로 이루어져왔다. 새로운
기숙사 신축 운동을 도모하는 이들은 삼각 구도를 그리고 있다. 지역의
구성원으로서 주민들도 기숙사 논의에 함께 참여하도록 하는 것이다.
대표적인 무대는 성북구다. 고려대학교 총학생회 '지음'은 2015년 2학기
'도토리 프로젝트'를 진행했다. '도토리'는 기숙사를 의미하는 도미토리
(dormitory)에서 '나'를 의미하는 미(me)를 뺀 단어다. 고려대학교가
개운산 근린공원 부지에 신축하려는 기숙사에 학생의 목소리가 빠졌음을
의미한다. 외국인을 주 대상으로 하는 신설 기숙사에 재학생의 의견을
반영해 저렴한 양질의 기숙사를 제공하는 것이 목표다.

고려대 총학생회는 2015년 4월에 기자회견을 열고 기숙사 신축 요구를
성북구청과 구의회에 전달했다. 이 과정에서 학생들의 의견을 의회까지
전달하기 위해 주소 이전 운동도 모색했다. 학생들이 직접 유권자가 되어
기숙사 신축을 요구하려는 아이디어였다. 그간 학생회가 펼친 서명 운동과
현수막보다 한층 나아간 방법이었다.

그러나 성북구청과 성북구의회는 지역 주민의 여론이 좋지 않다는
이유로 비협조적 태도를 보였다. 학교 측에서도 원론적인 답변만 내놓을
뿐 미지근한 태도를 보였다. 총학생회는 구청과 구의회를 넘어 직접 지역
주민을 만났다. 박세훈 도토리 프로젝트 단장은 지역 주민으로 구성된

성북네트워크와 만났다. '지역 주민을 가장한 임대업자'가 아니라 개운산 근처에 오래 산 지역 주민이 다수였다. 성북네트워크 구성원들은 대부분 '기숙사=환경 파괴'라고 생각했다. 기숙사 부지가 근린공원에 있기 때문이다. 신축 부지는 고려대 사유지지만 근린공원으로 지정되어 있다. 지역 주민들에겐 매일 다니는 동네 산책로다. 동네 주민들이 반대하는 건 어찌 보면 당연한 일이다. 성북네트워크 주민들이 고려대 기숙사 신축을 반대하는 이유가 또 하나 있다. 그 기숙사가 정말 학생을 위한 기숙사냐는 것이다. 신축 기숙사는 기업이 참여하는 민자 기숙사로, 기숙사비는 주변 하숙집 월세와 비슷한 수준이다. 주민들은 결국 기숙사를 지어봤자 학생이 아니라 학교에게만 좋은 것 아니냐고 이야기한다. 더군다나 그간 고려대가 기숙사 안건을 논의할 때 지역주민들을 '임대업자' 등으로 치부하고 주민들과 대화하지 않은 행적도 문제가 됐다.

고려대 총학생회는 기숙사 신축 문제를 복잡한 실타래로 이해하고 있다. 처음엔 지역 임대업자의 이해관계가 가장 큰 걸림돌이라 봤지만 그 너머엔 주민이 있었다. 항상 원론적 답변만 내놓는 학교 측도 문제였다. 도토리 프로젝트 측은 앞으로 국회의원과 구청장, 의회와 지역주 민을 가리지 않고 만날 예정이다. 장기적으로 내년 총선 의제로 띄워 사회의 관심을 촉구할 계획이다.

일단 '짓자'가 합의되면 그다음은 '어떻게 짓자'다. 도토리 프로젝트는 공공 기숙사를 논할 예정이다. 기숙사를 새로 짓는 이유를 생각해보면, 결국 기존 민간 임대시장과 차이가 있어야 한다. 가격과 질이다. 원룸보다 싸거나, 원룸과 같은 가격라면 방이 더 좋거나 해야 한다. 학생들은 싼 방을 원한다. 결국 기숙사는 싸야 한다. 기숙사 문제의 핵심은 결국 '돈'이다. 건설부터 방값까지 결국은 돈이 시작과 끝이다.

그런데 총학생회 임기는 1년이다. 턱없이 짧다. 당장 학생들이 주거권 의제를 정치적으로 설정하기 위해 2016년 총선에 앞서 주소를 이전한다고 해도, 해마다 총학생회 입장이 어떻게 달라지지 예측할 수 없다. 정책의 연속성이 없고, 결국 기숙사 문제도 그 문제를 해결하려는 노력도 매년 초기화되는 셈이다. 파편화된 학생 사회를 생각해보면 학생들 여론을 모으겠다는 도토리 프로젝트의 계획도 거창하게만 들린다. 과연 여론은 어떤 방향으로 모일 것이며, 얼마나 많은 학생들이 그 방향에 동의할지도 의문이다. 물론 도토리 프로젝트는 지금 당장 열매를 딸 수 있는 계제가 아니다. 도토리라는 열매를 맺기 전에 씨앗을 뿌리는 과정이다.

주거 장학금

학생 주거 문제를 다른 방법으로 풀려는 학생회도 있다. 숭실대학교다. 숭실대 총학생회는 학생들의 주거 문제를 장학금으로 해결하려 한다. 자취방과 하숙비 등 비싼 주거비 탓에 학업에 집중하지 못하는 학생들에게 일정 금액을 주거비 보조 장학금으로 준다. 이 장학금은 숭실대 총학생회와 학생처, 생활협동조합이 협력해 2015년 2학기부터 신설되었다. 이름은 민달팽이 장학금이다. 신청 자격은 서울을 제외한 해외·지방 거주자 중 직전 학기 평점 2.5점 이상, 생활협동조합에 가입한 학생이다. 다른 장학금과 중복 수혜가 가능하다는 이점도 있다. 재원은 생활협동조합의 수익금이다. 학생들이 학교 안에서 소비한 돈이 다시 학생들에게 돌아가는 선순환이다.

물론 이는 완전히 새로운 정책은 아니다. 미국에서는 주택 바우처

제도로 저소득 대학생의 주거비를 지원한다. 영국에서는 25세 미만 청년에게만 지급하던 주거 보조비를 34세까지 확대 적용하려는 움직임이 있었다. 최근엔 주거비가 아니더라도 기초연금을 청년에게까지 확대 적용하고 있다. 독일과 네덜란드, 덴마크 역시 학생들에게 학생 지원금과 독립 지원금이라는 이름으로 일정한 수준의 주거비 지원을 보장한다.

주택산업연구원은 2014년 '청년세대 주거실태 점검 및 지원대책 마련' 보고서에서 주거비 지원이 저소득 청년층을 위한 중단기 주거 대책이 될 수 있다고 밝혔다. 청년 세대에 대해 주거비를 지원하는 것은 출산율을 높여 인구 성장의 기반을 마련하는 것과 동시에 경제성장의 원동력에 대한 사회적 지원으로 해석해야 한다는 것이다.[1] 주거비를 지원해 월세 부담을 덜어내고 장기적으로 임대주택 공급을 늘리자는 게 이 보고서의 골자였다.

이러한 맥락에서 숭실대의 주거 장학금은 유의미하다. 물론 아직 갈 길이 너무 멀다. 무엇보다 금액이 너무 적다. 학생 한 명이 한 학기 동안 지원 받는 금액은 60만 원이다. 한 달에 15만 원 꼴이다. 물론 최저시급 기준으로 25시간 가까이 일해야 벌 수 있는 돈이지만, 아쉬운 건 사실이다. 수혜 대상이 너무 적다는 점도 문제다. 2015년 기준으로 숭실대학교가 1년에 뽑는 인원은 1296명이다. 숭실대의 민달팽이장학금 수혜 인원은 16명이다. 단순 계산으로 1~4학년 전체 5200명 중 전체의 0.3퍼센트만 받을 수 있는 규모다. 주거난에 도움이 될 장학금이라 부르기에 민망하다. 생활협동조합의 수익에 기대는 장학금이고, 한 학기에 총 천만 원이 드는 작지 않은 사업이지만 실지급액이건 자금 규모건 돈이 모자란 건 사실이다.

프랑스에서는 알로카시옹(allocation)이라는 이름으로 청년들에게 주거 보조금을 준다. 소득분위에 따라 보조금 규모는 다르다. 대개 명목 주거비의 3분의 1까지 지원해준다. 물론 정부가 지원하는 규모와 일개

학교가 지원하는 규모를 비교하는 것은 어불성설이다. 하지만 3분의 1 정도는 지원해야 실질적으로 주거 문제를 완화할 수 있지 않을까.

간접 지원

학생 사회에서 발견할 수 있는 세 번째 대책은 간접 지원이다. 민간 임대시장에서 학생들이 좋은 방을 찾을 수 있도록 돕는 것이다. 주거 복지 서비스와 주거 관련 정보를 알려주고 세입자로서 권리를 보호 받을 수 있도록 돕는다.

타지에서 와 대학을 다니는 유학생들에게 집 구하는 일은 너무나 어렵다. 집을 구할 땐 여러 가지를 봐야 한다. 물은 새는지, 근처엔 누가 사는지, 밤엔 안전한지, 방음은 어떤지 등등. 특히 생전 처음 온 동네에서 집을 구할 땐 어디가 안전한지, 어디가 싼지도 알 수 없다. 1년만이라도 살아보면 금세 학교 근처 어디 방이 좋은지 알 수 있지만, 새내기들은 모를 수밖에 없다. 모든 것을 알 것만 같던 부모님은 저 멀리 있고, 서울에서 사귄 친구들도 잘 모르긴 매한가지다. 결국 근처 부동산 중개소에 조언을 구하지만 좋은 조언인지 판단하기가 힘들다. 여기서 총학생회가 나선다. 그간 여러 학교 총학생회는 기숙사 신축, 기숙사비 인하 등 '거대 담론' 위주로 성책을 꾸렸다. 하지만 때론 아주 작은 정책이 학생들에게 더 큰 도움이 될 때가 있다. 연세대학교의 '집보샘'이 그러한 경우다.

연세대 14학번 김권석 씨는 총학생회 '시너지'의 주거복지국 소속 주거 상담사로 활동한다. 연세대 총학생회는 학교 근처 대표적인 자취촌인 서문 앞 카페를 빌려 방학마다 주거상담센터 '집보샘'을 연다. 올해 여름으로 네 번째다. 김권석 씨는 주변 친구들이 집을 구할 때 실질적인 도움을 주고 싶어서 이 활동을 시작했다. 얼마 전에도 동아리 친구가 집을 구하는 데 도움을 줬다. 기숙사를 신청했다가 떨어져 개학 전까지 당장 집을 구해야 하는 마음 급한 친구도 있었다. 그는 그런 친구들에게 참고할 수 있는 주거 복지 서비스를 알려주고, 집을 구할 때 동행해 꼼꼼히 계약서를 함께 봐주는 역할을 한다.

주거복지국원 여섯 명 중 세 명이 주거 상담사로 활동하고 있다. '집보샘'은 민달팽이유니온과 연세대 총학생회, 생활협동조합 학생복지위원회가 함께 운영하고, 민달팽이유니온이 주거 상담 교육을 맡는다. 이틀 동안 여덟 시간 청년주거상담사 교육을 받아 필수적인 지식을 숙지한다. 소득분위에 따라 적용되는 국가의 주거 복지 지원과 각종 학사, 연합기숙사 정보를 알려준다. 부동산을 직거래할 때 유의해야 할 사항과 표준임대차계약서 작성 방법, 전입신고와 확정일자 받는 법까지.

김권석 씨는 "학생들이 가장 많이 하는 질문이 집을 볼 때 뭘 봐야 할지 모르겠다는 것"이라고 말했다. 집보샘에서는 이러한 질문에 답하기 위해 전월세와 하숙별로 체크리스트를 제공한다. 건물 시설과 욕실, 주방, 세탁, 전기, 가스, 수도, 주변 환경에 대해 21~24개 항목을 체크하고 이 집이 정말 본인에게 맞는 집인지 생각할 수 있도록 돕는다. 법적 분쟁으로 이어질 수 있는 심도 깊은 상담이 필요한 경우, 민달팽이유니온의 전문 공인중개사와 연결한다. 신청자가 원한다면 집을 보러 다닐 때 주거 상담사가 동행하기도 한다. 을의 입장이라 자기가 원하는 조건을 제대로 말하지 못하는 세입자를 대변해줄 때도 있고, 계약 조건을 보다가 의문점이 생기면 주거상담사가 꼬집어 이야기해주는 역할을 한다.

집을 보러 다니는 학생에게 집주인이 가장 많이 하는 말은 '학생이 어려서 잘 모른다'는 것이다. 특히 급하게 방을 구해야 하거나, 처음 방을 구해보는 학생이라면 꼭 필요한 계약 사항을 다 챙기지 못하고 계약을 하게 될 수도 있다. 법적인 문제도 꼼꼼히 챙기기 어렵다.

"예를 들어 등기부등본을 건축물만 보여줬으면 토지 등기부등본도 보여달라고 집주인에게 이야기해서 두 본의 명의가 동일한지 봅니다. 그리고 계약할 때 대리인이 나오면 대리인 위임장 신분증을 보여달라고 하고. 그런 걸 챙깁니다."

방을 구하는 과정은 물론이고, 계약 과정도 중요하다. 집보샘은 대학가에 '착한 부동산'을 선정해 안전한 임대차 계약을 돕고 있다. '착한 부동산'을 선정하는 가장 중요한 기준은 표준임대차계약서 사용 여부다. 그러나 집보샘과 함께 하는 착한 부동산은 다섯 곳뿐, 아직 적은 숫자다. 임대인과 공인중개사 입장에서는 표준임대차계약서 사용을 꺼리기 때문이라고 한다.

"집주인이나 공인중개사 분들은 '꼭 그렇게 안 써도 누군가는 들어가서 산다. 계약하기 싫으면 하지 말라'고 하세요."

김권석 씨는 주거 상담 교육을 받으면서 느낀 게 하나 있다고 했다.

"외국 사례를 많이 보잖아요. 지원 제도에 따라 주거비랑 주거 관련 상황을 걱정하지 않고 자기계발만 열심히 할 수 있는 나라들도 있어요. 그런 반면에 우리나라 학생들은 너무 어려워요.. 네덜란드는 대학생뿐만 아니라 암스테르담 시민 반 이상이 임대주택에 살고 있고, 더 놀라운 건 정부에서 임대주택 매물을 구해준다는 거예요. '너는 이러한 집이 적당하니까 가서 보고 선택을 해'라고."

현재 한국은 주택임대차보호법 7조 시행령 2조에 근거해 계약 기간 중 5퍼센트 이내에서 임대료 인상, 인하를 정할 수 있다. 그러나 계약 기간이 끝난 후 재계약 때 임대료 인상·인하의 제한선은 없다. '집주인 마음대로'다. 독일에서는 월세 인상이 3년 동안 20퍼센트를 초과하지 못하도록 규제한다. 영국에서는 월세 총액을 소비자물가지수와 연계해서 제한하는 최대 임대료(Maximum Fair Rent Order) 제도를 시행하고 있다. 집보샘 같은 주거복지 지원 시스템도 이미 시행 중이다. 프랑스에선 국가 차원에서 지역 대학생을 위해 집보샘 같은 시스템을 운영한다. 고등교육에 책임을 지기 위해, 지방 학생들의 편의와 복지를 확대하기 위해서다. 국가 차원의 국립학생복지센터(CNOUS)부터 지방정부, 지역 단위로 각각 CROUS(régional), CLOUS(local)로 나누어 체계적으로 관리한다. 주거 정보의 지리적 특성에 따라 행정 단위에 맞게 조직을 만들고, 집행할 수 있는 법적 근거와 행정력을 갖추었다. CROUS는 임대인과 중개 수수료 없이 직접 거래할 수 있도록 주거 정보를 제공하며, 대학 기숙사의 관리와 운영을 일괄 담당한다. 정보를 모두 정부가 가지고 있기 때문에 기숙사비가 합리적으로 책정될 수 있다. 비슷한 사례로 타이완에서 방문한 최마마의 주거복지센터도 있다. 최마마 주거복지센터는 세입자의 권리를 보호하기 위한 상담 서비스를 제공한다. 그리고 세입자의 요구에 따라 적절한 주택을 소개하고, 임대료 관련 주택 정보를 모아 공개하는 역할을 한다.

연세대의 집보샘 같은 주거 복지 지원 서비스는 대학별 학생회 차원에서 논의가 진행되고 있다. 서강대에서도 학생회 차원에서 주거 복지 지원 사업을 시행 중이다. 이러한 사업이 안정적으로 많은 대학에서 자리 잡을 수 있을지는 미지수다. 기숙사 신축 운동과 마찬가지로 학생회 임기가 끝나고 사업이 바뀌거나, 주거 장학금 지원처럼 재원을 마련하는 데 어려움에 부딪칠 수 있기 때문이다. 프랑스처럼 '고등교육에 대한 책임'과 '지방 학생을 위한 편의·복지 확대'의 차원에서 지원이 필요하다.

기숙사비 인하 운동

기숙사비를 인하하려는 움직임도 있다. 지난 1월 15일 청주대학교
총학생회 'Change'는 기자회견을 열어 학교 측에 기숙사비 인하를
공식적으로 요구했다. 청주대 기숙사비는 2인 1실 기준으로 밥값 포함, 한
학기에 145만 원이 든다. 학교 바깥 민간 임대시장의 비용과 비교해 오히려
비싼 축이다. 충청북도 내에 있는 다른 대학들과 비교해서도 비싸다.
충북대학교는 주 5일 급식을 포함해 2인 1실에 한 학기에 90만 원이 든다.
세계화를 노리며 지었다는 건국대학교 글로컬 캠퍼스 기숙사비도 한
학기에 140만 원이 되지 않는다. 청주대 학생들을 대상으로 설문조사한
결과, 기숙사를 이용한 학생 중 70퍼센트 정도가 현재 기숙사비가
비싸다고 느끼며 절반 이상이 다음 학기에는 이용하지 않겠다고 응답했다.
총학생회는 2013년도 기숙사 회계자료 열람 결과에 나온 '전출금' 항목을
문제 삼았다. 전출금 항목에 14억 원이 쓰였으며 이는 결국 학교가
기숙사로 돈을 벌고 있다는 것이다.

연세대 14학번 손석희 씨는 우정원이 지어진 지 석 달 째에 우정원에
입사했다. 문을 열었지만 기숙사 내부엔 생활에 필요한 편의시설이나
식당이 없었다. 기숙사 내부에서 식사를 해결하려면 배달 음식을 시키거나
직접 요리를 해먹는 수밖에 없었다. 1층 방은 채광이 되지 않아 대낮에도
불을 켜야 했고, 무엇보다 심각했던 문제는 '비용'이었다.

그는 우정원이 정말 공공 기숙사라고 할 수 있느냐고 말했다. 앞서
보았듯 우정원은 학교가 부영그룹으로부터 백억 원을 기부 받아 지은
'직영' 기숙사다. '착한' 기숙사라고 생각할 수 있지만 기숙사비는 착하지
않다. 2인 1실이 1인 기준 월 36만 원, 3인 1실이 1인 기준 월 23만 원이다.

밥값은 포함되지 않은 돈이다. 50미터만 걸어가면 나오는 신촌 원룸 월세가 평균 56만 원이다. 기숙사에 입사한 학생들은 한 달에 60~70만 원을 지불해야 한다. 손석희 씨는 기숙사가 아니라 학교 직영 자취방과 다를 게 없다는 생각이 들었다고 했다. 건축비용을 기부 받아 충당했는데 기존 기숙사보다 1.6배 비싸다. 결국 신청 정원 미달로 빈 방이 나오기 시작했고 학생들 불만이 터졌다.

임경지 민달팽이유니온 위원장은 "기숙사의 공공성은 교육 기회 균등의 문제"라고 말한다. 지방에서 학업과 일자리를 위해 서울에 올라온 학생들의 삶과 서울 부모님 집에 거주하는 학생들의 삶이 달라야 하는가. 대학을 다니는 기간 동안 한 청년이 감당해야 하는 삶의 비용을 우리 사회는 고스란히 부채로 떠안기고 있다. 임경지 위원장은 "적어도 서울은 기숙사의 의무 수용률이 반드시 있어야 하는 것 아닌가" 생각한다고 말했다. '인서울'을 외치는 한국에서 교육의 기회를 찾아 서울로 몰려드는 청년들의 주거 환경이 특히 열악하기 때문이다.

강민구 고려대 부총학생회장은 "주거권이란 사회권으로 주거 공공성의 관점에서 다뤄야" 한다고 주장한다. 대학 기숙사 신축 등 여러 가지 주거 문제에서 청년 주체들이 개별적으로 투쟁하는 사례만 되풀이되고 있다는 것이다. 실제로 기숙사 건립 문제는 학생이 요구하고, 학교가 정하고, 주민이 반대하고, 건립이 취소되는 패턴이 반복된다.

2012년도 연세대 총학생회장이었던 김삼열 씨는 당시 연세대 총학생회 차원을 넘어 신촌 근처 대학 네트워크 차원의 주거 지원 사업을 주도했다. 2012년 2월 이화여대, 서강대, 홍익대를 찾아가 대학생 주거 문제를 해결하자고 제안했고 신촌 –홍대 대학생 주거네트워크를 구성했다. 직접 팀을 꾸려 대학생들의 주거 실태를 조사하고 해결 방안을 모색했다.

3개월 동안 조사를 마친 후, 홍익대학교에서 대학생과 대학 관계자, 국토해양부 관계자와 전문가 등 총 450명과 함께 '청책(청년+정책) 워크숍'을 열었다. 이 자리에서 수요자 중심의 대학생 주거 데이터베이스 구축, 대학생 사회공헌 프로그램과 결합한 공공임대주택, 국유지와 시유지 부지에 기숙사 확충, 기숙사 신축 규제 조정 등이 제안되었다. 수요자 중심 대학생 주거 데이터베이스 구축은 현재 '직방'과 '다방' 등 여러 스타트업에서 채용한 아이디어다. 당시 제안했던 공공임대주택은 서대문구에 건립되었으며 홍익대 신축 기숙사도 규제 완화 덕분에 층수가 상향 조정됐다. 연세대 역시 기숙사를 신축하고 있다.

김삼열 씨는 궁극적인 청년 주거 문제 해결의 열쇠로 '정치'를 꼽았다. 기숙사에 살거나 자취하는 학생의 주소지를 대학 근처로 옮기자는 것이다. 실제로 성균관대 수원캠퍼스에서는 기숙사 거주 학생들이 주소지도 옮긴다. 주소지가 수원이다. 지역 정치인과 행정가가 학생들 목소리에 귀를 기울일 수밖에 없다. '대학생'이라는 단일한 이해관계로 묶인 몇 천 표는 매우 귀중하기 때문이다.

김삼열 씨도 당시 이 같은 해결 방안을 추진했지만, 학생들의 주소지 이전을 적극적으로 추진하지 못했다. 1년 임기 동안 추진할 수 있는 정책은 한정적일 수밖에 없다. 문제를 풀 수 있는 키는 총학생회다. 총학생회가 학생들을 지속적으로 설득해 주소지 이전이라는 결과물을 가지고 와야 한다. 녹록지 않은 현실을 뚫을 수 있는 건 결국 정치다.

청년에게 주택을, 주택에 상상력을

그렇다면 머물 곳을 직접 마련하려는 사회적 상상력을 발휘해볼 수 있을까? 달팽이집협동조합의 '달팽이집'과 서울소셜스탠다드의 '공동체주택 시나리오'는 '청년 주거, 대체 어떻게 할래?'라는 질문에 대한 청년들의 답을 담았다.

공유 주거: 달팽이집의 경우

그 집의 문을 열고 들어가면 한편에 가지런히 놓인 자전거들과 '공유 책상' 이 먼저 반긴다. 보드게임부터 먹을거리까지 다른 방 세입자와 나누고 싶은 물건들을 책상 위에 둔다. 옆엔 공유 책장이 있다. 여러 명의 손때가 군데군데 묻은 책이 책장에 꽂혀 있다. 1층에는 주거 공간이 없고 2층부터 4층까지 방 두 개와 화장실, 거실, 베란다가 있는 집이 층마다 있다. 한 집에는 네댓 명이 산다.

민달팽이유니온 임소라 운영팀장은 청년의 주거 공간에 대한 여러 사례를 연구하던 중 독일의 협동조합형 주택을 깊이 눈여겨보게 되었다고 운을 뗐다. 그는 청년 주거 문제를 해결할 제도적 대책이 없는 것도 문제지만, 제도적 해결을 이끌어내기까지 지난한 시간 동안 청년이 살 공간 자체에 대한 답도 탐색하고 싶었다. 그래서 민달팽이유니온은 새로운사회를여는연구소(새사연)와 함께 청년 주거 문제를 연구한 끝에 협동조합형 주택을 직접 운영하기로 했다. 사회투자기금을 받고 달팽이집협동조합의 달팽이펀드를 합쳐 서울 서대문구 남가좌동의 건물 한 채 전체를 임대해 2014년 2월에 둥지를 틀었다. 달팽이집이 다른 사회주택이나 셰어하우스와 가장 다른 점도 이 집을 협동조합에서 관리하고 있다는 것이다.

"아무래도 협동조합이다 보니, 살고 있는 친구들이 집에 대한 일종의 주인의식과 책임감이 있어요. 달팽이집의 사회적 의미를 세입자들이 잘 이해하기 때문에, 이를 바탕으로 집에서 무언가 해보려고 하고. 또 집의 모든 운영 권한이 세입자에게 있어서 자치 운영도가 높습니다. 마당에 있는 평상부터 집의 곳곳을 꾸미는 일까지 모두 세입자들이 직접 생각하고, 실행한 일들이에요."

달팽이집에는 완벽한 혼자만의 공간이 없다. 개인 공간 부재는 장점이자 단점이다. 원래 건물에 설계된 각 방에 한 사람씩만 살면 월세가 38만 원 정도다. 38만 원은 다른 월세집들과 비교해 별다를 바 없는 수준이다. 그래서 달팽이집은 모든 빙을 2인 1실로 바꿔 월세를 23만 원까지 낮췄다. 월세를 낮추면서 생긴 생활의 불편함을 최대한 줄이기 위해 공유하는 생활의 반경을 넓히려고 했다. 우산꽂이와 신발장을 전체 공유 공간에 둔다. 1층에서 놀리던 공간에 평상도 놨다. 각 세대도 모두 공유 공간으로 이뤄져 있다. 2인 1실로 쓰는 방뿐만 아니라 한 세대에 함께 사는 이들은 거실과 주방, 베란다를 모두 공유한다.

사실 사회주택, 공동체주택 혹은 그 어떤 이름으로 불리더라도 개인이 오롯이 가져야 할 공간을 공유해서라도 확보한 것은 완벽한 해답이 될 수는 없다. 어찌 됐든 공간을 타인과 나누는 것에서 비롯되는 원초적인 불편함은 어쩔 수 없다. 공유 공간이 있는 청년 주거는 모두를 위한 보편적인 해답이라기보다는 일종의 '타협안'이다. 그렇다면 청년은 공유하는 주거를 택했을 때 무엇을 얻을 수 있을까? 임소라 팀장은 심리적 공유를 꼽는다.

"어찌 보면 피곤할 수도 있어요. 달팽이집에 사니까 무조건 너와 나는 심리적인 모든 것을 공유해야만 한다는 게 아니라, 서로 스트레스를 주지 않을 적당한 수준에서 느슨한 유대를 말하는 거죠. 만약에 같이 사는 누군가가 심리적으로 힘든 상태일 때, 그걸 한두 명이 전담해서 보살피려면 그 한두 명에게는 엄청난 부담이에요. 하지만 달팽이집에서는 열일곱 명이 돌아가면서 '너 괜찮냐'고 한마디만 물어봐도 돼요. 힘든 사람은 17인분 위안을 얻는 거예요. 밤에 집 앞 홍제천을 함께 산책할 사람을 쉽게 구하는 수준의 새로운 관계를 함께 살면서 얻을 수 있는 겁니다."

가족도 친구도 아니지만, 말로 표현할 수 없는 새로운 관계망이 생긴다. 물론 함께 사는 사람들끼리 언제나 화목하고 서로를 아끼는 건 아니다. '언제나' 누군가를 아끼고 사랑하는 상태는 세상 어디에서도 찾기 참으로 힘든 것을, 하물며 이전엔 한번도 함께 부대껴본 적 없는 사람들이 함께 살 때 그럴 수가 없다.

정말 사소한 불편 혹은 불만이지만 막상 살아보기 전까지는 불편하리라고는 생각도 못했던 문제가 공유 주거에서는 비집고 나오기 일쑤다. 나는 밤 열한 시에 자고 싶은데 스트레스가 넘치는 하루를 보낸 탓에 거실에서 음악을 크게 듣고 싶어 하는 룸메이트라든가, 누군가 일찍

나가야 해서 아침 일곱 시에 헤어 드라이기로 머리를 말리는 소리에 온 룸메이트들이 강제로 기상해버린다든가, 부엌을 담당하는 룸메이트가 바빠서 청소를 못 한 것 같은데, 그래서 곰팡이가 낄 것 같은데, 그래도 그가 바쁘니까 말하지 못할 것 같은 느낌이라든가. 제삼자 입장에서는 '아니 그걸 왜 이야기를 못 해. 그냥 얘기해'라는 말이 목구멍까지 치밀어오를 법한 순간들이지만 타인을 위한 배려에 잘 절여진 우리는, 또 피곤한 일을 만들고 싶지 않기에 참는 것을 택할 때가 많다. 그렇게 한 지붕 아래 사는 사람들의 사소하지만 쌓이면 사소하지 않은 불만들은 함께 사는 삶에 의외로 큰 위협이 되기도 한다.

"그래서 조합 차원에서 집집마다 불편한 점이나 불만을 이야기할 수 있는 테이블을 만들어보려고 해요. 문제가 생기자마자 이야기하면 괜찮은데, 쌓여서 불편함이 되거든요. 그래서 바로바로 이야기하는 게 세입자 간에 습관이 될 수 있도록 조합에서 도우면 어떨까 하는 생각이 들었습니다. 그런 분위기만 조성해줘도 문제는 해결되겠죠."

공유주택을 1년 조금 넘게 운영한 노하우를 바탕으로 달팽이집 협동조합은 달팽이집에 살지 않아도, 자발적으로 형성된 셰어하우스를 위해 일종의 커뮤니케이션 서비스를 제공하는 것도 고려하고 있다. 조합비를 내면 직접 공급한 집이 아니더라도 달팽이집의 하나로 보고 세입자를 위한 관리나 상담 서비스를 제공하려고 구상 중이다.

사실 최근에 셰어하우스나 공유 주거가 트렌드처럼 떠오르면서 지금의 청년 주거를 해결할 만능열쇠, 또 마치 전에는 없었던 새로운 대안으로 생각되기도 한다. 하지만 정의하는 단어가 다를 뿐 우리 곁에 셰어하우스와 공유 주거는 늘 있어왔다. 생활뿐만 아니라 식사를 해결해주는 공동 주거 형태인 하숙, 셰어하우스다. 지방에서 함께 올라온 사촌, 형제, 자매,

가족과 함께 사는 것, 셰어하우스다. 동료들과 직장 가까운 아파트를 빌려 사는 것, 마찬가지로 셰어하우스다. 하지만 이러한 주거 형태가 일시적이고 질이 좋지 않은 주거 형태 중 하나로 여겨지는 큰 이유는 단지 주거비 절감 하나만을 보고 살기에는 생각보다 조절이 불가능한 공유의 불편함이 많기 때문이다. 그 불편함의 해소를 정확히 노린 사회적 서비스의 등장은 셰어하우스와 공유 주거의 지평을 넓히는 긍정적인 변화의 바람이 될 수 있을 것이다.

세 번째 달팽이집 문패를 달기까지는 1년 반 정도가 걸렸지만, 그 1년 반 사이에 달팽이집은 나름의 우여곡절을 겪었다. 첫 달팽이집은 순수하게 조합원들의 출자금을 모아서 건물 전체를 임대했다. 하지만 건물 한 채만으로는 수용할 수 있는 인원이 생각보다 적었다. 달팽이집 조합은 첫 입주 당시 허허벌판이던 달팽이집 1호 뒤에 올라올 새 건물을 달팽이집 2호로 만들고 싶었다. 그러나 건물 한 채 전체를 임대할 보증금이 문제였다. 그래서 사회투자기금을 받기 위해 1년여를 준비하고, 그래도 부족한 부분은 청년은행에서 꿀 수밖에 없었다. 지금에야 달팽이집을 위해 출범한 달팽이펀드를 통해서 대출한 자금을 거의 다 갚았지만, 2호의 문을 처음 열 때만 해도 어찌 보면 무모하기까지 한 도전이었다. 수많은 공적 기금과 주거 안정을 위한 공사가 있음에도 불구하고 달팽이집협동조합은 달팽이집 2호를 열 때처럼 끊임없이 자금이나 사업의 입찰 여부를 두고 힘겨운 씨름을 해나가고 있다. 이는 여러 단위에서 시행하는 사업이나 제도가 사업의 실제 성격과 크게 상관없이 애매모호한 부분이 있기 때문이다.

"예를 들어 토지 임대부 사업이라는 게 있어요. 나라에서 땅을 내주고, 거기서 주택임대사업을 할 수 있게 해주는 건데, 이 사업에 참여하려면

우리가 임대 사업자여야 하는데다가 건축사무소여야 해요. 실제로
주택 운영을 할 능력이 있어도 주택을 운영하는 사업에 쉽사리 낄 수가
없더라고요."

이뿐만 아니다. 이제야 공유 주거에 관한 논의가 수면 위로 끌어
오르고 있기는 하지만, 정부 측에서 내놓는 관련 정책들이나 사업 내용이
사업성이 없다는 것도 문제다.

"공유 주거가 급부상하게 되면서 서울시에서 급하게 공모전이나
사업자 공모 등을 진행하지만, 정작 사업 공고들을 뜯어보면 이미 건물을
가진 건물주들이 사회적인 가치를 위해 일종의 '사회적 환원'을 하라는
식의 공고가 많습니다. 일반 임대나 상업적 임대를 했을 때보다 사업성이
현저하게 떨어져요. 공유 주거가 조금 더 널리 퍼지려면 정책적으로
지원해서 공유 주거 사업이 세입자뿐 아니라 건물주, 임대인에게도 매력이
있는 주거 형태가 되어야 하는데 ,지금처럼 건물주나 우리 같은 사람들의
선의만 믿는 식으로 사업이 진행되면 안 되겠지요. 우리도, 다 먹고살자고
하는 일인 걸요.(웃음)"

민달팽이유니온은 이제 곧 달팽이집 3호 공급을 앞두고 있다.

사회주택: 서울소셜스탠다드의 경우

서울 동작구 대방동에는 주한미군 캠프 그레이 기지가 이전하고 나서
주말농장으로 쓰이는 1936평 땅이 있다. 이 부지에 만약 청년 5백 명이
살 수 있는 공동체주택이 들어선다면 어떨까. 서울소셜스탠다드는
이 유휴 부지에 청년이 입주할 수 있는 공동체주택을 마련하기 위한

시나리오를 꼼꼼히 그리는 중이다. 셰어하우스를 기획하고 관리, 운영하는 서울소셜스탠다드에서 4년째 일하는 김하나 대표는 청년 1인 가구의 서울살이는 공공의 개입 없이는 해결되기 매우 힘든 문제임을 강조한다.

"1인 가구의 주거 문제는 개인이나 몇몇 기업의 힘만으로는 해결할 수 없습니다. 결국 공공에서 해결해야 해요. 정책은 4인 가구 중심이지요. 그런데 실제 주거 단위는 1·2인으로 급격하게 바뀌고 있어 정책과 제도에 허점이 생길 수밖에 없습니다."

그래서 그 허점을 찾아 짚어가면서 1·2인 가구를 위한 주거가 실제로 어떻게 가능한지 모색하기 위해 구체적인 시나리오를 쓰게 된 것이다. 아직 건축 계획으로 확정되지 않았지만 서울소셜스탠다드에서는 시나리오가 완성되는 2015년 11월부터 공공 단계에서의 논의를 기대하고 있다.

사회주택은 커뮤니티 공간이 있는, 함께 사는 주거의 방식이다. 국가 입장에서 기존 공공임대주택 정책의 확장판이기도 하다. 국가가 주도해 공급해온 공공임대주택을 다른 주체도 다양한 방식으로 공급할 수 있도록 하는 것이다. 공공임대주택 시장에서 공급 주체는 국가, 기업, 시민사회로 분류할 수 있다. 최근 상황을 예로 들어 단편적으로 요약하자면 국가가 공급을 주도하는 행복주택, 기업이 주도할 수 있도록 범위를 넓힌 뉴스테이, 시민사회도 공급을 주도할 수 있도록 범위를 넓힌 사회주택이 있다. 국가는 세제 혜택, 공공토지 임대 등 여러 혜택을 줘서 다양한 주체가 공공임대주택 시장으로 들어오도록 유도한다.

독일에서 사회주택의 의미는 공급 주체를 기준으로 이야기하는 우리의 사회주택 정의와는 조금 다르다. 독일의 사회주택은 건설 주체가 누구냐와 상관없이 공적자금을 지원한 주택, 그 공적자금이 아직 상환되지 않은 상태인 주택을 일컫는다. 예를 들어 환경에 공통 관심사가 있는 사람들이 태양열 발전기가 딸린 사회공동체 집을 짓고 싶다고 하면 독일 GLS뱅크 (환경 관련 특수 은행)에서 건설 비용의 75퍼센트를 저리로 빌려준다. 이런 식의 주택 건설 촉진 지원제도 자체를 사회주택이라고 일컫는다.[2]

영국 또한 공동체 주도 주택을 장려한다. 민간의 주택협동조합, 공동체토지신탁 등이 주택 공급 주체가 될 수 있다. 지역사회의 필요에 근거해 주택을 공급하고 주거 공동체로서 유대도 다진다. 장기간 방치되어 있는 빈집을 지역 사회의 이익을 위해 재이용하도록 장려하는 '빈집 지역보조금 프로그램'도 2011년부터 시행하고 있다.[3]

서울시도 2014년 10월 공동체주택 보급 확산 종합 계획을 수립한 바 있다. 사회주택과 공동체주택은 사실상 겹치는 부분이 많은 개념인데 서울시 조례를 참고해보면 사회주택은 좀 더 '공공의 목적'을 해결하기 위한 주택 공급 주체를 전제로 한다. 공동체주택은 시민들이 공동체를 만드는 주거 모델과 주거 문제 해결이라는 두 궤를 포괄한다. 서울시의 공동체주택 유형은 크게 세 가지로 나눠볼 수 있다. 첫째는 자가소유형이다. 직접 집을 짓고 소유하며 함께 사는 형태다. 가족 단위가 함께 살며 공동육아도 하고 가사 부담도 나눈다. 청년 주거 문제 해결을 위해 주목할 만한 대안으론 사회임대형과 공공임대형이 있다. 사회임대형은 민간 공급자가 건설한 주택을 매입해 다시 임대하는 것이고, 공공임대형은 공공이 주택을 확보하고 입주자 협동조합이 주택의 운영, 관리를 맡는 방식이다. 전자에 해당하는 것이 민달팽이유니온이 공급한 달팽이집이다. 일본에서 만난 긱하우스, 자유와 생존의 집 사례와 비슷하다. 이런 경우 공급 주체가 영세해 자금 조달에 어려움을 겪는 경우가 많다. 또 임대료를 저렴하게 받기 때문에 사업을 확장하기 위한 돈을 모으기가 쉽지 않다.

후자에 해당하는 사례가 SH공사가 공급한 홍은동·화곡동 협동조합형 공공주택이다. 입주자를 모집하고 협동조합을 만들어 주택 운영, 관리를 맡겼다. 임대료 부담이 큰 1인 가구에게 매력적이다. 무엇보다 싸다. 2015년 공급한 화곡동 청년협동조합형 공공주택은 19~35세 청년, 대학교 졸업예정자를 대상으로 입주자를 모집해 1인 1실(21제곱미터)을 보증금 1924만 원, 월 13만 6500원에 15세대에게 공급했다.

아직은 싹을 틔우는 단계이긴 하지만 '안정적으로 살 수 있는, 부담 가능한 주택'으로서 사회주택은 매력적인 대안이다. 작은 성공들이 하나씩 더해지고 있다. 사회주택이 발달한 해외 사례와 달리 우리나라는 협동조합, 시민단체 등 민간의 주택 공급 주체가 충분히 많지 못한 상황이며, 지금은 사회주택 지원 체계의 진입 장벽도 낮지 않다. 민달팽이유니온의 임소라 정책팀장은 실제로 주택을 운영할 능력이 있어도 주택 운영 사업에 쉽사리 낄 수가 없었다면서, "민간이 사회주택의 공급자로 뛰어들도록 하기 위해선 진입 장벽을 낮추고, 현실적으로 민간 주체가 떠안는 위험이 줄 수 있도록 공공이 안전망 역할을 해야 한다"고 말했다.

대방동 부지는 아직 용도를 찾지 못한 상황이다. 여성가족재단에서 여성 가족을 위한 문화 공간을 만들겠다는 계획이 있지만, 아직 확정되지 않았다. 그래서 그 땅에 서울소셜스탠다드는 청년을 위한 공공임대주택을 그리기 시작했다. 1인 가구 321세대와 2인 가구 99세대로 총 420세대가 입주하는 공간이다. 물론 실제로 청년을 위한 공공임대주택이 생길지, 안 생길지는 모르는 일이다. 하지만 꼭 실행될 계획을 계획하는 것만이 필요한 것은 아니다. 자유로운 사회적 상상력은 '무언가 다른 것'을 꿈꾸게 하는 데 큰 도움이 된다. 김하나 대표는 독일의 베르그 산[4] 이야기를 꺼냈다.

"독일 베를린의 중심에 더 이상 쓰이지 않게 된 공항 부지가 있었어요. 이 부지의 용도를 정부에서 공모했는데 호텔을 짓자, 컨벤션센터를 짓자는 제안 가운데, 인공 산을 만들자는 아이디어가 튀어나왔어요. '옆 나라들은 다 있는 산인데 우리 나라에만 없어' 하면서. 처음엔 다들 농담으로 받아들이다가, 누군가가 베를린 시내 사진에 산을 합성했고, 산의 크기도 실제로 재서 계획해보고, 그렇게 상상력을 발휘하면서 도시의 공간에 대해 이야기하는 게 즐거워지는 거예요."

사회적 상상력을 바탕으로 하되 지금까지 부딪힌 청년 주거 정책의 허점과 부족한 제도를 짚기 위해 그 내용은 매우 구체적으로 채워지고 있다.

김하나 대표의 말을 요약하면 이렇다. 1인 가구만을 위한 주택을 지어달라고 하면 가장 먼저 '땅이 없다'고 한다. 그래 놓고선 청년 수요가 넘치는 도심이 아니라 양주, 의정부 등에 '청년을 위한 공공임대주택'을 짓고 청년이 왜 안 들어오는지 의아해한다. 그것도 아니면 '돈이 없다'고 한다. 그래서 서울소셜스탠다드에서는 청년 공공임대주택을 어디에 짓고 어떻게 자금을 마련할지 구체적으로 계획했다. 국민주택기금을 사용할 수 있으면 건설비를 충분히 마련할 수 있는데, 1인 가구를 위한 주택은 3백 가구 이상을 한 번에 공급해야만 기금을 사용할 수 있다. 그래서 이 시나리오에서는 1인 가구 300세대와 2인 가구 99세대를 위한 주택을 계획했다. 또 주택을 지을 자금을 마련할 때 기금뿐만 아니라 은행 대출을 고려했을 때도 10억을 빌리는 것보다 100억을 빌리는 것이 오히려 심사 면에서 유리하기도 하다.

그런데 실제로 기획 단계임에도 '공동체주택 시나리오'는 대방동 주민들의 반발을 샀다. 대방동 주민위원회, 동장, 통장, 구의원과 시의원이 서울소셜스탠다드 측에 이미 항의 혹은 반대 의사를 전달했다.

"재미있는 점은 사람들이 문화 공간, 도서 공간, 어린이집 같은 시설은 필요하다고 생각하는데 임대주택은 듣기만 해도 바로 반대한다는 거예요. 주택은 사유지지, 공유지가 아니라고 생각하기 때문입니다. 어차피 공공임대주택을 지어도 누군가의 것으로 사유화된다고 생각하고. 공공임대주택의 필요성, 당위성에 대해서도 반대를 많이 받았어요."

공공임대주택은 분명 도서관이나 여성문화센터, 스포츠센터처럼 특정한 목적을 가진 시설과는 성격이 다르다. 몇 년간 개인 공간을 보장받기 때문에 '사유화'라고 주장할 수도 있을 것 같다. 하지만 청년에게 몇 년간 '사유화된' 주거 공간을 제공하면 청년 세대가 사회의 허리로 기능할 수 있는 힘을 길러준다. 그렇기에 그들의 '사적'인 공간은 그 무엇보다도 '공적'이다.

김하나 대표는 이 과정을 '설득'이 아니라 '당위성의 제공'이라고 누차 강조했다. 청년 세대에게는 너무나 당연해 당위가 되어버린 현실을 '설득' 하는 것은 아귀가 맞지 않는다는 말이다. 청년 공공임대주택은 '설득'하고 '대타협'해야 하는 대상이 아니라, 누구나 인정하는 당위가 되어야 한다는 것이다.

"예를 들어 우리나라 산림청에서는 개인이 가지고 있는 산을 공적 자금을 투자해 매입합니다. 사람들은 이를 보고 '산림청이 좋은 일을 한다'고 칭찬하고요. 이처럼 서울시나 국토부가 청년의 주거를 위해 청년 공공임대주택을 공급하겠다고 말하면 '서울시가, 국토부가 좋은 일을 한다' 고 이야기되어야 해요. 그런데 아직은 청년 주거에 예산을 집행하면 수많은 사람이 '왜 그래야 하느냐, 네 노력이 부족한 것이 아니냐' 물어요."

청년 주거를 공공에서 보장해야 하는 이유는 사실은 간단하고도 확실하다고 김 대표는 말한다.

"내가, 청년의 입장에서, 살 수 있는 물리적 기반만 있으면 이것저것 시도할 수 있는 여유가 생깁니다. 청년이 무언가를 하지 않는다면, 결국 그 나라는 망합니다. 너무 명확하지 않나요."

상상하고, 기획하고, 일하고, 무언가를 생산하는 동력의 기반은 안정적인 삶이다. 안정적인 삶의 주춧돌은 주거다. 너무나도 당연한 이야기다. 그러나 이를 위해 공적자금을 투입하고 사회가 청년을 받쳐주어야 한다는 소리는 아직 당연하게 받아들여지지 않고 있다.

공유 주거는 서울 살이의 답이 될 수 있을까

달팽이집협동조합 임소라 팀장도, 서울소셜스탠다드 김하나 대표도 '공유 주거가 서울 살이의 답이 될 수 있을까' 하는 물음에 모두 '그렇다'고 답했다. 하지만 '가능'을 넘어서 '실제'까지는 여전히 남은 문제들이 있다는 것 역시 동의했다.

김 대표는 청년 주거가 만드는 변화와 지역 재생의 힘을 보여준다면, 청년에게 주거를 제공해야만 하는 당위를 납득시킬 수 있다고 본다.

"다양한 가능성을 직접 보여주면 가능합니다. 청년이 모여 살고, 그것이 내는 시너지를 보여주는 것은 어떤 홍보 전략보다도 강력할 겁니다. 그렇게 임팩트를 만들어낸 사례를 잘 모아서, 측정 가능한 형태로 재가공해서 널리 보여주면 '이거 봐, 청년에게 공간을 주면 이렇게 의미 있는 일을 할 수 있어'라는 메시지를 전달하는 증거가 되지 않을까요."

원룸에 살다가 달팽이집을 운영하면서 직접 공유 주거 공간의 거주자가 된 임 팀장은 관계의 공유에 주목한다.

"처음에 달팽이집에 들어왔을 때는 자신이 없었어요. 하지만 살아보니,

공동체 생활을 통한 주거 안정을 확실히 느낄 수 있었습니다. 나에게 무슨 일이 생기면 마치 열여섯 명 '백'이 있는 것만 같았어요. 그 안정감이 나에게도 여유를 가져다주고요. 서울에서 10여 년 동안 떠돌며 원룸, 오피스텔 살이를 한 다른 친구들은 10년 넘는 서울 살이 끝에도 '우리 동네'라고 부를 만한 곳이 딱히 없다고들 해요. 하지만 저는 여기를 '우리 동네'라고 부를 수 있습니다."

　현실에서 점점 파도치는 청년 주거에 대한 공공 대책의 수요를 사회가 감당할 충분한 논의와 여유가 있다면 조금 더 안정된 청년의 서울 살이는 그리 먼 얘기가 아닐지도 모른다.

그렇다. 부동산은 정치 재화다. 우리가 함께 돌아본 일본, 홍콩, 타이완도
다르지 않았다. 동아시아 국가들이 압축 성장을 하는 동안 부동산은 돈
놓고 돈 먹는 자리가 되었다. 지금 부동산은 거기에 삶을 베팅한 사람들과
집 없는 사람들, 집에 빚진 기성세대와 집 없는 청년 세대가 대립하는
각축장이다. 내 집값 떨어진다고 행복주택 공청회장에 드러누운 주민들을
보라. 대학교 등굣길에서 마주친 기숙사 신축 반대 피켓을 든 하숙집
아줌마 아저씨들은 어떤가. 분하기도 했고, 서글프기도 했다. 우리는
서로를 갉아먹고 산다.

  '청춘의 집' 취재를 다녀온 후, 여름부터 '헬조선'이라는 말이 유행했다.
우리가 사는 이 나라가 '지옥 같다'는 조롱 섞인 말이다. 지옥은 무엇일까.
'나 좀 살자'고 외치며 싸워야만 하는 곳. 초등학생의 꿈과 50대 아저씨의
꿈이 모두 건물주인 나라. 살아남아야 하는 이 나라 질서의 꼭대기에
부동산이 있다. 평범한 청년이 일을 구해 야근도 박봉도 감수하고 열심히
일해도, 평범한 집에서 평범한 행복을 꿈꾸기 어렵다. 성실히 일해도 월세
받는 임대업자보다 더 벌기 어렵다. 헬조선을 넘어 탈조선을 외치는 이유는

그만 '자조'하고 싶어서다. 생존을 위해서가 아니라 행복을 위해 살고 싶기 때문이다.

일본에서 프리터 노동 운동을 하는 키쿠치 켄 씨는 '자유와 생존'을 위해 주거 운동을 함께 하게 되었다고 말했다. 그에게 집의 의미를 물었을 때 그는 '최후의 보루'라는 답을 내놓았다. 집은 우리가 가장 지치고 힘들 때, 우리가 돌아가서 힘을 얻고 다시 세상 밖으로 나올 수 있는 곳이어야 한다. 집이 가진 가장 본질적인 의미는 이것이다. 그리고 그 의미를 박탈당한 청년들이 있다. 한국사회는 헬조선, 탈조선을 외치는 청년들을 어떻게 대하고 있는가. 문제를 해결할 구조를 만드는 것이 아니라 "더 노력하라"며 짓누르고 있지는 않은가.

부러운 국가 이야기를 해보자. 독일이다. 독일은 2010년 기준 임차 가구가 55퍼센트 정도로 2014년 기준 47퍼센트가 세입자인 우리나라와 엇비슷하다. 1인 가구 비율은 40퍼센트 정도이고, 이 가운데 4분의 3이 임대주택에 거주한다. 집을 빌려 사는 건 우리와 같지만 독일의 세입자들은 우리처럼 메뚜기 뛰듯 이사철에 집을 찾아다니지는 않는다. 한 집에서 10년씩 사는 건 기본이고, 주택 관련한 분쟁이 생겨도 '소심한 세입자'가 될 필요가 없다. 임대차 계약의 해지와 재계약에 관한 법률이 임차인에게 유리하게 마련되어 있기 때문이다. 우리는 은행 ATM 기기처럼 매달 꼬박꼬박 집주인에게 월세를 내며 산다. 그 돈이 어디로 가는지, 내 전세금이 어디에 있는지 알 수도 없다. 독일에서는 민법에 따라 임대 보증금을 받은 임대인은 개인 계좌와 분리된 별도의 은행계좌에 그 돈을 예치하도록 한다. 임대 보증금은 쓰레기 처리 비용, 상하수도 요금, 난방 비용, 화재보험료 등 부대비용을 제외한 3개월분의 임대료 이상은 받지 못하도록 '상한선'을 정해두기도 한다. 천만 원은 우습게 넘는 한국의 대학가 보증금을 생각하면 씁쓸한 웃음이 난다.

독일 서점에 가면 '표준임대료 일람표'라는 게 있다. 집주인은 이 표를 근거로 해야만 임대료를 올릴 수 있다. 이 표는 임차인연맹 및 협회, 임차인조합, 주택토지소유자연맹 및 협회, 주택기업 연맹 및 협회, 임차인 보호 단체, 주택·건축·교통 관련 부서가 합동으로 작성한다. 집주인 맘대로 하는 것이 아니라 임차인 단체도 함께 만든 표다. 표준임대료 일람표는 주택 면적, 주거 입지 조건, 건축 연도, 주거 시설 등을 고려해 세세하게 작성된다. "다음 달부터 5만 원씩만 더 받을게"라는, 전화 한 통으로 월세를 올리는 건 말도 안 되는 일이다. 임대료를 올리려면 표준임대료 일람표, 임대료정보은행 자료, 전문가 감정서, 최소 세 개의 인근 유사 주택 임대료 현황을 근거로 제시해야 한다. 그리고 올해부터는 '임대료 인상 제한 정책'에 따라 임대료를 인상하더라도 지역 표준 임대료보다 10퍼센트를 초과할 수 없도록 했다. 주거, 광열비 보조와 주택수당으로 임차 가구의 약 25퍼센트에게는 주거비도 보조한다. 미국 뉴욕도 임대료 상한제를 도입하고 있고, 영국은 세입자의 적정 임대료 산정 권리를 보장하고 있다. 이런 곳들은 '천국'이 아니다. 사람 사는 곳이다. 우리 사는 곳이 이상한 '부동산 지옥'일 뿐이다.

우리도 그렇게 살자. 알아서 생존하려고 싸우게 하는 게 아니라 법으로, 제도로, 사회가 보호해주자. 올해 우리나라도 주거복지 기본 법안이 국회에서 통과되었다. 주거권을 적극적으로 실현하기 위한 법이다. 기존에는 집이 있느냐 없느냐를 따지는 수준에서 국가 주거 정책의 방향이 설정되었다면, '부담 가능한 수준'의 주거비를 이야기하고 '진짜 살 만한 집'을 이야기하는 방향으로 바뀐다. 기존에 있던 주거권 관련법으로는 주택임대차보호법과 공공임대주택 관련한 주택법, 공공주택공급을 위한 특별법, 임대주택 공급 특별법이 있다. 그러나 주택임대차보호법은 근로기준법이 130여 개 조항으로 이루어진 데 비해 13개 조항밖에 없고 내용이 구체적이지 않아 주거권을 보장하기에 미흡한 부분이 있었다. 특히 임대주택 공급 특별법은 단순히 주택 '공급'을 위한 관점에서 만들어진 제도였다. 주거기본법은 주거권이 시민의 권리임을 이야기하는 토대가 될 수 있다. 그러나 이를 구체적으로 현실에 반영하고 찾아나가는 것은 또 다시 정치의 영역으로 돌아온다.

1인 최저 주거 기준이 존재하지만 이 최저 주거 기준인 14제곱미터에 미달하는 곳에 사는 사람은 얼마나 많은가. 화장실이 없거나, 지하에 살고 있는 사람은 또 얼마나 많은가. 권리의 토대가 되는 법을 세우고, 그 법이 보장하는 권리를 직접 찾아나가는 것은 또 다른 일이다. 우리에게는 반지하방이 아니라 행복주택에 살 권리를, 사회주택을 요구할 권리를, 부담 가능하지 않은 임대료와 집값에 항의할 권리가 있다. 집값에 목매고 한 달 벌어 그중 3분의 1을 갖다 바치는 것이 아니라, 그 돈으로 미래를 준비하고 사랑하는 사람들과 함께 사는 삶을 누릴 권리가 있다. 우리는 권리를 말해야 한다. 국가는 그 소리를 들어야 한다.

일본에서 우리는 청년의 노동 문제와 얽힌 집 문제를 보았다. 블랙기업과 프리터, 저임금으로 부모의 집을 벗어날 수 없는 청년들. 집은 물리적 공간이기도 하지만 청년에겐 자립과 새로운 세대의 시작을 상징하는 공간이기도 하다. 일로 삶을 유지하고, 독립된 공간에서 새로운 세대를 시작하는 일. 그런 시작점에 서지 못하는 청년들이 있었다. 집에 갇히거나 집 밖의 임시 공간을 전전하거나. 일본에는 넷카페와 불법 셰어하우스엔 수많은 사람이 숨죽여 잠들고 있었다.

타이완선 6백 억짜리 아파트 앞에 드러눕고 나서야 주거 문제 해결의 실마리를 아주 서서히, 희미하게 찾기 시작한 청년들을 만났다. 그러나 그들이 집이 있는 '평범한 삶'에 도달하기까지는 아직 가야 할 길이 많이 남아 있다. 당장 한 해 소득의 5분의 1에서 많게는 절반 이상을 월세로 치르고, 집을 사기 위해 빚을 지면서 집의 노예라 불리며 살아간다. 시민들은 조금 더 나은 주거를 위해 악착같이 애쓰고 있었지만, 정부는 뒷짐을 진 채로 앉아 있다. 여전히 빚을 내서 집을 사라고만 이야기한다.

홍콩에선 10년째, 청년 세대 중에선 단 한 명도 들어가지 못한 공공주택에 '당첨'되려고 대기자 명단에 이름만 올려놓은 채 하염없이 발만 동동 구르는 청년들을 보았다. 그리고 그 주택 절벽의 끄트머리에라도 발을 걸치지 못하면, 닭장 같은 큐비클로 떨어지는 삶을 들었다. 그런 살풍경한 주거 환경이 싫어 나라를 떠나려는 청년들이 있었고, 그들을 보고 발을 동동 구르는 윗세대도 만났다. 취재원 중 한 친구는 이렇게 표현했다. "완전한 시장경제 체제라는 게 세상에 존재한다면, 아마 홍콩이 그 모습에 제일 가깝지 않을까?" 주거라는 영역조차도 완전한 시장경제의 논리에 맡긴 홍콩에서는 집을 갖는 것을 꿈꾸는 일조차 버거워 보였다. 이 모든 어려움은 그저 '노력이 부족한' 청년 세대의 잘못인가.

이런 절망에도 불구하고 우리는 '청춘의 집'을 통해 희망적인 풍경을 만났다. 임차인도 임대인도 서로 억울하지 않은 질서를 만들어나가는 타이완의 최마마, 주거 문제 해결을 요구하며 길에 드러누운 새둥지운동 청년들. 타이완에는 불만을 행동으로, 징지석인 목소리로 만든 청년들이 있었다. 일본에서는 우리가 새로운 삶의 패턴으로 옮겨갈 때가 되었음을 느꼈다. 함께 사는 집에서 행복을 찾는 히츠지 부동산, 디지털 노마드로서 일하고 살아가는 긱하우스 친구들. 그들은 집의 의미를 새롭게 조립했다. '최후의 보루'를 지키겠다는 심정으로 주거 문제를 풀어나가는 사람들도 있었다. K2인터내셔널과 자유와 생존의 집 사람들. 그리고 한국에서 만난 청년 주거 운동 단체 민달팽이유니온과 소셜스탠다드, 주거 운동을 벌이는 대학교 학생회 청년들까지. 지금, 여기서, 함께. 그렇게 문제를 해결하려는 이들을 보면서 우리는 '새로운 청춘의 집'이 충분히 가능하리라 생각했다.

여기에 힘을 보태주시라. '청춘의 집'은 다음 세대가 어떤 삶을 살 것인가 하는 고민의 산물이다. 많은 사람이 건물주가 꿈이라고 말하는 나라에 과연 미래가 있을까? 다음 세대가 이 땅에서 미래를 꿈꾸는 게 가능할까?

청년 주거 문제는 '청년만의' 문제가 아니다. 지금의 청년이 다음 세대로 이행할 '기회'를 주는 사회인지를 보여주는 문제다. 청년은 기회를 찾아 도시로 온다. 도시에 살려면 돈이 필요하다. 돈을 벌려면 시간이 없다. 하루의 태반을 저임금 노동에 쏟아 붓고 집에 와서는 잠만 잔다. 지금의 도시가 청춘에게 빼앗고 있는 건 그저 '월세'가 아니다. 기회와, 다시 돌아오지 않을 젊음과, 내일에 대한 상상이다. 아르바이트로 백만 원을 벌면 50만 원이 월세로 나간다. 월세 없는 삶이 만약 가능하다면, 그런 환경에서 서울 옥탑방에 사는 1인 청년 가구의 삶은 어떻게 달라질까. 상상만으로도 벅차다. 억울하기도 하다. 대체 우리는 왜 이런 시간을 견디는가. 기회를 위해 지불한 월세는 대체 어디로 가는가.

'흙수저 게임'이라는 보드게임이 있다. 이 보드게임은 '금수저 물고 태어나는 플레이어'와 '흙수저 물고 태어난 플레이어'를 가정하고 시작한다. 금수저가 기본으로 가진 아이템은 집 세 채와 유동자산 칩이다. 두 채는 임대 수입을 얻는 수단이다. 흙수저는 초기에 유동자산 칩만 가지고 시작한다. 게임하면서 자기 차례가 돌아올 때마다 각 플레이어는 매달 칩으로 월세를 내고, 월세를 받고, 대학에 갈지 말지, 취업을 할지 말지 선택해야 한다. 일종의 '인생 게임'이다. 이 게임은 얼핏 보면 금수저에게 유리하게 설정되어 흙수저의 '좌절'을 보여주는 것 같지만, 그렇지 않다. 가장 중요한 것은 매 턴마다 흙수저와 금수저가 자신들을 위한 '법안'을 발의하고, 그에 따라 이 모든 선택의 질서를 바꾸는 데 있다. 이것이 이 게임의 핵심이다.

우리는 선택할 수 있다. 바꿀 수 있다. 게임의 법칙 자체를 새롭게 생각할 수 있다. 매일 삼각 김밥처럼 대충 '때우는' 잠을 자는 것. 그런 집에서 살고, 월세에 등골이 휘면서 하루하루를 살아가는 것. 그런 시간들을 '견뎌야 할' 이유가 없다. 이제 새로운 '청춘의 집'을 상상할 때다.

감사의 말

미스핏츠는 2014년 여름에 시작한 20대 독립 미디어입니다. 미스핏츠의
첫 장기 프로젝트였던 '청춘의 집'을 시작하고 끝내기까지, 그리고 이 모든
이야기를 책으로 담아내기까지 많은 분의 도움이 있었습니다.

우선 '청춘의 집' 프로젝트를 든든하게 지탱해준 미스핏츠 팀원들이
있습니다. 국내에서 든든한 버팀목이 되어준 신한슬·오주영·정희영·
김정재, 그리고 열정적으로 일본팀 취재를 맡은 이영서·김정현은 이 책에
오롯이 담긴 프로젝트를 처음부터 끝까지 함께한 고마운 사람들입니다.

또 현지 취재 과정에서 중국어 통·번역을 맡아준 노서영 씨, 일본어
통·번역을 맡아준 이경 씨, 대만·홍콩에서 사진을 멋지게 담아준 김준철
씨에게 감사의 말을 전합니다.

프로젝트 기획 단계에서 강정수 교수님과 슬로우뉴스 편집위원
여러분, 카카오 스토리펀딩의 박웅서 PD님, sopoong의 이재웅 씨가 많은
조언을 주셨습니다.

그리고 대만·홍콩·일본·한국의 많은 청년이 집에 관한 자신의
이야기를 우리에게 들려주었습니다. 소중한 이야기를 들려주신 모든 분들,

그리고 이들에게 다리를 놓아주신 모든 분들께 감사합니다. 취재 지역에
아무 연고도 없던 홍콩·타이완·일본, 그리고 국내에서 미스핏츠가 수많은
청년을 만나고 귀한 이야기를 들을 수 있었던 것은 이들 덕분입니다.
   '청춘의 집' 프로젝트를 책으로 펴내기 위해 정리하고 더 단단한
내용으로 만드는 일은 네 사람이 도맡았습니다. '청춘의 집' 프로젝트 팀장
겸 일본 취재팀장 조소담이 일본 취재 내용을, 타이완·홍콩 취재팀장
정세윤이 타이완·홍콩 취재 내용을, 타이완·홍콩 취재팀 박진영이
홍콩 취재 내용을, 그리고 미스핏츠 팀원 구현모가 국내 취재 내용을
힘써 집필했습니다. 책으로 이 내용들을 묶어내는 길고 힘들었던 시간을
함께 버텨주고 책임지고 애써준 네 명에게 수고했다는 말을 건넵니다.
마지막으로 미스핏츠와 이 모든 과정을 함께 해주신 코난북스 이정규
대표님께 감사합니다.

세상의 모든 fit하지 못한 목소리
미스핏츠 드림

1장 타이완

1   Steve Yui-Sang Tsang, *Democratization in Taiwan: Implications for China*, Hong Kong University Press, 1999

2   黃脅脛, 〈대만의 주택정책과 주택문제-타이페이 시를 중심으로〉, 국립대만대학교

3   서울연구원·SH공사, 〈2015 동아시아 주거복지 컨퍼런스: 함께 사는 사회-가난한 사람들의 주거 문제 해결을 위해〉 자료집, 2015

4   '취직 후 내 집 마련까지 39년 "집 사려고 사는 인생… 안 살래요"', 〈중앙일보〉, 2015. 7. 15.

5   http://www.ddc21.net/localTax/cms/contents.asp?conNum=1203 우리나라의 주택 보유세(재산세)는 최저 구간이 공시지가의 0.1퍼센트부터 시작하고, 최고 구간은 57만 원+3억 원 이상 초과 금액의 0.4퍼센트를 더한 만큼을 납부해야 한다고 명시되어 있다. 더불어 다주택 보유자는 2005년부터 종합부동산세 과세 대상이다. http://www.nts.go.kr/tax/tax_07.asp?cinfo_key=MINF5720100720165645 또 양도소득세의 경우 2년 이상 거주한 1200만 원의 주택이 6퍼센트부터 시작해 미등기한 주택은 70퍼센트까지 과세할 수 있도록 하고 있다.

6   '北市 千無殼族, 排隊等 戶國宅', 〈中國時報〉, 2010. 4. 20.

7   '正義大樓都更, 邀 進駐', 〈經濟日報〉, 2010. 2. 2.

8   월간 〈참여사회〉, http://www.peoplepower21.org/Magazine/712130; 최마마 홈페이지 http://www.tmm.org.tw/about/about.htm

2장 홍콩

1 홍콩의 임대주택에는 정부에서 제공하는 공공임대주택과 민간이 공급하는
   민간임대주택이 있다. 민간임대주택의 경우, 건설임대와 매입임대 방식으로 다시
   나뉜다.
2 '홍콩 주민 3명 중 1명은 임대주택 거주', 〈YTN〉, 2012. 6. 12.
3 이창무 · 김현아 · 조만, 소득 대비 주택가격 비율(PIR)의 산정방식 및 그 수준에 대한
   국제비교 (2012), 〈주택연구〉 제20권 제4호 2012. 11. 5~25쪽
4 Rating And Valuation Department 홈페이지 참조, http://www.rvd.gov.hk/en
5 〈KBS〉 '세계는 지금', 2014. 4. 13 방영분
6 홍콩 바우히니아 파운데이션 리서치 센터, 2010년 8~10월(16세~35세 청년 1000명
   대상 인터넷 · 전화 · 방문조사로 설문조사 실시

3장 일본1

1 이런 임대차 계약에 드는 돈에 대한 규정이 분명하지 않아 보증금 반환 등에 관한
   분쟁이 잦다. 지자체는 가이드라인을 설정하는 식으로 갈등을 조정한다. 일례로 도쿄
   도에서는 2004년 임대주택 분쟁 방지 조례 시행에 맞추어 '임대주택 분쟁 방지 지침'
   을 규정한 바 있다.
2 주민표(주민기본대장)에는 성명, 생년월일, 성별, 주소, 세대주와의 관계 등이
   기록된다. 이는 국민건강보험, 국민연금, 아동수당 등 각종 행정 서비스의 기초가
   된다. 일본 총무성 홈페이지 설명 참조.
3 취업기본조사 (2012) 간사이 권 20~39세 미혼 직업 소유자 대상 조사
4 주택정책 검토위원회, 히로산 히로스케, 2014년 8월 1767명 대상 인터넷 설문조사

4장 일본2

1 이충한, 《유유자적 피플》, 소요프로젝트, 2014
2 김홍중, 《마음의 사회학》, 문학동네, 2009
3 청춘의 집 프로젝트는 다음뉴스펀딩과 개인 후원을 통해 사전 후원을 받아 취재비를
   마련했다. 2015년 1, 2월에 기사를 싣고, 많은 댓글을 받았다. 응원, 격려 그리고
   뼈아픈 성장을 위한 쓴 조언도 많았지만 개중엔 '젊어선 사서도 고생'하는 것이라는

투의 이야기도 많았다. '나도 월세 50만 원씩 내고 단칸방에서 산다'거나, '그렇게 취재가 하고 싶으면 너희가 돈 벌어서 가라. 펀딩 받아서 놀러 가는 것 아니냐'는 댓글들. 그런 차가운 반응들의 이유가 무엇일지 우리는 함께 이야기하고 고민했다. 다음뉴스펀딩은 현재 스토리 펀딩으로 이름을 바꿨다.

5장 한국의 청년 난민

1 '수도권 거주 대학생 주거 실태 분석', 대학내일20대연구소, 2014

2 '타워팰리스보다 비싼 곳에 살지만, 행복하지 않다', 〈오마이뉴스〉, 2014. 9. 17.

3 '[팩트체크] 직장인 평균 월급 264만 원… 평균치 맞나?', 〈JTBC〉, 2015. 9. 7.

4 2013년 고용노동부 통계

5 '고시원 1년새 323% 급증… 소형 원룸 감소', 〈KBS 뉴스〉, 2015. 9. 11.

6 박민규, 〈갑을고시원 체류기〉,《카스테라》, 문학동네, 2005

7 '학교 통학에 4시간 "기숙사 왜 안 들어가냐"고 물으면', 〈미디어오늘〉, 2015. 5. 11.

8 '사립대 민자기숙사 비용 첫 공개… 1인실 月평균 52만 원', 〈뉴시스〉, 2014. 3. 17.

9 손영하, '대학기숙사비 산정 모형 연구', 한국사학진흥재단, 경희대학교 생활관, 2012

10 '대학생 주거안정 5개년 계획', 교육부, 2013

11 '2008~2012년 사립대(4년제)의 적립금 현황', 교육부, 2013

12 2010년 통계청 인구주택총조사

13 '서울 청년 23퍼센트 '주거빈곤층'…옥탑 고시원 등서 생활', 〈서울경제〉, 2015. 4. 21. 서울시가 2월부터 두 달간 민달팽이유니온 등 청년단체들에 조사를 의뢰해 2015년 4월 21일 공개한 결과다.

14 '스펙비용 등록금 1년 2200만 원…알바 수입은 월 52만 원', 〈중앙일보〉, 2015. 2. 10.

15 '에코세대 주택 수요 분석 특성', 주택산업연구원, 2013

16 정민우 · 이나영, '청년 세대, '집'의 의미를 묻다: 고시원 주거 경험을 중심으로', 한국사회학 제45집 2호(2011), 130~175쪽.

17 '[주거난에 시달리는 N세대] '젊어서 고생은 평생 가난'… 홀로 서기 힘겨운 청춘', 〈파이낸셜뉴스〉 인터넷판, 2014. 10. 28

18 '가계부채 1089조 원 사상 최대…저소득층 자영업자↑, 소득 대비 부채비율 164퍼센트로 OECD 평균 상회', 〈머니투데이〉, 2015. 4. 21.

19 KB금융경영연구소, 2014년 9월 PIR(Price to Income Ratio) 조사

20 〈세입자의 희망 찾기〉, 전국세입자협회 · 서울세입자협회 제작 소책자에서 재인용.

6장 해결의 실마리들

1   '청년세대 주거실태 점검 및 지원대책 마련', 주택산업연구원, 2014. 3. 4.
2   사회주택에 대한 보편적 정의는 사실 어렵다. 이 글에서 설명한 것처럼 공급 주체에
     따른 분류로 이해되기도 하고, 임대료 결정 원칙, 정부 보조금 제공 여부, 주거 약자를
     대상으로 하는가 하는 공급 대상이 기준이 되기도 한다. 이 글이 설명하는 기준은
     서울시 사회주택 조례의 정의를 참고하였다. '서울특별시 사회주택 활성화 지원
     등에 관한 조례' 제2조(정의)에 따르면 사회주택이란 "사회경제적 약자를 대상으로
     주거관련 사회적 경제 주체에 의해 공급되는 임대주택 등"을 말한다. 이때 주거 관련
     사회적 경제 주체는 주택법, 임대주택법, 도시및주거환경정비법 등의 규정에 따라
     주거관련 사업을 시행하는 민법 제32조에 따른 비영리법인, 공익법인의 설립 운영에
     관한 법률 제4조에 따라 허가된 공익법인, 협동조합기본법 제85조에 따라 설립된
     협동조합, 사회적기업육성법 제8조에 따라 인증된 사회적기업 등이다.
3   '서유럽 '사회주택'서 '행복주택' 성공 가능성 본다', 〈뉴스1〉, 2013. 10. 13.
4   http://www.the-berg.de/

청년, 난민 되다

초판 1쇄 발행 2015년 12월 31일
    2쇄 발행 2017년 4월 10일

지은이 | 미스핏츠

펴낸이 | 이정규
발행처 | 코난북스
출판신고 | 2013년 9월 12일 제 2013-000275호
주소 | 서울시 마포구 성산동 253-10 3층
전화 | 070-7620-0369 팩스 | 0505-330-1020
이메일 | conanpress@gmail.com
ⓒ 미스핏츠, 2015
ISBN 979-11-952181-5-8 03330

● 이 책은 마포 디자인 · 출판 진흥지구 협의회(DPPA) 제작지원 사업의 도움을 받았습니다.